Sergej Gordon / Miriam Lay Brander (Hrsg.)

Die Urwälder Amazoniens
Lebensräume, Kontaktzonen, Projektionsfelder

Sergej Gordon / Miriam Lay Brander (Hrsg.)

Die Urwälder Amazoniens

Lebensräume, Kontaktzonen, Projektionsfelder

Neofelis

Inhalt

Sergej Gordon / Miriam Lay Brander

Einleitung

„Der Amazonas brennt", so oder ähnlich lauten die alarmierenden Botschaften, die zum Schutz des größten zusammenhängenden Regenwaldgebiets der Welt aufrufen.[1] Der Rückgang der Amazonaswälder aufgrund von jährlichen Bränden beschäftigt die Weltgemeinschaft, aufgeschreckt durch eine verstärkte mediale Berichterstattung, zunehmend. Die Medien berichten von knapp 200.763 Bränden im brasilianischen Regenwald zwischen Januar und Juli 2023.[2] Umweltorganisationen führen die Zunahme von Bränden auf die vermehrten Rodungen im Amazonasbecken zurück, die seit 2018 zugenommen und sich seit Beginn der Amtsperiode von Jair Bolsonaro beschleunigt hatten. Dem ehemaligen brasilianischen Präsidenten wird vorgeworfen, dass er seinen Wähler*innen unter Farmer*innen und Holzhändler*innen[3] zuliebe zu wenig unternahm, um die illegalen Abholzungen im Amazonaswald zu unterbinden.[4] Andere wenden ein, dass es in den Jahren 2002 bis 2008 und 2010, in

1 Der Urwald brennt. In: *WWF*, 05.09.2022. https://www.wwf.de/aktuell/der-amazonas-brennt (Zugriff am 15.09.2022).

2 Statista Research Department: Anzahl der Brände im brasilianischen Regenwald von 2000 bis 2023. In: *Statista*, 2024. https://de.statista.com/statistik/daten/studie/1042423/umfrage/braende-im-brasilianischen-regenwald/ (Zugriff am 19.07.2024).

3 Diese Einführung folgt grundsätzlich einer gendergerechten Sprache. Wird an einigen Stellen im Text jedoch ausschließlich die männliche Form verwendet, hängt dies mit der Annahme zusammen, dass es hier vornehmlich Männer waren, die die entsprechenden Praktiken, Ereignisse und Entwicklungen prägten.

4 Alexander Busch: Der Amazonasregenwald in Brasilien verschwindet weiter im Rekordtempo. In: *Neue Zürcher Zeitung* 13.05.2021. https://www.nzz.ch/international/brasilien-amazonasregenwald-brennt-weiter-im-rekordtempo-ld.1624398 (Zugriff am 19.10.2023).

denen der derzeit amtierende Präsident Lula da Silva das Land regierte, teilweise mehr Waldbrände gab als unter Jair Bolsonaro.[5] Und auch in der gegenwärtigen Amtsperiode von Lula da Silva seit Anfang 2023 haben die Brände im Vergleich zu den beiden Vorjahren zugenommen,[6] während die Amazonasrodungen laut Medienberichten deutlich zurückgegangen sind.[7]

Die Wälder des Amazonasbeckens, die zusammengenommen die größte Biodiversität aller tropischen Wälder aufweisen und in denen die ältesten Keramikobjekte des amerikanischen Kontinents gefunden wurden,[8] sind buchstäblich zum Brennpunkt eines Konflikts zwischen den Interessen der Agrarindustrie und der Sorge um den Fortbestand des Planeten Erde geworden. Das Schrumpfen des Amazonasregenwalds und dessen klimatische Auswirkungen werden als Symptom des Anthropozäns, das den Menschen als zentralen Einflussfaktor auf die biologischen, geologischen und atmosphärischen Prozesse auf der Erde begreift, gewertet. Im Kontext der Brände werden die Amazonasregenwälder aber auch zum Streitfeld nationalistischer und internationaler Interessen: Die in der Regierung zahlreichen Vertreter*innen des brasilianischen Militärs halten ihn für ein Spielfeld ausländischer Umweltschützer*innen, die die nationale Souveränität bedrohten.[9] Indem sie den Aktivismus ausländischer Umweltorganisationen als neokolonialistische Geste brandmarken, missbrauchen sie ein dekoloniales Argument, um unter Ausschluss und auf Kosten der indigenen Bevölkerung, deren Lebensraum sich zu einem großen Teil im Amazonasbecken befindet, die Vormachtstellung des europäisch-stämmigen Bevölkerungsanteils in Brasilien aufrechtzuerhalten.[10]

Die Debatte um die Waldbrände und Abholzungen im Amazonasbecken ist nur ein Beispiel für die Bedeutung der Amazonasregenwälder als Gegenstand

5 Unter Lula gab es deutlich mehr Waldbrände. In: *Fuchsbriefe*, 29.08.2019. https://www.fuchsbriefe.de/unter-lula-gab-es-deutlich-mehr-waldbraende (Zugriff am 04.07.2023).

6 Statista Research Department: Anzahl der Brände im brasilianischen Regenwald von 2000 bis 2023.

7 Alexander Busch: Brasiliens Amazonasrodungen sinken deutlich. In: *Neue Zürcher Zeitung*, 08.08.2023.

8 Vgl. Eduardo Góes Neves: *Arqueologia da Amazônia*. Rio de Janeiro: Azahar 2006.

9 Busch: Der Amazonasregenwald in Brasilien.

10 Zur Aneignung eines dekolonialen Diskurses durch eine europäisch-stämmige Elite in Brasilien vgl. auch Maria Thereza Alves: *Decolonizing Brazil*. Rom: Nero 2018; dies.: Decolonizing Brazil / Descolonizando o Brasil. In: *Maria Thereza Alves*, 2018. http://www.mariatherezaalves.org/works/decolonizing-brazil-descolonizando-o-brasil?c=17 (Zugriff am 01.11.2023).

ökonomischer Machtkämpfe und Projektionsfläche politischer Auseinandersetzungen. Spätestens seit der Kolonialzeit sind sie Orte der friedlichen, häufig aber auch gewaltsamen Begegnung zwischen Angehörigen unterschiedlicher Kulturen. Die Urwälder Lateinamerikas waren seit jeher aber auch Sehnsuchtsorte und Schauplätze von Imaginarien und Utopien, wie Ana Pizarro in diesem Band untersucht. Sie faszinierten Schriftsteller*innen genauso wie Wissenschaftler*innen, wovon die Expeditionen des 18. und 19. Jahrhunderts zeugen, etwa von Alexander von Humboldt oder Johann von Spix und Carl Friedrich von Martius, auf die Nelson Chacón in diesem Band eingeht. *Die Urwälder Amazoniens* nimmt die politischen, ökonomischen und diskursiven Spannungsfelder, die sich im Amazonasbecken kreuzen, aus einer interdisziplinären Perspektive in den Blick. Dabei begreift der Band die Amazonasregenwälder als Kontaktzone im Sinne von Mary Louise Pratt, „the space and time where subjects previously separated by geography and history are co-present, the point at which their trajectories now intersect“[11]. Diese Perspektive stellt weniger die Konfrontationen, wie sie in der aktuellen medialen Berichterstattung dominieren, in den Vordergrund als vielmehr die Verflechtungen von Praktiken und Wissen, die, wenn auch häufig unter der Bedingung asymmetrischer Machtstrukturen, im Amazonasbecken entstanden sind und entstehen.

Kolonialzeit – Vorstöße ins Unbekannte

Historisch gesehen wirft die Asymmetrie der ersten europäischen Begegnungen mit dem Amazonasbecken und seinen Bewohner*innen, so wie sie in den Reiseberichten verschriftlicht wurde, einen langen Schatten hartnäckiger Missverständnisse und weit hergeholter Projektionen. Im frühneuzeitlichen Textkorpus kolonialer Erschließungen Amazoniens war vor allem die Textgattung der kolonialen Chronik bedeutsam, da sie viele Funktionen erfüllte und viele Diskursstränge – wissenschaftliche, politische, religiöse – in sich vereinte. Es handelt sich dabei auch um frühe Beispiele der Testimonialliteratur, mit der eine Übertragung von Augenzeugenberichten aus der ‚Neuen' in die ‚Alte' Welt vollzogen werden konnte. Gleichzeitig handelt es sich um amtliche Texte, in welchen die Konquistadoren ihren Auftrag- und Geldgebern Rechenschaft über ihre Unternehmungen, Erfolge und Misserfolge ablegten.

11 Marie-Louise Pratt: *Imperial Eyes. Travel Writing and Transculturation*. New York: Routledge 2008, S. 8.

Nicht selten enthielten Chroniken aufgrund ihrer juristischen Relevanz auch apologetische Züge. Aus heutiger Sicht bilden die *Crónicas de Indias* aber auch Relikte der Zeit, die Überzeugungen, Reisemotive und zeitgenössische Bewusstseinsströmungen aufzuschließen helfen. Zentrale Charakteristika der in Chroniken des 16. und 17. Jahrhunderts eingelagerten Weltauffassung bilden hierbei das providenzielle Geschichtsverständnis und der Glaube an eine vorbestimmte Teleologie. Damit eng verbunden ist auch die Vorstellung, dass sich am anderen und unbekannten Ende der Welt antike und mittelalterliche Mythen und Wunder bestätigen ließen.[12]

Den ersten europäischen Reisebericht zum Amazonas *avant la lettre* bildet die Chronik des dominikanischen Missionars Fray Gaspar de Carvajal – ein Textdokument, auf das sich die Nachwelt häufig berufen sollte. Als schriftkundiger Ordensbruder und Militärkaplan war Carvajal Teil der von Francisco de Orellana angeführten Vorhut bei der Invasion der spanischen Krone in unerschlossene und weit von den Landeplätzen entfernte Gebiete. Wenngleich auch in diesem Fall die Evangelisierung der Anökumene als Masternarrativ und Legitimationsgrundlage der Conquista vorangestellt wurde, war das Ziel der groß angelegten Expedition in das Landesinnere die Suche nach dem mythischen Land des Zimts, sowie nach anderen begehrten Ressourcen und Bodenschätzen, Edelmetallen und Gewürzen. Die Floßfahrt der 57-köpfigen Besatzung, welche die Versorgung einer viel größeren Mannschaft von Spaniern und indigenen Informanten und Sklaven unter der Leitung von Gonzalo Pizarro sicherstellen sollte, wurde zu einer unvorhergesehenen Irrfahrt, die Ende 1641 am Rio Napo im Osten der ecuadorianischen Anden begann und im September 1642 die Atlantikmündung eines immensen und von den Spaniern ungeahnten Flusssystems erreichte.[13]

12 Vgl. Ana Pizarro: Das europäische Bilderinventar in Amerika, in diesem Band; Jorge Checa: Didactic Prose, History, Politics, Life Writing, Convent Writing, Crónicas de Indias. In: David Gies: *The Cambridge History of Spanish Literature*. Cambridge: Cambridge UP 2008, S. 286–290. Für paradigmatische Studien zur providenziellen Erfassung der Neuen Welt vgl. Winfried Wehle: Columbus' hermeneutische Abenteuer. In: Ders. (Hrsg.): *Das Columbus-Projekt. Die Entdeckung Amerikas aus dem Weltbild des Mittelalters*. München: Fink 1995, S. 153–203; Frauke Gewecke: *Wie die neue Welt in die alte kam*. Stuttgart: Klett-Cotta 1986; Kirsten Mahlke: *Offenbarung im Westen. Frühe Berichte aus der Neuen Welt*. Frankfurt am Main: Fischer 2005.

13 Vgl. die historische, wirkungs- und editionsgeschichtliche Einführung des Herausgebers José Toribio Medina: Introducción. In: Fray Gaspar de Carvajal: *Descubrimiento del Río de las Amazonas*. Sevilla: Rasco 1894, S. vii–ccxxxix, hier S. xi–xii.

Carvajals Reisebericht spiegelt in beispielhafter Weise wider, dass, ein halbes Jahrhundert nach dem ersten transatlantischen Kontakt der Kolumbus-Expeditionen, die absolute geografische Ungewissheit gepaart mit der Unkenntnis lokaler Biosphären, Sprachen und Kulturen der providenziellen Sinnstiftung sowie der Übersetzung des Unbekannten in vertraute Kategorien Tür und Tor öffneten. Carvajals Reisebericht ist schon deshalb ein diskursbegründender Erschließungsversuch der Region, als hier zum ersten Mal die Vorstellung in Umlauf gebracht wurde, dass die unbekannten Territorien von kriegerischen Frauen bewohnt seien, welche die Spanier mangels besseren Wissens mit Amazonen identifizierten. Hierbei handelte es sich um einen charakteristischen Analogieschluss, mit dem der Mönch im Rückgriff auf den seit der Antike zirkulierenden Mythos die Informationen einzuordnen versuchte, die der Mannschaft aus zweiter Hand von einem indigenen Informanten zugetragen wurden.[14] Und auch wenn die Schlussfolgerungen der Erstbegehung bereits von den Zeitgenossen als „disparates"[15], als historische Irrtümer, belächelt wurden, sollten sich die hermeneutischen Spekulationen der ersten Erfassung zumindest nominell nachhaltig durchsetzen: Die Bezeichnung „El río de las Amazonas" (Fluss der Amazonen) ist bis heute in seiner Kurzform „Amazonas" bindend für die Kartografie und Toponymie der Region.

Blickt man auf Cristobal de Acuñas Amazonas-Chronik, die genau ein Jahrhundert nach Francisco de Orellanas Zufallsfund verfasst und in Anspielung an den Vorläufer als *Nuevo descubrimiento del Río Amazonas*, also als Wiederentdeckung des Amazonas betitelt wurde, wird die enorme Resonanz und epistemische Konsolidierung der Erstbeschreibungen deutlich. Von der spanischen Krone entsandt, schickte der Jesuitenpater seiner persönlichen Erkundung der Region eine Abhandlung zu bisherigen Amazonasreisen voran und unterstrich damit die Bedeutung kolonialer Chroniken als retrospektive Palimpseste, in welchen frühere Erschließungsversuche nachhallen und im Lichte eigener Interessen kommentiert werden.[16] Hinter Acuñas Engführung der fruchtbaren und immergrünen Amazonasgebiete mit irdischen Paradiesen

14 Carvajal: *Descubrimiento del Río de las Amazonas*, S. 15.

15 Vgl. die detailreiche Heranführung zur Entstehung und Wirkung der ersten Amazonaschronik in Toribio Medina: Introducción, S. xxxv.

16 Cristobal de Acuña: *Nuevo descubrimiento del Río de las Amazonas*. Madrid: Real Academia de la Historia 1891, S. 2–29. Zur Bedeutung der Chroniken als Palimpseste und Legitimationsgrundlagen imperialer Interessen vgl. Rolena Adorno: *The Polemics of Possession in Spanish American Narrative*. New Haven / London: Yale UP 2008, S. 281–282.

steckt indes ein kaum verhohlenes wirtschaftliches Kalkül. Die eigentliche Motivation der neu aufgelegten Amazonaserkundung war nämlich die einer prototypischen Prospektionsreise und einer Prüfung der Wirtschaftlichkeit des Amazonastieflands im Auftrag des spanischen Königs.[17] Das ist auch der Grund, weshalb der Begriff *tesoro* (Schatz) in den Landschaftsbeschreibungen in bemerkenswerter Häufung vorkommt und den dort ansässigen Völkern zugeschrieben wird. Acuña greift in seiner optimistischen Wirtschaftsprognose auch auf den seit Carvajal eingebürgerten Glauben an die Existenz der kriegerischen Amazonen zurück, beruft sich dabei aber eben so wenig wie Carvajal auf die eigene Erfahrung, sondern auf die Berichte seiner Vorgänger und Behauptungen lokaler Einwohner*innen. Doch die Ausführungen zu den amerikanischen Amazonen erscheinen vor dem Hintergrund sprachlicher und kultureller Distanz als in den Mund der indigenen Kontaktpersonen gelegte Apriorismen, welche die unbekannten Amazonasgebiete erneut zur prädestinierten Projektionsfläche kontrafaktischer Überlieferungen aus Europa werden lassen.[18] „El tiempo descubrirá la verdad“[19], die Zeit würde die Wahrheit einmal aufdecken, ob es sich tatsächlich um die legendären Amazonen handle, die enorme Reichtümer verwalten, schreibt Acuña selbstkritisch und greift damit einen in der Frühen Neuzeit beliebten aristotelischen Topos auf.[20] Die Verortungen der ‚Alten‘ Welt in der ‚Neuen‘, darunter die Faszination für unheimlich-unbeugsame Frauenkollektive, blieben aber in aller Regel genauso problematisch wie die Vermutung unschätzbarer Goldvorkommen im Einflussgebiet der Amazonen. Diese vordergründig maskulinen Fantasien und Prophezeiungen bildeten jedoch bedeutende Triebfedern für viele weitere Amazonasexpeditionen und koloniale Bemächtigungsversuche. Die Strapazen und Entbehrungen der Vorstöße in unbekannte, schwer erreichbare

17 Vgl. Acuña: *Nuevo descubrimiento del Río de las Amazonas*, S. 35, 63, 73–74.

18 Eine neuere exemplarische Auseinandersetzung mit dem Thema sprachlicher Asymmetrien, epistemologischer Sprachbarrieren und „creative misunderstandings“ in amerikanischen Kontaktzonen der frühen Neuzeit liegt vor in Céline Carayon: *Eloquence Embodied. Nonverbal Communication among French and Indigenous Peoples in the Americas*. Williamsburg: U of North Carolina P 2019, hier S. 5. Fortgeführt werden in der Studie auch die grundlegenden Ideen zu sprachlichen Asymmetrien und Kolonisierungsmethoden von Walter Mignolo: *The Darker Side of Renaissance. Literacy, Territoriality, and Colonization*. Ann Arbor: U of Michigan P 1995.

19 Acuña: *Nuevo descubrimiento del Río de las Amazonas*, S. 74.

20 Aristoteles bezeichnet die Zeit in der *Nikomachischen Ethik* (ca. 335–323 v. Chr.) als „Erfinder oder guten Mitarbeiter“ (Aristoteles: *Nikomachische Ethik*, zit. n. Joachim Ritter: *Historisches Wörterbuch der Philosophie*. Darmstadt: WBG 2007, Bd. 2, S. 1033).

Territorien des tropischen Tieflands wurden meist von der verheißungsvollen Aussicht auf Reichtum und das gelobte El Dorado kompensiert, die Urs Bitterli als „eine der geschichtswirksamsten Chimären der frühen Neuzeit“[21] bezeichnet. Doch auch wenn der Übergang von einer theologisch-providenziellen zu einer kontingenten Weltsicht sich ab dem 17. Jahrhundert allmählich vollziehen sollte, waren die neueren Vorstöße ins Amazonasbecken nicht ausschließlich von einer wissenschaftlichen Erkenntnis- und taxonomischen Erfassungslust getragen, sondern häufig von einem merkantilen Interesse, das bereits von den ersten europäischen Visionären in Amazonien propagiert wurde.

Wissenschaftliche Expeditionen: La Condamine und Humboldt

Die koloniale Expansion Europas auf dem südamerikanischen Kontinent bedeutete nicht nur eine territoriale Ausdehnung der vor allem spanischen und portugiesischen Herrschaft, sondern begünstigte auch die Aneignung bzw. den Austausch von Gütern, Wissen und Kulturtechniken. So gab der überseeische Kulturkontakt neben Errungenschaften in Nautik und Kosmografie einer bereits stattfindenden Revidierung der europäischen Naturgeschichte zusätzlichen Auftrieb. Die frühneuzeitliche *scientific revolution*, die sich vor allem in der Aufhebung religiöser Schranken und einem Durchbruch der Anatomie manifestierte, gewann zusätzliche Impulse durch eine Fülle von in Amerika neu ‚entdeckten‘ Heilpflanzen, welche die traditionelle europäische Taxonomie sprengte.[22] Der empirische Geist des 16. Jahrhunderts motivierte Mediziner und Botaniker, die Flora Amerikas nicht nur einer systematischen wissenschaftlichen Analyse zu unterziehen, sondern sich auch mit ihrer therapeutischen Verwendung durch die indigene Bevölkerung auseinanderzusetzen. Dies führte zu einer vorsichtigen Infragestellung antiken Buchwissens, ohne dass dieses vollständig verworfen wurde.[23]

21 Urs Bitterli: *Die Entdeckung Amerikas. Von Kolumbus bis Humboldt*. München: Beck 2006, S. 270.

22 Vgl. z. B. Dora B. Weiner: The World of Dr. Francisco Hernández. In: Simon Varey (Hrsg.): *Searching for the Secrets of Nature. The Life and Works of Dr. Francisco Hernández*. Stanford: Stanford UP 2000, S. 3–10, hier S. 3.

23 Vgl. Miriam Lay Brander: On Indio Priests, Muslim Physicians, and Konkani Servants. The Reception of Indigenous Medical Knowledge in Early Modern Seville and Goa. In: Laura Dierksmeier / Fabian Fechner / Kazuhisa Takeda (Hrsg.): *Indigenous Knowledge as a Resource. Transmission, Reception, and Interaction of Knowledge between the Americas and Europe, 1492–1800 / El conocimiento indígena como recurso. Transmisión, recepción e*

Im 18. Jahrhundert erfuhr die Abwendung von sowohl religiösen Dogmen als auch weltlichen Autoritäten eine Steigerung und Zuspitzung. Auf der Grundlage der Überzeugung, dass sich verlässliche Wahrheiten nur mithilfe von Beobachtung und Experiment generieren ließen, erlangten die Naturwissenschaften dahingehend Bedeutung, dass mit ihrer Hilfe die Natur als vollständig erforschbar und damit beherrschbar erschien.[24] Symptomatisch für diese Haltung ist die Publikation von Carl von Linnés (Linnaeus') *Systema Naturae* (1735), in dem der schwedische Naturalist ein System zur Klassifizierung aller – in Europa bekannten und unbekannten – Pflanzenarten des Planeten entwarf. Vor diesem Hintergrund einer „planetary consciousness"[25], der Konstruktion eines universalen Wissenssystems mithilfe des Instrumentariums der Naturgeschichte in Europa, taten sich die im 17. Jahrhundert geschaffenen wissenschaftlichen Akademien, allen voran die Académie des Sciences de Paris, als impulsgebende Zentren für die Erforschung des amerikanischen Kontinents hervor. Mit dem Ziel, einen Längengrad zur Bestimmung der Form der Erde ausfindig zu machen, wovon wiederum die Lösung anderer Fragen, beispielsweise im Bereich der Nautik, abhing, entsandte die Académie des Sciences unter der Leitung des Mathematikers Louis Godin eine Expedition nach Ecuador, die unter dem Namen des jungen Soldaten und Mathematikers Charles Marie de La Condamine, einem der wenigen Überlebenden der Expedition, in die Geschichte eingegangen ist. Die Beschwerlichkeiten der Reise, das ungewohnte Klima, Krankheiten, beschädigte Instrumente, verlorene Proben, aufgeweichte Notizbücher und Frust zerstreuten die Gruppe, von der nur wenige ihren Weg nach Europa zurückfanden. Darunter befanden sich neben La Condamine der junge Techniker Jean Godin des Odonnais, nachdem er in Französisch-Guyana 18 Jahre auf seine peruanische Frau Isabela Godin des Odonnais gewartet hatte. Inzwischen galt die Frage nach der exakten Form der Erde längst als geklärt: Die von Isaac Newton gemachte Feststellung, dass die Erde am Äquator aufgewölbt und an den Polen abgeplattet sein müsse, also die Gestalt eines Ellipsoiden habe, hatte sich durchgesetzt. Auch wenn das Unterfangen somit aus wissenschaftlicher Sicht als gescheitert

interacción del conocimiento entre América y Europa, 1492–1800. Tübingen: Tübingen UP 2021, S. 75–93; dies.: *Raum-Zeiten im Umbruch. Erzählen und Zeigen im Sevilla der Frühen Neuzeit.* Bielefeld: Transcript 2011, S. 167–201.

24 Peter Hamilton: The Enlightenment and the Birth of Social Sciences. In: Stuart Hall (Hrsg.): *Modernity. An Introduction to Modern Societies.* Malden: Blackwell 2011, S. 19–54, hier S. 28.

25 Pratt: *Imperial Eyes*, S. 15.

gelten kann, liefert seine Dokumentation doch wertvolle Einsichten im Hinblick auf Vorstellungen des Amazonas und die mit ihnen verbundenen epistemologischen Annahmen. Die Condamine-Expedition brachte ein beträchtliches Korpus an Briefen, Berichten, Überlebensgeschichten, Beschreibungen von Zivilisationen, Schiffsgeschichten, medizinischen Abhandlungen, akademischen Streitschriften sowie alten und neuen Mythen hervor, welche – und allen voran La Condamines Reisebericht *Relation abrégée d'un voyage fait dans l'intérieur de l'Amérique méridionale* (1745) – die Wälder des Amazonas als eine Welt voller Faszinationen und Gefahren erscheinen ließen.[26] Auch wenn es La Condamine in seinen Berichten von Wundern, Kuriositäten und mythischen Assoziationen seinen Vorgängern aus dem 16. Jahrhundert (z. B. Francisco de Orellana, Walter Raleigh, Lope de Aguirre) gleichtat, so war er doch bemüht, seine Darstellungen einem wissenschaftlichen Blick zu unterwerfen. Laut Ana Pizarro entmythisierte er beispielsweise die kursierenden Vorstellungen von den Amazonen, indem er ihre mögliche Existenz, die er nicht ausschloss, auf einen Akt weiblicher Emanzipation zurückführte und somit zu erklären versuchte.[27] Darüber hinaus erfuhr Europa dank La Condamines Inventar an Produkten und Verarbeitungstechniken der indigenen Bevölkerung von der Existenz des Kautschuks, was die Geschichte des Amazonasbeckens im 19. und 20. Jahrhundert entscheidend prägen sollte.

Aus den Schriften von La Condamine spricht eine vermeintliche Überlegenheit des Europäers, der die Reichtümer einer Region erkennt, deren Einwohner*innen dazu nicht fähig seien. Die anfängliche Ehrfurcht vor der Natur, die in einigen von La Condamines Beschreibungen deutlich wird – Stephen Greenblatt bezeichnet diese Erfahrung von Kontingenz angesichts des Wunderbaren in Anlehnung an Michel de Certeau als „Zeitloch“[28] –, weicht sodann einem utilitaristischen Gedanken, der das Beobachtete klassifiziert, interpretiert und auf diese Weise den wissenschaftlichen Kreisen der Metropolen zugänglich macht.[29] Diese Haltung wird, so Pratt, die wissenschaftlich motivierten Reisen und Expeditionen des 18. und 19. Jahrhunderts und nicht zuletzt die Selbstwahrnehmung Europas im globalen Kontext, aber auch

26 Vgl. ebd., S. 18–23.

27 Ana Pizarro: *Amazonía: el río tiene voces. Imaginario y modernización*. Santiago: Fondo de Cultura Económica 2009, S. 88.

28 Stephen Greenblatt: *Marvelous Possessions. The Wonder of the New World*. Oxford: Oxford UP 1991, S. 19; Michel de Certeau: *L'Invention du quotidien. Arts de faire*. Paris: Gallimard 2002, S. 221.

29 Pizarro: *Amazonía*, S. 90.

diejenige der städtischen Bevölkerung gegenüber der ländlichen bestimmen: In dem Maße, wie sich die Unterschiede zwischen Stadt und Land in Europa vergrößerten, erschien die ländliche Bevölkerung aus der Perspektive der städtischen Eliten den ‚primitiven' Bewohner*innen Amazoniens nur noch geringfügig überlegen.[30]

Dass Spanien die Condamine-Expedition auf dem Boden seiner amerikanischen Kolonien erlaubt hatte, war alles andere als selbstverständlich, schirmte es sie in der Regel doch stets gegen mögliche Eindringlinge ab, die ihr militärisches System ausspionieren und so den spanischen Herrschaftsbereich gefährden könnten. Der nächste, dem die spanische Krone den Einsatz von wissenschaftlichen Instrumenten in ihren Vizekönigreichen gewährte, war kein geringerer als Alexander von Humboldt, dessen Schriften Charles Darwin und Simón Bolívar inspirierten. Als Humboldt in Begleitung des Botanikers Aimé Bonpland im Jahr 1800 von den Bergen der Andenkordillere in das Tal des Amazonas hinabstieg, war es nicht zuletzt sein Ziel, die Karte zu verbessern, die La Condamine von der Region erstellt hatte.[31] Seine größte Errungenschaft in der Region bestand jedoch darin, die Koordinaten des Casiquiare und damit desjenigen Flusses exakt bestimmt zu haben, der die beiden Flusssysteme des Orinoco und des Amazonas miteinander verband, was seinerzeit noch umstritten war.

Es besteht Uneinigkeit darüber, ob Humboldt das im 18. Jahrhundert begonnene Projekt einer wissenschaftlichen Ausbeutung des amerikanischen Kontinents unter imperialen Vorzeichen fortführt[32] oder ob er, der von keiner imperialen Macht Europas beauftragt war und Europas globalen Imperialismus verurteilte, nicht vielmehr zu den ersten Europäer*innen zählt, die die kulturellen Errungenschaften präkolumbischer Zivilisationen würdigten.[33] Pizarro argumentiert, dass Humboldt die Perspektive von Wissenschaft und Vernunft in die Diskurse über die Natur Amerikas einführe, aber Raum für sinnliche Wahrnehmung und Emotionen lasse. Dabei gibt er der Vernunft den Vorrang, weshalb jegliche Produktion von Wissen über die amerikanische Natur und ihre Bewohner*innen eine Stärkung der Macht Europas bedeuten muss.

30 Pratt: *Imperial Eyes*, S. 24, 35.

31 Sonja Karsen: Alexander von Humboldt in South America. From the Orinoco to the Amazon. In: *Studies in Eighteenth Century Literature* 16,1 (1987), S. 295–302, hier S. 298.

32 Vgl. z. B. Pratt: *Imperial Eyes*, S. 109–140.

33 Vgl. z. B. Ottmar Ette: *Alexander von Humboldt und die Globalisierung. Das Mobile des Wissens.* Frankfurt am Main: Insel 2009; Andrea Wulf: *The Invention of Nature. Alexander Von Humboldt's New World.* New York: Knopf Doubleday 2009.

Indem er jedoch Verbindungen zwischen dem belebten und dem unbelebten Universum, zwischen der Welt der Mineralien und derjenigen von Tieren und Pflanzen, aufzeigt, bereite er den Weg für eine neue Wahrnehmung Amazoniens und des südamerikanischen Kontinents generell, die der Natur einen eigenen Wert zuspricht, unabhängig von der Nutzbarkeit ihrer Ressourcen.[34] Ein solches Denken, das die Erhabenheit der lateinamerikanischen Natur würdigt, bildet eine bedeutende Grundlage des Urwaldromans im 20. und 21. Jahrhundert, wie ihn Jobst Welge sowie Miriam Lay Brander und Manuel Schusterbauer in ihren Beiträgen untersuchen, aber auch gegenwärtiger ökologischer Debatten, denen es darum geht, die Wälder des Amazonas nicht nur aufgrund ihrer lebensspendenden Funktion, sondern auch wegen ihrer Schönheit und Erhabenheit zu schützen. Damit wird Humboldt in seinem Bestreben, die Natur als Ganzes darzustellen, in dem alle Elemente organisch miteinander verbunden sind und in dessen Ordnung der Mensch eine unwesentliche Rolle spielt, zu einem Vorläufer gegenwärtigen ökokritischen Denkens.[35]

Anthropologische Korrektive

Sieht man La Condamine und Humboldt als Wegbereiter einer ökokritischen Exploration Amazoniens, so lassen sich Kontinuitätslinien vor allem in der Anthropologie des 20. und 21. Jahrhunderts ausmachen. In einer Wissenschaft, die sich mit der Diversität der *conditio humana* beschäftigt, war die exotische Andersheit der im Amazonasgebiet lebenden Menschen ein häufiger Gegenstand für Auseinandersetzungen mit den Kulturkontakten, die nicht selten zur Vertreibung oder zum Assimilationszwang der Ortsansässigen führten. Die Tücken des um sich greifenden Fortschrittsdenkens lagen neben der Misswirtschaft, die in der Industrieruine Fordlândia im Norden Brasiliens ein emblematisches Beispiel besitzt, gerade auch in der Zerstörung lokaler Lebensweisen und dem Epistemizid, also dem Auslöschen von als rückständig aufgefassten Wissensbeständen und Zivilisationsformen. Zu Beginn des 20. Jahrhunderts finden sich bereits unter lateinamerikanischen Denker*innen Schriften, die den darwinistischen Tendenzen der zeitgenössischen Amazonaserschließung mit einer gewissen Skepsis begegnen. In Brasilien war es der

34 Vgl. Pizarro: *Amazonía*, S. 98–99.

35 Vgl. auch exemplarisch Ralph Bauer: The Crucible of the Tropics. Alexander von Humboldt's Hermeneutics of Discovery. In: *The Eighteenth Century* 59,2 (2018), S. 237–255, hier S. 238; Ette: *Alexander von Humboldt*.

Schriftsteller Euclides da Cunha, der im Zuge eines staatlichen Auftrags zur Demarkation der peruanisch-brasilianischen Grenze im Jahr 1905 zum Zeugen der problematischen Besiedlung und einseitigen Ausbeutung des Amazonas wurde. Seine 1909 postum erschienene Essaysammlung *A margem da historia* (Am Rande der Geschichte) ist, wie der Beitrag von Jobst Welge analysiert, zweifelsohne ein Paradebeispiel für das prekäre Othering, das in Fortsetzung der kolonialen Gleichsetzung Amazoniens mit einem irdischen Paradies jegliche Spur menschlicher Zivilisation vor der Ankunft der Europäer negiert oder in ein prämodernes Abseits stellt. Es sind aber auch Passagen enthalten, die den auslaufenden Kautschukboom als fatales neokolonialistisches Unterfangen bilanzieren und die „tumultartige Besiedelung und willkürliche Kolonisierung des Bundeslands Acre" anprangern, die mit der Herausbildung der sklavischen und qualvollen „Sisyphos-Arbeit" der Kautschukzapfer (*seringueiros*) einherging.[36] Ganz ähnlich verhält es sich bei dem kolumbianischen Schriftsteller José Eustasio Rivera, der in seinem genrebegründenden Urwaldroman *La vorágine* (1924; *Der Strudel*) seine Amazonaserfahrung im Dienste kolumbianischer Nation-Building-Initiativen verarbeitet. Auch dort ist eine klare Abrechnung mit der Rücksichtslosigkeit der Kautschukbarone enthalten, deren Invasion in die Gebiete des Amazonas als „lawinengleich" bezeichnet und der zivilisierte Mensch als „Bannerträger der Vernichtung" entlarvt wird.[37] In ihrer kritischen Auseinandersetzung mit dem *rubber boom* und seinen Folgen auch für das ökologische Gleichgewicht nehmen da Cunha und Rivera eine Kritik am Anthropozän vorweg, wie sie etwa der französische Autor Patrick Deville in seinem Roman *Amazonia* (2019) äußern wird.[38]
Aufgrund biografischer Verstrickungen und einer unmittelbaren Nähe zu Amazonien tragen da Cunhas und Riveras Anklagen der verheerenden Kulturkontakte im 18. und 19. Jahrhundert nationalistische Züge und zeugen von einer „imperialist nostalgia"[39] – der sentimentalen Regung, selbstverschuldete

36 Euclides da Cunha: *A margem da historia*. Porto: de Lelo 1922, S. 53, 59 (Übers. S. G./M. L. B.) Im Original: „povoamento tumultuário, com a colonização à gandaia do Acre" und „empreza de Sisypho". Eine englische Version mit aufschlussreichem Vorwort von Lúcia Sá liegt vor in Euclides da Cunha: *The Amazon. Land without History*. Oxford: Oxford UP 2006.

37 José Eustasio Rivera: *Der Strudel*, aus d. kolumb. Span. v. Georg Hellmuth Neuendorff. Leipzig: Müller 1934, S. 251–252.

38 Vgl. Miriam Lay Brander / Manuel Schusterbauer: Der Urwaldroman im 21. Jahrhundert. Ökologie und Postkolonialismus in Patrick Devilles *Amazonia* (2019), in diesem Band.

39 Lucia Sá: Inroduction. Voicing Brazilian Imperialism. Euclides da Cunha and the Amazon. In: da Cunha: *The Amazon*, S. xi–xxiii, hier S. xiv.

Opfer zu betrauern, und der Sehnsucht nach einer schuldlosen Ursprünglichkeit. Doch auch der anthropologische Blick aus der Ferne, der in der zweiten Hälfte des 20. Jahrhunderts auf Amazonien gerichtet wird, trägt häufig selbstkritische Züge und unterstreicht das globale Zusammenspiel bei der massiven Verwüstung von Hyläa, wie Humboldt den tropischen Regenwald im Einflussgebiet des Amazonas und des Orinocos nannte. Dass gerade auch die Anthropologie dazu berufen war, die ökologischen Missstände des Anthropozäns in Amazonien zu benennen und ein globales Problembewusstsein zu schärfen, wird in den Schriften des brasilianischen Anthropologen Darcy Ribeiro deutlich, der die ökologische „Hekatombe", den räuberischen Umgang mit brasilianischen Regenwäldern, als Folge der Kausalitätsbeziehungen der Weltwirtschaft aufdeckt.[40] Die Verantwortung am Ökozid trugen und tragen, wie auch die Beiträge von Jens Soentgen, Maximilian Feichtner, Maria Fernanda Abdo García und Nils Droste im Abschnitt zum Ressourcenabbau aufdecken, gerade auch transnationale Konzerne, die eine globale Nachfrage bedienen. Eine Sensibilität dafür zu vermitteln, dass auch Endkonsument*innen entfernter Länder vom Raubbau am Amazonas profitieren und Lebensräume mitprägen, ist der Anthropologie als einer Wissenschaft, die Kulturkontakten und Assimilationsprozessen Rechnung trägt, ein wichtiges Anliegen.

Doch gerade auch innerhalb der Anthropologie mussten fortwährend eigene disziplinäre Erkenntnisbarrieren und Irrtümer freigelegt werden. Vor allem während der anthropologischen Repräsentationskrise der 1980er Jahre wurde konventionelles Wissen hinterfragt und eine Neubewertung Amazoniens in die Wege geleitet. 1987 legte der australische Anthropologe Michael Taussig eine bedeutende Studie zu irrationalen und eigennützigen Beschreibungsversuchen des Schamanismus im kolumbianischen Regenwaldgebiet zu Zeiten des Kautschukbooms vor. Der hohe Anteil von *epistemic murk*, der epistemischen Trübung, wie der Autor die folgenschweren Unschärfen bei der Beschreibung kultureller Alterität bezeichnet, sei ein klares Indiz dafür, dass auch im 20. Jahrhundert koloniale Vorstellungen von Amazonien als einer verbotenen und gefährlichen Weltgegend am Leben gehalten wurden.[41] Diese Fortsetzung der kolonialen Praxis des Fabulierens sei aber gerade auch die Legitimationsgrundlage für das unerbittliche Vorgehen der Peruvian Amazon

40 Darcy Ribeiro: *O Brasil como problema*. Rio de Janeiro: Francisco Alves 1995, S. 18–19.

41 Michael T. Taussig: *Shamanism, Colonialism, and the Wild Man*. Chicago: U of Chicago P 1987, S. 121–122.

Company gegen Indigene gewesen, das als Putumayo-Genozid (1879–1912) bezeichnet wird und retrospektiv einen weiteren menschheitsgeschichtlichen Tiefpunkt der Amazonaskolonisierung darstellt.[42] Bezeichnend ist dabei, dass durch die Stilisierung des Dschungels zu einer Todeszone, in der allenthalben Schlangen, Jaguare und Kannibalen lauerten, eine räumliche Befremdung, ja Topophobie befördert wurde, bei der die Vorstellung von einer „grünen Hölle"[43] lediglich die Kehrseite der klassischen und nicht minder mythischen Auffassung des Amazonasregenwalds als Paradies darstellte. Aus anthropologischer Sicht fügen sich diese und andere Beschreibungskonventionen des Exotischen zu einer problematischen Perspektive auf Amazonien zusammen, die mit Johannes Fabian in *Time and the Other* (1983) als „Verweigerung der Zeitgenossenschaft" („denial of coevalness") bezeichnet werden können, einem hierarchischen Verständnis der Menschheitsgeschichte, bei der alternative, nicht industrialisierte Lebensformen mit einem unüberwindbaren Rückständigkeitsmakel besetzt werden.[44]

Allgemein wurde die Erforschung sogenannter Naturvölker während der Repräsentationskrise, darunter auch der zahlreichen indigenen Zivilisationen im Amazonasbecken, von der Writing-Culture-Debatte in ein kritisches Licht gerückt, die zeitgleich zu Taussigs und Fabians Beiträgen in den 1980er Jahren ihren Anfang nahm. Gerade die Schrift als kulturelle Technik, mit der auch die Wissenszirkulation schriftloser Kulturen fixiert wurde, erwies sich als problematische Erkenntnismethode gerade dann, wenn sie in frappanter Ähnlichkeit zu kolonialen Erstbeschreibungen mit unreflektierten oder ethnozentrisch eingefärbten Vorstellungen arbeitete. Wie bereits bei den ersten europäischen Erschließungsversuchen geschehen, leisten, so die

42 Die folgenreiche Praxis der Fabulation seit den ersten Amazonasbeschreibungen der Kolonialzeit führen bei Taussig zu einer Kritik der konventionell mit Lateinamerika assoziierten Ästhetik des magischen Realismus. In negativer Spielart des *real maravilloso* ließen sich lange vor der terminologischen Prägung durch Alejo Carpentier eben auch furchteinflößende fremde Terrorkulturen heraufbeschwören, die es mit aller Härte zu bekämpfen galt. Vgl. Taussig: *Shamanism, Colonialism, and the Wild Man*, S. 165–170.

43 Ein Beispiel der Höllen-Analogie in der Beschreibungsfolklore des Amazonas im frühen 20. Jahrhundert liegt in der Erzählsammlung *Inferno verde* (1908) des brasilianischen Schriftstellers Alberto Rangel vor.

44 Johannes Fabian: *Time and the Other. How Anthropology Makes its Object*. New York: Columbia UP 2014, S. 37–69. Für den lateinamerikanischen Kontext aufbereitet, wurde Fabians Denkfigur vor allem durch die erwähnte Studie von Walter Mignolo (1995) in die Debatten um Kolonisierungskonventionen in der ‚Neuen Welt' wiedereingeführt. Vgl. auch Jobst Welge: Tropische Temporalität. Urwald und Urzeit in internationalen Amazonas-Narrativen, in diesem Band.

umfassende Kritik, auch neuere Forschungen ihren Beitrag zur Erfindung lokaler Traditionen und bilden fragliche Fremdrepräsentationen. Die epistemischen Verzerrungen, die James Clifford unter dem Schlagwort der „partial truths“[45] fasst, fügen sich auch im 20. Jahrhundert zu einem schematischen Verständnis indigener Amazonasanrainer, das Mary Louise Pratt als Kolportage neuzeitlicher Mythen und Übernahme populärer Vorstellungen in wissenschaftlichem Gewand kritisiert.[46]

Einer fundamentalen Revision wurde in jüngsten anthropologischen Schriften auch einer der hartnäckigsten und wirkmächtigsten Mythen zur ‚Neuen Welt‘ unterzogen: Der Kannibalismus, der seit der ‚Entdeckung‘ Amerikas den antiken Begriff der Anthropophagie abgelöst und Amerika als Ort inakzeptabler Andersheit fixiert hatte. Indes findet sich eine mythenkritische Haltung gegenüber vermeintlicher indigener Barbarei bereits im 16. Jahrhundert in dem berühmten Essay „Des Cannibales“, in welchem Michel de Montaigne einen kritischen Blick auf die haltlosen Prämissen der Beschreibung kultureller Fremdheit in den transatlantischen Kolonien wirft und sie angesichts der barbarischen Kriegsmethoden in Europa nobilitiert.[47] 400 Jahre nach Montaigne schlägt Claude Levi-Strauss, der Begründer der strukturalen Anthropologie, mit dem Aufsatz „Wir sind alle Kannibalen“ in eine ähnliche selbstkritische Kerbe, um die ethnozentrische Herabwürdigung fremder Kulturpraktiken zu entkräften.[48] Vor allem die Hinwendung zum amerikanischen Kontinent im Spätwerk von Levi-Strauss bezeugt seinen Versuch der Neubewertung all der interkontinentalen Missverständnisse seit der Eroberung Amerikas, die der Autor resolut als „envahissement“ (Überfall) bezeichnet.[49]

Spuren der sprachkritischen Wende und der Repräsentationskrise finden sich seit dem Ontological Turn der Anthropologie in den 2000er Jahren auch in einer Reihe von Amazonasstudien wieder, die um neue Perspektiven auf die

45 James Clifford: Introduction. Partial Truths. In: Ders. / George E. Marcus (Hrsg.): *Writing Culture. The Poetics and Politics of Ethnography*. Berkeley: U of California P 1986, S. 1–26.

46 Vgl. Mary Louise Pratt: Fieldwork in Common Places. In: Ebd., S. 27–50, hier S. 28–29.

47 Michel de Montaigne: *Les Essais de Montaigne. Réimprimés sur l'édition originale de 1588*. Paris: Librairie des Bibliophiles 1873, S. 210–227 (Kap. XXI).

48 Claude Lévi-Strauss: Wir sind alle Kannibalen. In: Ders.: *Wir sind alle Kannibalen*, aus d. Franz. v. Eva Moldenhauer. Berlin: Suhrkamp 2017, S. 149–160.

49 Claude Lévi-Strauss: *Histoire de Lynx*. Paris: Plon 1991, S. 16. In der vergleichenden Mythenstudie setzt sich Lévi-Strauss auch mit Montaignes Erbe im europäischen Amerikabild auseinander (ebd., S. 277–297).

Bewohner*innen des Amazonasbeckens bemüht sind. Ausgehend von seinen Aufenthalten bei den Achuar im ecuadorianisch-peruanischen Grenzgebiet legt Philippe Descola, seinerseits Schüler von Levi-Strauss, den Dualismus von Natur und Kultur als problematisches Erbe der strukturalen Anthropologie offen. In seinem Werk *Jenseits von Natur und Kultur* unterstreicht Descola, dass das Widerspiel völlig unterschiedlichen gesellschaftlichen Setzungen entspreche und keine Weltmodellierung eine universale Geltung für sich beanspruchen kann.[50] Auch die Beiträge des brasilianischen Anthropologen Eduardo Viveiros de Castro entwerfen das Bewusstsein für eine amerindische Ontologie in Abkehr von evolutionistischen Erkenntnismustern und anthropozentrischen Prämissen. Die Vorstellung von einem Multiperspektivismus, der die nichtmenschliche Koexistenz von Pflanzen, Tieren, Geistern und Toten mit einbezieht, bildet eine Kontrastfolie zu anthropozentrischen Ansätzen, die die Rolle des Menschen zum Leidwesen seiner Umwelt überbetonen.[51]

Vom Kautschuk-Boom zum ökologischen Bewusstsein

Bevor das Amazonasbecken im 20. Jahrhundert in den Fokus der Anthropologie rückte, hatte es im Zuge der Industrialisierung ab der Mitte des 19. Jahrhunderts und bis circa 1920 eine neue Bedeutung im globalen Kontext erlangt: Mit seinen reichen Vorkommen von Kautschuk wurde es zum hauptsächlichen Lieferanten dieses Harzes, bevor England im Jahr 1876 den Naturforscher Henry Wickham damit beauftragte, 70.000 Exemplare des Kautschukbaums aus Brasilien zu entwenden, und in Asien eine eigene Produktion begründete.[52] Nachdem das Harz, das bereits die indigene Bevölkerung mithilfe von Vulkanisierungstechniken haltbar zu machen

50 Vgl. Philippe Descola: *Par-delà nature et culture*. Paris: Gallimard 2005. Die Erkenntnisse zehren von seiner früheren Studie: Ders.: *La Nature domestique. Symbolisme et praxis dans l'écologie des Achuar*. Paris: Fondation Signer-Polignac 1986.

51 Viveiros de Castros bedeutende Studie, die eine amerindische Ontologie mit poststrukturalistischem Ideeninventar zu erschließen versucht, liegt vor in: Eduardo Viveiros de Castro: *Metafisicas Canibais*. São Paulo: Cosac & Naify 2015. Zur Subjektivierung nichtmenschlicher Objekte vgl. ders.: Perspectivismo e multinaturaismo. In: Ders.: *A inconstância da alma selvagem*. São Paulo: Cosac & Naify 2002, S. 347–399. Einen guten Einblick in Viveiros de Castros Vorstellungen vom amerindischen Perspektivismus bietet auch folgende auf Spanisch erschienene Interviewsammlung: Eduardo Viveiros de Castro: *La mirada de Jaguar*. Buenos Aires: Tinta Limón 2013.

52 Vgl. Toby Musgrave / Will Musgrave: *An Empire of Plants. People and Plants that Changed the World*. London: Casell 2000, S. 173.

wusste,[53] die Aufmerksamkeit von Kolumbus und später von La Condamine auf sich gezogen hatte, wurde es dank Charles Goodyears Entwicklung einer Versetzung von Naturkautschuk mit Schwefel nun industriell zu Zelten, Autoreifen, Gummistiefeln und Kaugummi verarbeitet. Während sich Städte wie Manaus im kapitalistischen System der Kautschukbarone zu einem tropischen Paris entwickelten, wurden aus dem Putumayo-Gebiet Klagen über schwere Misshandlungen, Versklavung und die Tötung der überwiegend indigenen Arbeiter*innen laut. Einen weiteren Schub erfuhr der Abbau von Kautschuk in Brasilien während des Zweiten Weltkriegs unter der Regierung von Getúlio Vargas, der die Kautschukproduktion zu einem nationalen Anliegen und einer Säule seiner Regierung machte. Der Kautschuk-Boom bildete den Anfang einer Reihe von Vorstößen zur Ausbeutung des Amazonasbeckens und seiner Ressourcen: Gold, Petroleum, Wasserkraft und schließlich Holz. Die Militärregierung, die 1964 in Brasilien die Macht ergriff, versuchte, die Region unter den Vorzeichen der Modernisierung mithilfe des Baus einer transamazonischen Autobahn geopolitisch zu integrieren.

Mit dem zunehmenden Bewusstsein der Bedeutung großer zusammenhängender Waldflächen für das ökologische Gleichgewicht und, damit verbunden, der zunehmenden Sorge einer Überbewirtschaftung und Zerstörung der Wälder gegen Ende des 20. Jahrhunderts gerät das Amazonasbecken immer stärker in den Fokus internationaler politischer und medialer Diskurse. Wurde der Urwald in der Kolonialzeit als Bedrohung und zu Beginn des 20. Jahrhunderts noch als ein Stück nahezu unberührter, geschichtsloser Natur[54] empfunden, so erscheint er seit den 1980er Jahren in den Medien stets als bedrohte Landschaft, die es zu schützen gilt. Der Mord am brasilianischen Kautschukzapfer und Gewerkschaftsführer Chico Mendes durch Großgrundbesitzer im Dezember 1988 zieht die internationale Aufmerksamkeit auf den brasilianischen Urwald und seine ökologische und wirtschaftliche Relevanz: Zwischen 1980 und 1988 waren 38 % der Waldgebiete der Region zur Gewinnung von Weideflächen gerodet worden.[55] Solche und andere Informationen über die Zerstörung des Urwalds im Amazonas gelangten in den USA und Europa

53 Vgl. Jens Soentgen: Die Erfindung des Gummis durch die Ureinwohner Amazoniens und deren Darstellung in westlichen Materialgeschichten des Kautschuks, in diesem Band.

54 Programmatisch für diese Auffassung ist Euclides da Cunhas Essaysammlung *À margen da história* (1905), in der da Cunha die Amazonasregion als jenseits von Zeitlichkeit und Geschichte gelegen beschreibt. Vgl. auch Welge: Tropische Temporalität, in diesem Band.

55 Micheal S. Giaimo: Deforestation in Brazil. Domestic Political Imperative – Global Ecological Disaster. In: *Environmental Law* 18,3 (1988), S. 537–570, hier S. 549.

nun vermehrt an die Öffentlichkeit und weckten das Bewusstsein einer Mitverantwortung für den Schutz des Regenwalds, was im Falle Brasiliens in die finanzielle Maßnahme eines „debt-for-nature swap" mündete.[56] Bis dahin war die Bevölkerung Brasiliens, auf dessen Gebiet 70 % des Amazonasregenwalds liegen, von ihrer Souveränität über das Amazonasbecken überzeugt gewesen. Stets war ihr vermittelt worden, dass der Urwald mit seinen Ressourcen ihre Zukunft sichere und dass ausländische Mächte seit der Kolonialzeit immer wieder versucht hätten, diese Quelle des Reichtums zu stehlen. Die Wälder des Amazonas waren somit unmittelbar mit der brasilianischen Nationalidentität verknüpft.[57] Dementsprechend wurden Aufrufe zum Schutz der Amazonaswälder vor 1980 als Versuch reicher Länder wahrgenommen, ärmere von der wirtschaftlichen Entwicklung auszuschließen, was die brasilianische Regierung umso mehr dazu bewog, Milliarden von Dollar in Anreize zur Besiedlung des Amazonasbeckens zu investieren.[58] Der wachsende internationale Druck auf Brasilien und andere lateinamerikanische Länder führte im Mai 1989 schließlich zur Unterzeichnung der *Manaus Declaration of the 1st Meeting of Presidents of Amazon Countries*, auch bekannt als *Amazon Declaration* durch Bolivien, Brasilien, Kolumbien, Ecuador, Guyana, Peru, Surinam und Venezuela. In den Jahren 1993 und 2009 folgten zwei weitere Erklärungen sowie eine Reihe von Abkommen der im September 2003 gegründeten Amazon Cooperation Treaty Organization (ACTO), welche die im Rahmenvertrag (ACT) des Bündnisses festgelegten Prinzipien gesetzlich verankern sollten.[59] Der Rahmenvertrag sieht die Verantwortung der beteiligten Staaten für die Bewahrung der Umwelt sowie ein Gleichgewicht zwischen

56 Bei dieser Transaktion, die bis dato bereits in mehreren anderen sogenannten Entwicklungsländern erfolgreich durchgeführt worden war, werden die Auslandsschulden eines Landes teilweise erlassen, wenn dieses im Gegenzug in Maßnahmen zum Schutz von Umwelt und Biodiversität investiert. Vgl. David A. Reisman: Debt-for-Nature Swaps in Brazil. Response to World Pressure to Protect the Amazon. In: *Journal of Natural Resources & Environmental Law* 8,2 (1993), S. 397–419.

57 Vgl. George de Lama: Brazil Resists Campaign to Save Rain Forests. In: *Chicago Tribune*, 12.03.1989. https://www.chicagotribune.com/news/ct-xpm-1989-03-12-8903260058-story.html (Zugriff am 15.09.2022), zit. in Reisman: Debt-for-Nature Swaps in Brazil, S. 410.

58 Vgl. Derek Asiedu-Akrofi: Debt-for-Nature Swaps. Extending the Frontiers of Innovative Financing in Support of the Global Environment. In: *The International Lawyer* 25,3 (1991), S. 557–586, hier S. 580.

59 Vgl. Beatriz García: *The Amazon from an International Law Perspective*. Cambridge: Cambridge UP 2011, S. 86.

wirtschaftlichem Wachstum und Umweltschutz vor.[60] Darauf aufbauend wird in der ersten *Amazon Declaration* festgelegt:

> WE EXPRESS our support to the newly created Special Commissions on the Environment and on Indigenous Affairs, targeted at driving development, keeping natural resources, the environment, and the relevant Amazon populations, and we reaffirm full respect of the right of indigenous populations in Amazon territories to have all the measures taken, aimed at keeping and preserving the integrity of these human groups, their cultures, and their ecological "habitat", exercising the right inherent in each State's sovereignty.[61]

Hier erscheint der Amazonasregenwald nicht in erster Linie als Quelle ökonomischer Ressourcen, sondern als Lebensraum der indigenen Bevölkerung, den es genauso zu schützen gilt wie deren Kultur. Insgesamt kommt das Wort „environment" in den Dokumenten der ACTO 226-mal vor, 12-mal davon allein in der ersten *Amazon Declaration*. Auch wenn diese nicht in erster Linie als Nachhaltigkeitsvereinbarung konzipiert war, so macht sie Umweltschutz doch zu einem ihrer Hauptanliegen.[62]

Der Kampf gegen die Zerstörung der Umwelt sollte, wie auch die anderen im Rahmenvertrag und den Erklärungen der ACTO formulierten Prinzipien, durch konkrete Abkommen und die Einrichtung entsprechender Rechtsinstrumente jeweils auf nationaler Ebene implementiert werden. Allerdings ging ihre Umsetzung in den einzelnen Mitgliedstaaten nur schleppend voran. Die fehlende Rechtsverbindlichkeit der durch die ACTO verabschiedeten Resolutionen verleiht diesen einen eher moralischen Charakter, der zwar die Institution stärkte, jedoch nicht zu konkreten Maßnahmen wie z. B. der Erstellung von Listen geschützter Arten, der Benennung von Naturschutzgebieten oder der Einschränkung der Nutzung von Umweltschadstoffen führte.[63] Dies gilt auch für die Regelung des Umgangs mit Wäldern: Die entsprechenden globalen Abkommen geben Leitlinien zum Schutz von Wäldern, einschließlich dem Amazonasregenwald, vor, die allerdings nur begrenzt in nationale Gesetzgebungen einfließen.[64] Das *Joint Position Document of Amazon*

60 ACTO: *Legal Basis of the Amazon Cooperation Treaty. Updated Summary 2003–2012*, 2013. http://otca.org/en/project/legal-basis/ (Zugriff am 31.08.2022), S. 13.

61 Ebd., S. 35.

62 García: *The Amazon from an International Law Perspective*, S. 92.

63 Ebd., S. 97–98.

64 Ebd., S. 191.

Countries with a View to the United Nations Conference on Environment and Development, das im Rahmen der zweiten Konferenz des Amazonas-Bündnisses 1993 als Antwort auf die im Juni 1992 in Rio de Janeiro abgehaltene Konferenz der Vereinten Nationen über Umwelt und Entwicklung verabschiedet wurde, enthält eine Sektion zum Thema Wälder, die ebenfalls auf die Notwendigkeit von Umweltschutz verweist, vor allem aber die ökonomische Nutzbarkeit der Wälder und die nationale Souveränität über sie betont.[65] Auch in dieser Reaktion auf den sogenannten Erdgipfel wird eine Haltung des Widerstands sichtbar, die weniger die Wälder des Amazonas als vielmehr das Recht, über sie verfügen zu können, bedroht sieht. Ausländische Einmischung in Umweltfragen als Eingriff in die nationale Souveränität zu werten, wie es auch die brasilianische Regierung unter Jair Bolsonaro tat, hat in Brasilien also eine lange Tradition.

Zum Aufbau dieses Bandes

Waren die Wälder des Amazonas in der Kolonialzeit ein Ort der Begegnung zwischen Konquistadoren bzw. Missionaren und seinen Ureinwohner*innen, Projektionsfläche europäischer Fantasien vom irdischen Paradies und später eines wissenschaftlich motivierten Fortschrittsdenkens, so entwickeln sie sich im Laufe des 19. und 20. Jahrhunderts zu einem Ort der kapitalistischen Gewinnung von Rohstoffen, um schließlich in den Fokus gegenwärtiger Debatten um den anthropogenen Klimawandel zu rücken. Dieses Narrativ, dessen Konturen diese Einleitung umreißt, soll im vorliegenden Band vertieft und zugleich erweitert werden. So ist das Amazonasbecken nicht nur Projektionsfläche und Nutzungsraum für Vorstellungen und Interessen von außen, sondern auch die Grundlage einer gemeinschaftlichen Identität derjenigen, die es bewohnen.[66] Beide, Projektionen von außen und Wahrnehmungen von innen, sind durch ein kollektives Gedächtnis geprägt, das sich in symbolischen Formen wie (mündlich und schriftlich überlieferten) Mythen, Texten, audiovisuellen Medien oder Musik artikuliert. Solchen Ausdrucksformen von Kulturkontakt und kulturellem Gedächtnis ist der erste Teil des Bandes gewidmet. Ana Pizarro untersucht, wie durch koloniale Texte

65 ACTO: *Legal Basis*, S. 39–40.

66 Schätzungen zur ersten Besiedlung des Amazonasgebiets durch Menschen rangieren zwischen vor 10.000 und 60.000 Jahren, vgl. Candence Slater: *Entangled Edens. Visions of the Amazon*. Berkeley: U of California P 2002, S. 10.

des 16. und 17. Jahrhunderts ein Bild des Amazonasbeckens konstruiert und international verbreitet wird, das bereits vorhandene europäische Vorstellungen auf eine unbekannte und wundersam erscheinende Region projiziert. Während Pizarro ein Panorama europäischer Imaginarien – angefangen beim Amazonen-Mythos über die Vorstellung von El Dorado bis hin zu Teufeln und Dämonen – entfaltet, liegt der Fokus von Anna Meiser auf der Mythologie der Shuar aus dem nordwestlichen Amazonien. Am Beispiel der Erzählung von der Sonne Etsa und dem Dämon Iwia, die ein für die Shuar einst existentielles Wissen vermittelt, zeigt sie, wie das Wiedererzählen und die Neuinterpretation indigener Mythen die Verarbeitung von Kulturkontakten und -konflikten offenlegen und Amazonien so als kulturelle Kontaktzone plausibel machen. Die Artikulation von Konflikt- und Wandlungsprozessen über ästhetisch-symbolische Formen steht auch im Beitrag von Philip Gondecki-Safari im Vordergrund. Am Beispiel eines Musikvideos indigener Aktivist*innen aus dem Volk der Waorani in Kooperation mit dem ecuadorianischen Sänger und Musiker Bayron Caicedo, der die Schönheit Amazoniens, den Kampf der Waorani um ihr Territorium im Yasuní und den Schutz des Regenwalds im Widerstand gegen die Erdölförderung besingt, beschreibt Gondecki-Safari den Medienaktivismus der Waorani-Gemeinschaft Bameno am Fluss Cononaco im Konflikt um den Yasuní im ecuadorianischen Amazonastiefland.

Der zweite Teil des Bandes versammelt Beiträge, die ihre Aufmerksamkeit auf den Amazonas als begehrten Ressourcenspeicher richten. Zunächst weist Jens Soentgen bei seinem stoffgeschichtlichen Überblick zum Kautschuk auf die fehlende Anerkennung des ‚indigenen Wissens' hin, das zur Fixierung und Weiterverarbeitung des Latex lange vor den Pionieren der westlichen Wissenschaftsgeschichte entwickelt wurde. Haltbar gemachte Erzeugnisse aus Naturgummi waren im Amazonasbecken lange bekannt, bevor Kautschuk im 19. Jahrhundert zu einem Schlüsselelement industrieller Fahrzeug- und Medizintechnik wurde und die Amazonasregion in einen verheerenden neokolonialen Kautschukboom stürzte. Der Beitrag hinterfragt die in Industrienationen häufig auftretende Herabminderung des traditionellen, nicht kodifizierten Wissens und verweist auf eine Schieflage, die nicht nur den materiellen Besitz, sondern auch das geistige Eigentum des im Amazonasbecken kultivierten praktischen Wissens betrifft. Einer weiteren überaus begehrten Ressource geht Maximilian Feichtner nach, dessen Beitrag die junge Geschichte der Erdölförderung im nordecuadorianischen Amazonasgebiet untersucht. Das ‚schwarze Gold', das seit dem 20. Jahrhundert dem glänzenden Metall als klassisches Objekt der Begierde den Rang abgelaufen hat, eignet sich besonders gut, um das einseitige Verständnis der Amazonasregion als *resource environment* zu diskutieren. Die Schattenseiten der eindimensionalen Nutznießung der Region, die mit den Prospektionsarbeiten transnationaler Erdölunternehmen im frühen 20. Jahrhundert beginnt, liegen in der flächendeckenden Umweltverschmutzung, für die transnationale Unternehmen der Mineralölindustrie nur selten zur Verantwortung gezogen wurden und werden. Um die globale Dimension der Interessenskonflikte, die in Abbaugebieten des Amazonas ausgefochten werden, geht es auch Maria Fernanda Abdo García und Nils Droste. Am Beispiel der Kupferminen im südwestlichen Ecuador untersuchen die beiden Autor*innen einerseits die Spannungen der Mensch-Umwelt-Beziehungen im Bergbau Amazoniens, andererseits auch die von massiven Machtasymmetrien gezeichneten Landnutzungskonflikte, bei welchen ein (trans-)nationaler Ressourcenhunger und neo-extraktivistische Landnutzungspraktiken lokalen Vorstellungen von einem nachhaltigen Leben zuwiderlaufen.

Der dritte Teil befasst sich sowohl mit unternommenen als auch mit fiktiven Reisen in die Wälder des Amazonas, wobei mit der geografischen Fortbewegung teilweise ein Vordringen in zurückliegende Zeitschichten verbunden ist. Nelson Chacón gibt anhand der Expedition von Johann von Spix und Carl Friedrich von Martius durch das Amazonasgebiet (1817) ein Beispiel für die Selbstlegitimation europäischer Forschungsreisender in Südamerika seit dem 16. Jahrhundert, die sich durch die Verfestigung von Forschungspraktiken im Laufe der Jahrhunderte auf einen gemeinsamen wissenschaftlichen Habitus berufen und zugleich neues Wissen zur geografischen und politischen Lage der bereisten Regionen generieren konnten. Die wissenschaftlichen Expeditionen des 19. Jahrhunderts bilden auch den Ausgangspunkt für den Beitrag von Jobst Welge. So haben britische Forschungsreisen den Roman *The Lost World* von Conan Doyle inspiriert, der zusammen mit Virginia Woolfs *The Voyage Out* (1915) und *Doña Barbara* (1929) von Rómulo Gallegos exemplarisch für eine Reihe von Amazonas-Fiktionen aus der ersten Hälfte des 20. Jahrhunderts steht. Diese stellen westliche Diskurse um Entwicklung und ‚Fortschritt' in Frage, indem sie ihnen die Zeitlichkeit einer angeblich ‚primitiven' Natürlichkeit der Amazonasregion entgegenhalten. Miriam Lay Brander und Manuel Schusterbauer schließlich zeigen am Beispiel von Patrick Devilles Roman *Amazonia* (2019), wie sich in literarischen Amazonas-Darstellungen des 21. Jahrhunderts aktuelle ökologische und postkoloniale Debatten überschneiden. Anders als in den von Welge untersuchten Urwaldromanen steht nicht mehr die individuelle Suche eines entfremdeten modernen Subjekts im Vordergrund, sondern „die kollektive Suche nach Antworten auf das Krisenszenarium des globalen Klimawandels“[67], der, wie Deville anhand zahlreicher Beispiele illustriert, nicht zuletzt auch auf eine (neo-)koloniale Ausbeutung der Amazonasregenwälder zurückzuführen ist.

Es sei abschließend all den Unterstützer*innen und Institutionen gedankt, die an der Vollendung des Bandes mitgewirkt haben. Dem Zentralinstitut für Lateinamerikastudien (ZILAS) gebührt unser Dank für die Veranstaltung des Vortragszyklus zu den Urwäldern Lateinamerikas, aus dem viele der vorliegenden Beiträge hervorgegangen sind. Für die wertvolle redaktionelle Unterstützung sei Verena Wittich, Miriam Blaimer und Chiara Savoldelli gedankt; Miriam Blaimer insbesondere auch für die Übersetzung des Beitrags von Nelson Chacón. Der Pädagogischen Stiftung Cassianeum sowie der Sprach- und Literaturwissenschaftlichen Fakultät (SLF) der Katholischen Universität Eichstätt-Ingolstadt danken wir für die Druckkostenzuschüsse. Nicht zuletzt danken wir den Autor*innen für den anhaltenden Dialog und die Bereitschaft, ihre Amazonaserfahrungen und Erkenntnisse mit uns und unserer Leser*innenschaft zu teilen.

67 Miriam Lay Brander / Manuel Schusterbauer: Der Urwaldroman im 21. Jahrhundert. Ökologie und Postkolonialismus in Patrick Devilles *Amazonia* (2019), in diesem Band, S. 206.

I

KULTURKONTAKT UND KULTURELLES GEDÄCHTNIS

Ana Pizarro

Das europäische Bilderinventar in Amerika*

Die Besetzung des Amazonasbeckens, die vom 15. bis zum Ende des 18. Jahrhunderts dauert und in das 19. hineinreicht, ist in starkem Maße von einem europäischen Diskursgeflecht überzogen, was nachvollziehbar ist, wenn man bedenkt, dass die Langfristigkeit und Sichtbarkeit dieser Diskurse mittels ihrer Verschriftlichung sichergestellt wurden. Anfangs treten die ‚Entdecker' in der Rolle der Besatzer auf, später sind es die reisenden Wissenschaftler. Erstere vertreten vor allem auch eine missionierende Haltung. Das Territorium wird physisch besetzt, ohne jedoch besonders tief von den Flussufern und den Zuflüssen, den sogenannten *igarapés* des Amazonas, ins Landesinnere vorzustoßen. Das Territorium ist uneinnehmbar und der Urwald ist wie eine große Mauer, in die unzählige Geschichten eingeflochten werden. Zunächst wird Amazonien also von der regen Fantasie der Konquistadoren und später von der modernen Vorstellung der Naturforscher eingenommen.

[...]

Amazonien wurde nicht nur von den Untertanen der spanischen und portugiesischen Kronen imaginiert und konstruiert. Die Länder, die bei diesem amerikanischen Beutezug miteinander konkurrierten, spornten ihre Vertreter zu dem Abenteuer an, diese Region des Kontinents zu erforschen. Unter

* Bei dem vorliegenden Beitrag handelt es sich um einen Auszug aus dem 2. Kapitel von Ana Pizarros Monografie *Amazonía*, in dem die ersten europäischen Reiseberichte zu Amerika untersucht und die Urwälder Amazoniens als Projektionsfelder der ersten Ankömmlinge aus Europa erschlossen werden. Ana Pizarro: *Amazonía. El río tiene voces*. México / Santiago de Chile: Fondo de Cultura Económica 2007, S. 33, 55–81. Bei der Übersetzung wurden kleine Erläuterungen ergänzt, Bildunterschriften und Zitatnachweise übernommen.

den Reisechroniken des späten 16. Jahrhunderts sticht vor allem *The Discovery of the Large, Rich and Beautiful Empire of Guiana with a Relation of the Great City of Manoa* (1596) von Sir Walter Raleigh hervor. Seinem Bericht ist eine Widmung an den englischen Hof vorangestellt, in der folgende Passage enthalten ist:

> [England] besitzt einen eigenen Gebietsanspruch, eine eigene Aussicht auf Reichtümer und Ruhm in Westindien und einen einfacheren Zugang, um in seine besten Gebiete vorzudringen als auf herkömmlichem Weg.[1]

Auf genau diese Weise, also über die Karibik, gelangte später auch der schottische Abenteurer John Gabriel Stedman nach Guyana, dessen aufschlussreicher, 1804 in London veröffentlichter Bericht *Joana or the female slave* den ersten Roman zu Amazonien darstellt, in dem das Sklavenwesen unter den Kolonisten beschrieben wird. Auch der Portugiese Henrique João Wilkens hielt sich in Amazonien auf und verfasste das 1819 publizierte epische Gedicht *Muhuraida, ou, O triunfo da fé* über das Volk der Mura. Raleighs Beschreibung der Reise nach Guyana und zum Orinoco – bis zum Amazonas kam er nicht – wurde gleich ins Lateinische übertragen, der Lingua franca jener Zeit, und 1599 von Théodore de Bry in seiner Sammlung von Reiseberichten zu Amerika, *West-Indische Reisen*, publiziert. Der Umstand, dass die Sammlung auf Deutsch, Französisch, Holländisch und Italienisch erschien, ist nicht unerheblich, da dies den damaligen Erfolg der Reiseberichte begreiflich macht, die in der Folgezeit zu einem Phänomen der Massenkultur wurden. Raleighs abenteuerlicher Lebensweg endete schließlich mit seiner Enthauptung in London im Jahr 1618. Über ihn heißt es: „Seine Qualitäten als Gelehrter, Dichter, Höfling, Krieger, Seefahrer, Pirat, Entdecker und Geschichtsschreiber nutzten ihm alle nichts. Sein Schicksal wendete sich ins Unglück."[2]

1 Sir Walter Raleigh: *Las doradas colinas de Manoa*, aus d. Engl. v. Xuan Tomás García Tamayo. Caracas: Centauro 1980, S. 27. Im Original: „It hath another grounde and assurance of riches and glory, then the voiages of the west Indies, & an easier way to inuade the best parts therof, then by the common course." (Sir Walter Ralegh: *The Discoverie of the Large, Rich, and Beautiful Empyre of Guiana, with a Relation of the Great and Golden Citie of Manoa (which the Spanyards call El Dorado) And of the Prouinces of Emeria, Arromaia, Amapaia, and other Countries, with their Riuers, adioyning*. London: Robinson 1596, S. A4.)

2 Xuan Tomás García Tamayo: Prólogo del traductor. In: Raleigh: *Las doradas colinas de Manoa*, S. 7–18, hier S. 18.

Diese Texte sind bedeutsam, da sie Elemente des kollektiven Imaginären veranschaulichen, welche die Konstruktion Amazoniens nach westlicher Vorstellung gestalteten und im Zuge der Streuung dieser Berichte in Europa internationale Bedeutung erhielten. Das offenkundige Interesse an dem amerikanischen Abenteuer hatte zur Folge, dass die alte Welt einen großen Unterhaltungswert in der kulturellen, sozialen und politischen Alterität als einer Variante der Selbstreflektion erkannte. Doch es gibt noch eine weitere nennenswerte Sinnebene, die sich in der Faszination zeigt, die der Reiseliteratur, dem literarischen Genre der geografischen Fortbewegung, im 18. und 19. Jahrhundert in Europa entgegengebracht wird. Hierzu bemerkt Ottmar Ette:

> Die Faszination des Reiseberichts [...] beruht in grundlegender Weise auf den in der Reiseliteratur allgegenwärtigen Verstehensbewegungen, verstanden als Bewegungen des Verstehens im Raum, das die Dynamik zwischen menschlichem Wissen und Handeln, zwischen Vor-Gewußtem und Nicht-Gewußtem, zwischen den Orten des Lesens, des Schreibens und den Orten des Berichteten räumlich konkretisiert [...].[3]

Wie und weshalb wird der neue Kulturraum Amazonien von der ersten Stunde seiner Kolonisierung an als fantastische Bilderwelt konstruiert?
Im Folgenden werde ich auf vier Aspekte eingehen, die, wie mir scheint, die Entstehung der Formen und Inhalte dieser Vorstellungswelt bedingen: die Bedeutung der Reise und ihrer Anbahnung an den europäischen Höfen; der mittelalterliche Inquisitionskontext; das aufkommende Bilderinventar der Renaissance sowie das allgemeine Interesse, das die Reiseberichte weckten.
Ab dem 16. Jahrhundert ereignet sich eine Öffnung der bekannten Welt hin zu neuen Ufern. Es ist der Moment, in dem Reisen Perspektiven auf andere Formen menschlicher und sozialer Erfahrung sowie auf andere Wahrnehmungsformen von Raum und Zeit eröffnen. Es ist kein Zufall, dass in Europa gesellschaftskritische Texte wie Michel de Montaignes Essay *Des cannibales* erscheinen, Voltaires *Candide* gelesen wird, der Streit zwischen Juan Ginés de Sepúlveda und Bartolomé de Las Casas verfolgt wird und später die Texte von Cornelis de Pauw und Georges-Louis Leclerc de Buffon oder die Theorien von Joseph Arthur de Gobineau diskutiert werden. (Abb. 1)

3 Ottmar Ette: *Literatur in Bewegung. Raum und Dynamik grenzüberschreitenden Schreibens in Europa und Amerika*. Göttingen: Velbrück 2001, S. 25.

Abb. 1
Die Landkarte von Pedro Texeira, dem ersten Portugiesen, der den Lauf des Amazonas flussaufwärts von seiner Mündung bis nach Quito zurücklegte. 17. Jahrhundert, Spanische Nationalbibliothek, Madrid.

Nach Jacques Brosse ist die Reise „nicht so sehr ein Abenteuer wie eine Suche":

> In der Antike folgten Reisende dem Modell der Helden, über deren Errungenschaften die Mythologien berichteten. Dank ihrer halbgöttlich-halbmenschlichen Ursprünge hatten die Helden die Mission, das Bekannte mit dem Unbekannten zu vereinen, eine Verbindung herzustellen zwischen dem Lebensraum der Menschen, dem Reich der Götter und der Unterwelt der Toten.[4]

Von dieser Hinwendung zum Unbekannten geht zu allen Zeiten eine Anziehungskraft aus, vor allem aber in einer Epoche, in der sich verschiedene Weltregionen allmählich zu öffnen begannen. Bei dieser Hinwendung war nicht alles unbekannt, denn der Reisebericht verwies auf eine Welt, die seit Pierre d'Ailly und dessen *Imago Mundi*, seit Jean de Mandeville oder Marco Polo bereits eine erhebliche Faszination ausübte, nämlich die Welt der bekannten Reisenden mit ihren Topologien und Bestiarien, ihren fantastischen Zoologien und ihren unglaublichen Abenteuern. Mit anderen Worten, oder wie Ottmar Ette anmerkt, habe jede Reise ihr „Vor-Gewußtes", verweise jede Reise auf eine andere. Es war nicht nur die Lust daran, Unbekanntes zu entdecken, die den Reisebericht zu einem besonders reizvollen Objekt machte; es war die Möglichkeit, in ihm den Intertext zu lesen, die Persönlichkeiten anderer Reisen wiederzuerkennen sowie auf andere außergewöhnliche Wesen oder Tiere zu treffen, wie sie etwa in den *Etymologiae* des Isidor von Sevilla erschienen, wo sie sogar in Gruppen gegliedert waren: die Missgeburten (*portenta*), die Scheusale (*ostenta*), die Monster (*monstra*) und die Sonderlinge (*prodigia*). Ein Beispiel ist der *Ewaipanoma*, den Sir Walter Raleigh beschreibt:

> Neben dem *Arvi* fließen zwei Flüsse, *Ayoica* und *Caora*, und am Flussarm, den man *Caora* nennt, lebt ein Volk, dessen Köpfe nicht über die Schultern ragen; diese sind, und für meinen Teil bin ich überzeugt, auch wenn es wie eine Fabel anmutet, wahrhaftig, weil jedes Kind in den Provinzen *Arromata* und *Canuri* das gleiche behauptet – man nennt sie *Ewaipanoma*: Es wird berichtet, dass sie ihre Augen in den Schultern und ihre Münder in der Mitte ihrer Brust haben, und dass eine lange Haarsträhne zwischen ihren Schultern nach hinten wächst.[5]

4 Jacques Brosse: Le voyageur et sa quête. In: *Le Courrier de l'Unesco* 4 (1987), S. 4–7, hier S. 4.

5 Raleigh: *Las doradas colinas de Manoa*, S. 161.

Abb. 2: Der englische Seefahrer Sir Walter Raleigh trat auf seiner Reise durch Guyana im Jahr 1595 in einen Dialog mit dem reichhaltigen Vorstellungsinventar zu Amazonien. Illustration von Théodore de Bry.

Der Acephale hat seit der Antike unterschiedliche Namen in der Geschichte der Bildersprache erhalten. Er ist ein Wesen ohne Kopf, dessen Gesichtszüge sich auf dem Torso befinden und das allgemein mit den Amazonen und mit Goldvorkommen assoziiert wird. Diese Wesen haben eine jahrtausendealte Tradition und gelangten nun im Zuge des Deliriums der Konquistadoren nach Amerika. (Abb. 2)

Die Überfahrt hatte die Aura einer Initiationsreise, verband das Bekannte mit dem Unbekannten und der Preis dafür war die Beweisresistenz inmitten des monströsen *mare tenebrosum*[6]: Seeschlangen, Sirenen, Skolopender, schaurige Geräusche und der Schauder vor dem Unbekannten. Der heimkehrende Reisende ist nicht mehr derselbe, schreibt Brosse. Seine Augen haben andere Konstellationen gesehen, an seinen Füßen haftet der Staub anderer Länder, „er ist durchtränkt vom Unbekannten und ist im Mythos zum Helden geworden".[7]

6 Anm. d. Übers.: Gefährlicher Teil des Atlantiks vor der marokkanischen Küste ab Agadir.

7 Brosse: Le voyageur et sa quête, S. 5.

Der Weg selbst eröffnete der Fantasie einen Raum des Bekannten-Unbekannten und verursachte von jeher einen virtuellen Transformationsprozess im Reisenden und in denjenigen, die auf seinen Bericht warteten oder ihn lasen. Jenseits der in Europa gezogenen Weltgrenzen existierten andere Geschöpfe, eine andere Natur und andere Lebensformen, welche die Lust am Bericht und an der Lektüre stimulierten und die Neugier der noch spürbar von der mittelalterlichen Bilderwelt geprägten Geister weckten. Jedoch hatte dieser Weg seinen Vorlauf: Monate des Wartens und der Mutmaßungen, die all jenen gemeinsam waren, die mit dem Vorsatz um die europäischen Königshäuser zogen, die jeweilige politische und wirtschaftliche Macht von ihren Projekten zu überzeugen, Dokumente und Archive zu durchforsten und sich Vollmachten und Mittel zu verschaffen. Und auch auf der anderen Seite der Welt zogen sie ihre Kreise, wenn sie sich etwa an den Versammlungs- und Abfahrtsorten in Übersee, den ‚Einfallstoren' an der amerikanischen Westküste in Quito und in Lima tummelten und sich über die Versionen der Fahnen verständigten, mit welchen die kolonialen Besitztümer in Übersee gekennzeichnet werden sollten. Dort fand sich ein idealer Nährboden für allerlei Formen der Imagination, die von vorherrschenden Erwartungen, Konflikten, Übereinkünften, Möglichkeiten und auch Wahnvorstellungen gespeist wurden.

Was der Reisende zu erwarten hatte und finden sollte, war ihm schon von seinen Lektüren, seinen Ängsten, seiner Fantasie und der fantastischen Überlieferung, die er ebenfalls in seinem Umfeld aufgenommen hatte, diktiert worden. Gewissermaßen würde er eben das finden, was er zu finden hoffte, und stellte sich folglich vor, was eigentlich schon in seinem Kopf vorhanden war. Auf diese Weise entstanden die Vorstellungen von Riesen und Zwergen, den monströsen Kynokephalen, dem Seebischof oder den Schwanz- und den Ohrenmenschen. In Bezug auf die Gestaltung von Karten schreibt Miguel Rojas Mix:

> Man muss nur einen Blick auf die Briefe werfen, die im 16. Jahrhundert verfasst wurden, um zu sehen, wie die wunderbare Fauna dieser Kartografie nach Amerika übersetzt wird. Im Gefolge von bedeutsamen Legenden wechseln sich die Fabelwesen mit den Flussnamen, den geografischen Orten und Städten ab, die mal real und mal imaginiert sind. Sie bilden eine Basis der Geschichte des Reisens. Sie repräsentieren gleichzeitig eine reale Oberfläche und einen mythischen Resonanzraum. Es ist eine Reise zum Unbekannten, zur *imago mundi*, die den Entdeckern gehörte. Die Monster waren Teil des „Symbolrasters", das dazu dient, den geografischen

Raum zu erfassen, der Welt Sinn einzuflößen und den Blick auf das neuentdeckte Land zu ordnen.[8]

Der Diskurs, den der Amazonas-Reisende aus der europäischen Perspektive konstruiert, ist in eine Vorstellungswelt eingebettet, die einerseits aus dem Mittelalter und dem Obskurantismus der Inquisition stammt, andererseits aus den mythischen Stoffen, welche die Renaissance aus der Fantasie der griechisch-römischen Antike wieder freigelegt hat. Dieser Diskurs war daher von der direkten Erfahrung und der Zeugenschaft geprägt. Doch die Realität, die er sah, zu sehen glaubte oder von der er überzeugt war, da ein Nahestehender sie gesehen habe, war gefärbt vom Abglanz des kulturellen Rüstzeugs, das er mitführte.

Die berühmte Gestalt des Curupira mit ihrer weit zurückreichenden Tradition in der gesamten Amazonasregion, wo sie unterschiedliche Bezeichnungen trägt und einen sehr lebhaften Platz in der heutigen Populärkultur einnimmt, erscheint in einer der bedeutendsten Varianten als eine Kreatur mit Füßen, die nach hinten wachsen. Eine solche Figur wird im Text von Cristóbal de Acuña dokumentiert. In einer anderen Variante besitzt sie lediglich einen fehlgebildeten Fuß. Wie bereits gesagt, ist der Curupira ein unabdingbarer Bestandteil der Populärkultur Amazoniens und, wie mir scheint, eines der zentralen imaginären Wesen des lokalen Olymps. Findet er seinen Weg in Acuñas Text über indigene Informanten oder ist es vielmehr Acuña selbst, der ihn ausgehend von seinem Vorwissen projiziert? Es handelt sich hierbei um eine immerwährende Frage für all jene, die diese Kulturphänomene untersuchen: Wo nimmt ein Transkulturationsprozess seinen Anfang? Serge Gruzinski hat dieses Thema im Kontext des kolonialen Mexikos minutiös und kenntnisreich bearbeitet.[9] Zu Amazonien scheint es, zumindest nach meinem Kenntnisstand, keine vergleichbaren Arbeiten zu geben.

Wie der brasilianische Denker Sergio Buarque de Holanda bemerkt – einer der wichtigsten Kenner der Anfänge der kollektiven Vorstellung von Amerika, dessen Werke, vor allem *Raízes do Brazil* (1936) und *Visão do Paraíso* (1959), während des gesamten 20. Jahrhunderts veröffentlicht wurden –, sei die Vielfalt der Kreaturen, die mit den Konquistadoren an Land gehen,

8 Miguel Rojas Mix: *América imaginaria*. Barcelona: Lumen 1992, S. 42.

9 Serge Gruzinski: *La colonización de lo imaginario. Sociedades indígenas y occidentalización en el México español. Siglos XVI–XVIII*, aus d. Franz. v. Jorge Ferreiro. Ciudad de México: Fondo de Cultura Económica 1991.

beträchtlich. Mitten in der enormen Informationssammlung zum Thema zitiert er den Philosophen und Staatsmann Brunetto Latini (ca. 1220–1294), Dantes Lehrer, der Indien (das Kolumbus gefunden zu haben glaubte, der sich selbst in einem seiner Briefe an die spanischen Monarchen sogar in der Nähe des Ganges wähnte) als einen Ort betrachtete, an dem sich die deformiertesten und schrecklichsten Wesen befanden, die man sich vorstellen konnte.

> In einer anderen Schrift versucht er, das Unmögliche auszubuchstabieren: Er spricht von „Menschen, *mit Füßen, die nach hinten gerichtet sind*, mit acht Fingern an jedem Fuß; andere wiederum ohne Genick, aber mit Augen auf den Schultern; einige davon mit nur einem Auge genau in der Mitte des Gesichts, nach Art der Zyklopen, manchmal auch auf nur einem Bein: letztere würden besonders schnell laufen können." Brunetto verortet auch Menschen in Indien, die schon bei der Geburt alt aussehen und im Zuge des Alterns die Gesichtszüge junger Menschen annehmen, genauso wie Frauen, die schon mit fünf Jahren schwanger werden und nicht länger als acht Jahre leben. Unter all den anderen Kuriositäten des sagenhaften Ortes spricht er sogar von bestimmten Menschen, die ihre eigenen Väter töten und aufessen, bevor diese an Altersschwäche oder einer Krankheit sterben würden, und diese Routine als ungemein pietätvoll erachten.[10]

Wie wir an der kursiv gesetzten Textstelle erkennen können, finden sich in der aus Europa stammenden Vorstellungswelt Vorläufer für Kreaturen mit nach hinten wachsenden Füßen.

Der brasilianische Intellektuelle untersucht in seiner Arbeit die ständige Anwesenheit von paradiesischen Motiven und entwirft „eine Biografie der Ideen auf Wanderschaft"[11], die zum Diskurs des sogenannten Entdeckers gehören und in einer Reihe stehen, die mit Kolumbus beginnt, der angesichts der Orinoco-Mündung in einem Brief an die spanischen Monarchen behauptet, sich vor einem Paradies zu befinden. Die Sprachfiguren knüpfen dabei so stark an paradiesische Landschaftsbeschreibungen an (wobei biblische Motive Hand in Hand mit griechisch-römischer Mythologie gehen), dass ihre Häufung, wie Buarque de Holanda schreibt, „glauben lässt, sie würden einer vorherrschenden Grundstimmung entsprechen, die auf etwaige Traditionen, die schon vor der eigentlichen Verbreitung des Christentums existierten oder

10 Sergio Buarque de Holanda: *Visão do Paraíso*. São Paulo: Brasiliense 2000, S. 23 (Herv. A. P.).

11 Ebd., S. xix.

ihm fremd waren, zurückgeht"[12]. In der Tat gewann der in der menschlichen Geschichte schon lange verbreitete Paradiesmythos seit der Entdeckung Amerikas an Einfluss, nahm eine konkrete Gestalt an und wurde nach und nach zu einer fixen Idee:

> Es ist bekannt, dass das Paradies auf Erden für die Theologen des Mittelalters nicht lediglich eine nicht greifbare, körperlose Welt darstellte, die sich in den Anfängen der Zeit verliert, auch nicht schlichtweg eine fromme Fantasie, sondern eine noch gegenwärtige Wirklichkeit an einem entlegenen und nur zufällig erreichbaren Ort. Von unzähligen Kartografen gezeichnet, beharrlich von Reisenden und Pilgern gesucht, schien dieser Ort bei den ersten Kontakten der Weißen mit dem neuen Kontinent endlich real zu werden. [...] Das legen die ersten Reiseberichte offen, die ersten deskriptiven Abhandlungen, in denen der Topos der Paradiesvision ununterbrochen wiederholt wird. Dieser wurde im 4. Jahrhundert in einem lateinischen Gedicht etabliert, das, wie viele glauben, fälschlicherweise Lactantius zugeschrieben und später von Isidor von Sevilla weiterentwickelt wurde, und blickt auf ein sehr langes Leben in unverändertem Zustand zurück.[13]

Viele Eigenschaften der Neuen Welt ließen glauben, dass der Mythos wahr werde: nicht nur aufgrund der Geschöpfe und Kuriositäten, die die Reiseberichte prägen, sondern auch, weil ihre Verfasser sich in einer fantastischen Gegend wähnten, in der „alles ein Geschenk Gottes war"[14], wie Buarque de Holanda hervorhebt. So etwa die Berge von Edelsteinen, darunter auch jener, der so begehrt war, später jedoch aufgrund der reichen Vorkommen an Wert verloren hat: der Smaragd, der in den mythischen Überlieferungen zum Paradies so häufig schillert. Auch das Klima, das als gemäßigt beschrieben wurde, trug zu der Fabel bei. Im Hinblick auf das Fantasievermögen behauptet Buarque de Holanda, dass der Wunderglaube bei den Portugiesen, die die mögliche Realität auf eine gelassenere, beinahe fatalistische Art anerkennen würden, im Gegensatz zum imaginären Überschwang der Spanier milder ausfiele. Für sie war es schließlich nicht die erste Begegnung mit Neuland. Ihre Seefahrertradition hatte sie weit entlang der afrikanischen Westküste gebracht, so dass sie viel früher als die Spanier von neuentdeckten Welten fernab Europas wussten. Bereits weit von Spekulationen und teilweise auch

12 Buarque de Holanda: *Visão do Paraíso*, S. 23.
13 Ebd., S. x.
14 Ebd., S. xi.

von Vorurteilen entfernt, öffnete sich die Haltung der Portugiesen vielmehr einer Entfaltung des wissenschaftlichen Denkens.
Unter den zahlreichen Figuren, die mit diesem Epochenwandel assoziiert werden, waren in den *Crónicas de Indias*, frühen Erschließungsversuchen des amerikanischen Kontinents, drei besonders häufig vertreten. Der Fokus liegt im Folgenden daher einerseits auf den Amazonen und andererseits auf dem Mythos von El Dorado. Doch es gibt noch eine weitere Figur, die in den Vorstellungen von der Region sehr präsent ist: die des Teufels.

Die Amazonen
Es liegt auf der Hand, dass das Motiv der Amazone in diesem Zusammenhang bedeutsam ist. Das Bild der Amazonen ist dabei schon im Initiationstext der großen amazonischen Erzählung, nämlich dem Bericht des Dominikanermönchs Gaspar de Carvajal, sehr überraschend.[15]
Die Obsessionen der Amazonasreisenden begünstigen eine Revitalisierung von Monstern in allen Variationen und erschüttern ihr Menschenbild mit Geschöpfen, die ein enormes Geschlechtsorgan in Nabelnähe besitzen, mit eigentümlichen Zwitterwesen oder auch mit sinnlichen, kämpferischen und androgynen Frauen. Die Amazonen haben einen Zeitraum von Jahrhunderten durchquert, um schließlich nach Amerika zu segeln. Sie entstammen einer Zeit, die viel älter ist als die griechisch-römische Antike, und der möglicherweise aus dem Iran stammende Begriff *amazon* weist einigen Interpretationen zufolge auf das Fehlen der Brust hin, die zum Zwecke des ungehinderten Bogenschießens abgeschnitten wurde. Bei Carvajal werden die uns bereits bekannten Charaktereigenschaften abgerufen: alleinstehende Frauen, die einmal im Jahr mit einem Mann verkehren und ihre männlichen Nachkommen verschwinden lassen. Amazonen werden in die Nähe von Reichtümern, von Gold und von kopflosen Menschen (Acephalen) gerückt, die im europäischen Mittelalter überaus präsent sind. Doch in Amerika trifft man selten auf Brustverstümmelung. Die Figur der Amazone ist mit all ihrer für die Renaissance typischen Sinnlichkeit in den Chroniken und Reiseberichten der Epoche allgegenwärtig. Möglicherweise lässt sich vor diesem Hintergrund die Notwendigkeit erklären, diese Figur aus den ursprünglichen kollektiven Vorstellungen

15 Fray Gaspar de Carvajal: *Descubrimiento del Río de las Amazonas* [1542], hrsg. v. José Toribio Medina. Sevilla: Rasco 1894, S. 59–60.

zu erschließen: ein neu eingegliedertes Element ist auf Umstände angewiesen, die seine Verschiebung rechtfertigen.
Auf Francisco de Orellanas Reise, deren Chronist Carvajal war, tauchen nach und nach Berichte über Frauen auf, die die Indigenen *Coniupuiaras* nennen und bezogen auf die sie den Neuankömmlingen raten, sich gut zu überlegen, was sie bei einer Begegnung mit ihnen tun sollen, da sie ihnen zahlenmäßig überlegen sind und sie töten könnten. Die Beschreibung lässt nicht auf sich warten:

> Diese Frauen sind sehr weiß und von großer Statur und haben sehr lange Haare, die sie zu Zöpfen geflochten um den Kopf wickeln, und sie sind sehr robust und laufen unbekleidet, wobei ihr Schambereich mit Leder bedeckt ist, mit Pfeil und Bogen in ihren Händen, und sie sind so kriegerisch wie zehn Indios.[16]

Sie leben in Küstennähe, sieben Tagesmärsche vom Fluss entfernt. Die Beschreibung des Dominikaners weist auf die Existenz einer Frauengruppe hin: Insgesamt gebe es etwa 70 Dörfer, an die man kaum herankomme, da dort Wachen aufgestellt seien. Es seien zölibatär lebende Frauen, die Männer zu sich nehmen, wenn sie Sex haben wollen, und sie danach wieder ziehen lassen. Wenn sie schwanger werden und daraus ein Junge hervorgehe, senden sie ihn tot an den Vater, doch wenn es ein Mädchen sei, werde es zu einer weiteren Kriegerin erzogen. Ihre Anführerin heiße Corrí. Die Stadt, in der sie leben, sei ausgesprochen reich – die Amazonen werden, wie bereits angedeutet, üblicherweise mit Gold assoziiert – und ihre Gesellschaftsform wird als hochgradig stratifiziert beschrieben. Was der dominikanische Chronist hier projiziert, ist das einzige Gesellschaftssystem, das er kennt, nämlich das mittelalterliche. Daher legt er sein Augenmerk auch auf die großen sozialen Unterschiede: Unter ihnen gebe es welche, die Geschirr aus Gold und Silber besäßen, wohingegen die Dienerinnen Holzgeschirr verwenden würden. Sie trügen Wollkleider und Goldkronen. Es bleibt bei einem Bild der mittelalterlichen Frau, genauso wie die beschriebene Umgebung diejenige eines paradiesischen Ortes voller Naturschätze ist. (Abb. 3 & 4)
Wie wir sehen können, haben Realität und Fiktion in Gaspar de Carvajals Bericht denselben Status, insofern die Bilder, die er mitführt, seine Wahrnehmung der Realität formen. Der Inaugurationsdiskurs aller Beschreibungen amazonischer Welten wird mit einer Projektion der europäischen Bilderwelt

16 De Carvajal: *Descubrimiento del Río de las Amazonas.*

Abb. 3: Die Amazonen treffen sich einmal im Jahr mit ihren Geliebten. Ihre Gestalt ist den europäischen Schönheitsidealen der Renaissance nachempfunden.

Abb. 4: Das Amazonenbildnis als regionale Identitätsikone.

initiiert, die sich über eine menschliche und natürliche Realität legt, die nichts mit dieser zu tun hat und die der Diskurs zu modellieren versucht: die mittelalterliche Gesellschaft, die griechisch-römische Bilderwelt, die Gleichsetzung der Tropen mit dem Paradies.

Cristóbal de Acuña steht ihm ein Jahrhundert später in nichts nach, als er den Berichten über Amazonen, die seine Leute von den Tupinambá erreichen, Glauben schenkt:

> Die Beweisgrundlagen für eine Amazonenprovinz an diesem Fluss sind so zahlreich und überzeugend, dass ihre Missbilligung eine Geringschätzung des Menschenglaubens bedeuten würde. [...] Eine wesentliche Überlieferung ist die Provinz der kriegerischen Frauen, die ohne Männer auskommen und mit ihnen nur gelegentlich kohabitieren, in ihren Dörfern leben, ihr Land bestellen und mit ihrer Handarbeit alles Nötige für ihren Unterhalt erreichen.[17]

Es ist interessant, dass diese Beschreibungen des Alltags ein Jahrhundert, nachdem die Amazonen auf dem amerikanischen Kontinent untergebracht wurden, hinzugefügt werden. Die Amazonen überraschen in erster Linie nicht als fantastisches Element, sondern weil sie eine Ausdehnung der Naturwelt darstellen.

Im Kontext dieser Reiseerzählungen schlägt die Version von Sir Walter Raleigh ähnliche Töne an. Er behauptet, diejenigen befragt zu haben, die zwischen dem Orinoco und dem Amazonas unterwegs waren, weil er die Wahrheit über diese Frauen erfahren wollte, an die manche glauben und andere wiederum nicht.

Und er fügt hinzu:

> Die Nation dieser Frauen befindet sich an der Südseite des Flusses, in der Provinz Topago, und ihr wichtigstes Bollwerk und Rückzugsgebiet ist eine Insel, die im Süden vor dem Eingang liegt, etwa 60 Meilen vor der Mündung des besagten Flusses. [...] In vielen Überlieferungen wird bezeugt, dass sie zu verschiedenen Zeiten und in verschiedenen Erdteilen existiert haben. Diejenigen, die unweit von Guyana leben, werden nur einmal im Jahr von Männern begleitet, und zwar für die Dauer eines Monats, was ich den Erzählungen nach auf den April datiere.

17 Cristóbal de Acuña: *Nuevo Descubrimiento del Gran Río de las Amazonas*. Buenos Aires: Emecé 1946, S. 94–95.

Abb. 5: Im Bestiarium Amazoniens sind Iwaipanomas und Amazonen nur zwei von vielen Menschentypen im europäischen Bilderinventar.

> In dieser Zeit halten alle Könige der Flussufer eine Versammlung mit den Königinnen der Amazonen ab; nachdem die Königinnen eine Wahl getroffen haben, werden die übrigen Freier ausgelost. Einen Monat lang feiern, tanzen und trinken sie ihre Weine im Überfluss und kehren, sobald der Mond einen Zyklus durchlaufen hat, wieder in ihre Provinzen zurück.[18]

Raleigh, der sie im südlichen Teil des großen Flusses situiert, da ihre größten Bastionen auf Inseln in der Nähe lägen, glaubt nicht daran, dass sie sich die rechte Brust abschneiden würden, um Pfeile ungehinderter abschießen zu können. Dieses Bild von der Amazone ohne verstümmelte Brust scheint eine amerikanische Variation des modellbildenden europäischen Originals zu sein, das durchaus mit dieser Vorstellung arbeitet. Im Hinblick auf das Thema der abgeschnittenen oder ausgebrannten Brust besteht Uneinigkeit unter den Chronisten, da es, wie etwa André Thévet, einige gibt, die das für eine Übertreibung halten, da es keine Effizienzsteigerung nach sich zöge, wohl aber eine Gefährdung ihres Lebens. (Abb. 5)

Die Amazonen werden auf diesem Kontinent seit dem *Tagebuch* von Kolumbus erwähnt, der die Insel Matininó, das Land der mannlosen Frauen, als ihr Siedlungsgebiet angibt. Buarque de Holanda weist darauf hin, dass es sich um einen Gelehrtenmythos handelt, der sicherlich von Marco Polo oder

18 Raleigh: *Las doradas colinas de Manoa*, S. 87–88.

seinen Nachfolgern stamme. Kolumbus hat die Worte der Indigenen im Einklang mit diesen Vorstellungen interpretiert. Und tatsächlich stimmt seine Beschreibung mit der des Venezianers Marco Polo überein, der zwei Jahrhunderte zuvor seine *isle femelle* (Fraueninsel) in den östlichen Meeren situiert hatte. Auf ihn folgen Petrus Martyr von Anghiera mit *De Orbe Novo* oder auch Amerigo Vespucci, die erstmals die Amazonen auf der anderen Seite des Atlantiks erwähnen. In anderen Versionen, wie etwa der von Antonio Pigafetta überlieferten, kamen diese Frauen nicht einmal entfernt in die Nähe von Männern und nahmen denjenigen, die sich ihnen näherten, das Leben: Sie ließen sich nur vom Wind umarmen, „genauso wie es in anderen Zeiten mit gewissen Stuten an der Küste Lusitaniens geschieht", wie Buarque de Holanda schreibt. Von den Inseln, die sie seit der Antike bewohnen, gehen sie in Amerika auf das Festland über. In der Alten Welt sei dieser Mythos kurioserweise von der mittelalterlichen Ikonografie nicht aufgegriffen worden, schreibt Rojas Mix. Er fragt sich, weshalb er, nachdem er im Mittelalter in Vergessenheit geraten war, wohl reaktualisiert worden sei, und kommt zu folgender Antwort:

> Vor allem, weil sie seit der Antike eine große Symbolkraft besaßen. Schon für die Griechen repräsentierte der Mythos die Gegenseite der gesellschaftlichen Werte und stellte die etablierte „maskuline Ordnung" in Frage, und auf diese Weise auch das Gesellschaftsmodell allgemein, das heißt, die Vorstellung von „Zivilisation". Er repräsentierte damit die „Barbarei" und war Ausdruck der Alterität; einer Alterität, die nur als Gegenpol zur etablierten Ordnung existierte, weil jede andere Ordnung vom Mythos, der Religion oder Geschichtsauffassung geleugnet wurde oder unbekannt war.[19]

Warum also, stellt sich die Frage, kam es zur Revitalisierung dieses Mythos bei der Ankunft in Amerika? Es sollte aus meiner Sicht berücksichtigt werden, dass in diesem offenen Universum, auf das der Chronist stößt, einerseits der Gedanke, dass die eigene Vorstellungswelt in Bezug auf andere Gesellschaftsordnungen konkretisiert wird, eine nicht unerhebliche Rolle spielt. Andererseits lassen sich in dieses Bild von der Amazone als einer starken, einschüchternden Frau, die sich selbst und ihre Umwelt beherrscht, Herrin über ihre Lust und auch ihre Schwangerschaft ist, auch die symbolischen Implikationen einer ausgeprägten Erotik hineinlesen. Umso mehr, wenn sie, wie im Text von

19 Rojas Mix: *América imaginaria*, S. 138.

Carvajal, als Kriegerinnen erscheinen, d. h. bereit zum Kampf, zum Herrschen und zum Tod – Eros und Thanatos –, und damit also bereit, eine barbarische Welt der Verführung zu repräsentieren, mitsamt ihren Momenten von Klimax und Vernichtung. Angesichts der nachhallenden mittelalterlichen Lebenswelt, in der Sexualität unterdrückt wurde, und des Frauenmangels während der langen Monate, die eine Flussreise und die Expedition allgemein mit sich brachten, müssen die durch Amazonen repräsentierten erotischen Fantasien eine symbolische Bewältigung ihrer Entbehrungen dargestellt haben.

> Die Langlebigkeit dieses alten Mythos im neuen geografischen Rahmen, in dem er sich letztlich eingenistet hat, wird so enorm sein, dass die illustren Gelehrten am Ende des 16. Jahrhunderts bei ihren Entdeckungsreisen zu den Stämmen der Region nicht müde werden, nach dem Aufenthaltsort der kühnen Kriegerinnen zu fragen. Für derart verwunderliche Mysterien bot das sich weit erstreckende Land mit dem tropischen Klima, den üppigen Regenwäldern, die durchzogen sind von tausend Strömen, den *furos* (natürliche Wasserkanäle) und *igarapés* (Amazonaszuflüsse), den sumpfigen Flussauen, die von einer feindlichen Fauna und wilden Eingeborenen bewohnt sind, ein ideales und schier uneinnehmbares Auffangbecken.[20]

El Dorado

El Dorado ist einer der bekanntesten amerikanischen Mythen der Epoche und zieht sich durch die Jahrhunderte bis in die heutige Zeit, in der es noch immer Expeditionsabenteurer gibt, die Amazonien auf der Suche nach Paititi oder Manoa durchstreifen. Erstaunlich ist, dass es sich dabei um einen Mythos handelt, dem die Bewohner*innen der Amazonasregion ebenfalls anhängen (ein Beispiel hierfür findet sich im Dokumentarfilm *El Arenal* (*O Areal*, P / CHI / BRA 2008, R: Sebastián Sepúlveda), der in dem Dorf Itancoa in Pará, Brasilien, gedreht wurde).

Gonzalo Pizarro ging es zunächst noch darum, das sagenumwobene Zimtland zu finden, ein profitträchtiger Zielort, der aber schon bald von der Suche nach El Dorado abgelöst wurde. Am 3. September 1542 schreibt Pizarro an Kaiser Karl V.:

> Dank der Berichte, die mir in und außerhalb von Quito von den wichtigsten und bedeutendsten Häuptlingen und auch von Spaniern erzählt wurden, und die mir

20 Buarque de Holanda: *Visão do Paraíso*, S. 6–7.

versicherten, dass die Provinz des Zimts und der El-Dorado-Lagune ein dichtbevölkertes und reiches Land sei, beschloss ich, das Gebiet zu erobern und zu entdecken.[21]

Dieser Mythos, in dem sich der Bereicherungswille der Europäer in Amerika verdichtet, habe, so Demetrio Ramos Pérez, seine Ursprünge auf ebendiesem Kontinent und wurde von Indigenen überliefert. Nach Buarque de Holanda führt die obsessive Suche der Konquistadoren nach El Dorado zurück auf die Truppe um Sebastián Benalcázar, die im ecuadorianischen Hochland auf den folgenreichen Hinweis auf die immensen Reichtümer gestoßen war, die im Land der Chibcha vermutet wurden.[22]

Der Mythos, der in Amerika vom 15. bis ins 18. Jahrhundert am Leben gehalten wird und schließlich im Territorium der Omagua und der Stadt Manoa verortet wird, ist nach einem Vorstellungsmuster entworfen, das in starkem Maße vom europäischen Formenhaushalt geprägt ist. Er basiert zweifellos auf dem Topos der Suche, der wiederum seine Vorgänger in der Suche nach dem goldenen Vlies, dem heiligen Gral oder dem Jungbrunnen hat. Amerika als Projektionsfläche der möglichen Bereicherung ist eine utopische Form, die in dieser Zeit entsteht und bis in die Gegenwart reicht. Darüber hinaus ist die Suche ein Abenteuer, bei dem im Erfolgsfall Ruhm und Reichtum winken – europäische Werte der damaligen Zeit. Dennoch lohnt es sich, auch andere Aspekte in Betracht zu ziehen.

Der Mythos handelt von einem Häuptling, der in einer Lagune schwimmt und nach dem Wasserbad in Goldstaub gebadet wird. Diese Vorstellung von unermesslichem Reichtum, die in den europäischen Palästen für bare Münze genommen wird, ist, wie der erwähnte spanische Historiker Demetrio Rámos Pérez schreibt, „ein importierter asiatischer Doradismus“. Es würde sich dabei also um eine europäische Übertragung der Bilder vom reichen Orient handeln, die Marco Polo mitgebracht hatte. Die Struktur des Mythos bestünde somit aus drei Elementen mit diversen Variationen: dem Häuptling (oder Prinzen) Dorado, einer Lagune und Gold in Staubform. Die Verehrung von Gewässern als rituellen Orten (so etwa der Titicacasee) und von Wasser allgemein ist ein weit verbreiteter Brauch unter indigenen Völkern, genauso wie in der amerikanischen Vorstellung Wasser häufig mit Reichtum assoziiert wird, wie etwa im Fall von Tenochtitlan.

21 Gonzales Pizarro an Karl V., 03.09.1542, zit. n. Demetrio Ramos Pérez: *El mito del Dorado. Su génesis y proceso*. Carácas: Academia Nacional de la Historia 1987.

22 Buarque de Holanda: *Visão do Paraíso*, S. 33.

Das Bild von El Dorado wird häufig mit den Amazonen wie auch mit den Acephalen in Verbindung gebracht, so z. B. auch bei Walter Raleigh. Er verortet das Goldreich in der Stadt Manoa, einer nur sehr schwer zugänglichen Stadt, in welcher der Inka lebt, der laut Raleigh König oder Prinz sei. Er fügt hinzu:

> Es war dieser [Juan] Martínez, der die Stadt Manoa auf den Namen El Dorado getauft hatte, wie Berrio mich diesbezüglich informierte. Diese Guyaner und auch die Flussanrainer sowie alle anderen, die ich in dieser Gegend gesehen habe, sind so erstaunlich große Trinker, dass keine andere Nation ihnen, wie mir scheint, bei dieser Sünde den Rang ablaufen kann. Bei ihren feierlichen Festgelagen, bei welchen der Kaiser mit seinen Kapitänen, Tributzahlern und Gouverneuren zecht, geht es wie folgt zu: All seinen Geschworenen werden zunächst die Kleider vom Leib gerissen und ihre Körper komplett mit einer Art weißem Balsam gesalbt, den sie Curcai nennen, von dem dort reichlich vorhanden ist und der von ihnen dennoch sehr geschätzt wird, und es ist der wertvollste unter all den anderen, wie wir immer wieder erfahren konnten. Wenn sie vollständig einbalsamiert werden, stehen die Diener des Kaisers mit Gold bereit, das sie zu feinem Staub verarbeitet haben und pusten es durch Strohhalme auf ihre nackten Körper, bis sie von Kopf bis Fuß glänzen; und auf diese Weise geben sie sich in Gruppen von 20 bis 100 manchmal bis zu sechs oder sieben Tage dem Trinken hin.[23]

Hier wird deutlich, welch überwältigende Wirkung der Glanz des Reichtums entfaltet. Es sei daran erinnert, dass der Ursprung des Mythos laut Buarque de Holanda auf die Geschichte zurückgeht, die der Truppe von Sebastián de Benalcázar erzählt wurde, der 1533 ausgezogen war, Quito zu erobern. Die Geschichte vom Prinzen, der in Goldstaub badet, beginnt die Konquistadoren an der Nase herumzuführen – seltsamerweise hatte diese fantastische Geschichte, wie Buarque de Holanda festhält, bei den Portugiesen nicht denselben Effekt –, so dass sich die Lage von El Dorado mit der Zeit ändert und verschwimmt. Der Ort, schreibt er, befinde sich zunächst in Santa Marta, in Neugranada, im Cauca-Tal, dann in Guyana, dann im Land der Omagua unter demselben Namen Manoa. Und es sind noch in jüngster Zeit immer wieder Expeditionsberichte erschienen, die Beweise dafür liefern wollen, dass er in der Lagune von Paititi liege, in der Nähe des peruanischen Cusco. (Abb. 6)

23 Raleigh: *Las doradas colinas de Manoa*, S. 75–76.

Abb. 6: Die Stadt Manoa als zentraler Bestandteil der Legende von El Dorado, dem sagenhaften Ort des Reichtums. Illustration von Théodore de Bry.

El Dorado, die Stadt Manoa, ist ein mythischer Ort, eine Projektionsfläche des Imaginären und der Suche. Auf diese Weise fängt sie auch ein großartiges zeitgenössisches Gedicht des Venezolaners Eugenio Montejo, *Manoa* (1982), ein:

> Ich sah kein Manoa, sah seine Türme nicht in die Luft ragen,
> keine Spur von seinen Steinen.
>
> Ich folgte dem Zug illusorischer Schatten,
> die seine Stadtpläne werfen.
> Ich kreuzte den Tigerfluss
> und die Glut der Stille in den Sümpfen.
> Nichts sah ich, was Manoa
> oder seiner Legende nahe käme.[24]

24 Eugenio Montejo: Manoa. In: Ders.: *Trópico absoluto.* Caracas: Fundarte 1982, S. 5.

Die Stadt steht folglich für Verwunderung, denn „sie ist kein Ort, sondern ein Gefühl“[25]. Sie zeigt sich im Traum, doch die Schwierigkeit liegt darin, dass sie „das andere Licht des Horizonts ist“, ein Ort der Vollkommenheit: Nur „wer liebt, hat sie schon erreicht, lebt schon in ihr“.[26]

Das griechisch-römische Bilderinventar bildete also nach seiner Rehabilitierung während der Renaissance und den starken Kontrasten des Mittelalters die Linse, durch welche sich die ersten Bilder von Amazonien bereits angedeutet haben. Das Ambiente des Mysteriums und der Fantasie, welches diese Vorstellungswelt prägt, und das Streben nach dem als Glück missverstandenen Reichtum, von dem der El-Dorado-Mythos erfüllt ist, stellt nach Buarque de Holanda die Projektion der Paradiesvorstellung dar. Die Vorstellung von einem konkreten Paradies auf Erden, der seine hervorragende Studie *Visão do Paraíso* (1959) nachgeht, ist eine der Vorannahmen, welche die Ideenwelt der Conquista-Epoche bestimmen:

> Schon zu Zeiten von Kolumbus war der Glaube an ein irdisches Paradies in greifbarer Nähe nicht nur metaphorischer oder vorübergehend fantastischer Natur, sondern eine Art fixe Idee, die sich in zahlreiche Derivate oder Varianten verzweigt und fast zwangsläufig die Handlungen der Konquistadoren im kastilischen Amerika begleitet oder vorwegnimmt.[27]

Doch die Vorstellungen von Amerika sind gegensätzlich, so wie die Gesellschaft, die sie hervorbringt, und schon bald setzt sich die mittelalterlich geprägte kirchliche Vorstellung durch, Amerika nicht als eine für sich stehende Weltregion zu betrachten, sondern eher als Land voller dämonischer Verheißungen. Wie die Historikerin Laura de Mello e Souza herausarbeitet, entsteht vor allem in Brasilien eine erstaunliche Reihe von Assoziationen, die auch in dem portugiesischen Sprichwort enthalten sind, das ihrem Buchs über Hexerei und Volksglauben im kolonialen Brasilien eingeschrieben ist: „Unterhalb des Äquators ist alles möglich“.

25 Ebd.
26 Ebd.
27 Buarque de Holanda: *Visão do Paraíso*, S. 13.

Teufel, Dämon, Feind

Das europäische Bilderinventar zeichnet sich in Amerika nicht nur durch markante plastische Vorstellungen aus. Zu der Serie von Monstern und Kreaturen einer wahrlich fantastischen Zoologie kommen Wahrnehmungsmuster hinzu, welche die Natur ordnen – vor allem die Natur der Tropen –, sowie solche, die die soziale Dynamik bei der Konstruktion einer abweichenden, vielfältigen und fraktalen Gesellschaft vorgeben.

Die amerikanische Welt wird wie ein turbulentes Universum wahrgenommen. Angesichts des Ordnungs- und Modernisierungsstrebens der Kolonisation taucht überall und auf allen Ebenen, seien sie natur- oder gesellschaftsbezogen, ein instabiles und unberechenbares Universum auf mit all den Phantomen, die sich in den Räumen des Unbekannten einnisten. Es handelt sich um einen Bereich der Mischungen und heftigen Juxtapositionen. Die Kolonialmacht, die sich durchzusetzen versucht, wird von Unordnung und Verwirrung überwältigt. Es ist ein chaotischer Raum, der durch einen Umbruch aufgewühlt wird, bei dem vererbte Strukturen zu verschwinden drohen, während sich die Normen der Conquista nur partiell durchsetzen – ein Szenario der „Auflösung lokaler Gesellschaften und einer beschleunigten Metamorphose des Gesellschaftskörpers“[28], wie Gruzinski hervorhebt. Diese Instabilität hängt mit der herrschenden Situation zusammen: Hungersnöte, Krieg und Epidemien. Das Besondere und vom Kanon Abweichende an der Vorgehensweise des Autors ist, dass er uns eine Gesellschaft in Bewegung vor Augen führt und eine Bevölkerungsgruppe vermittelt, die man kaum als „Kolonialgesellschaft“ bezeichnen kann, da es sich um „Aggregierte“ handelt, wie der Autor schreibt, „die im Hinblick auf die Zukunft so undefinierbar wie unbeständig sind“[29]. Es sind Gruppen, in denen die Verführung Minderjähriger, das Konkubinat und die Ehe koexistieren, eine Welt der Improvisation und der Ungewissheit. Gruppen, die während dieses Zeitraums ihre kulturellen, sozialen und religiösen Bezugspunkte aufgeben oder verlieren – inmitten einer Gesellschaft, die ihre Zyklen unterbrochen sieht, die ihre Struktur verliert, sich fragmentarisch umstrukturiert und immer wieder dekontextualisiert wird. Mehr als um Kulturen handelt es sich um „Fragmente“ von Europa, Amerika und Afrika. Gruzinski fügt hinzu:

28 Serge Gruzinski: *O pensamento mestiço*, aus d. Franz. v. Rosa Freire d'Aguilar. São Paulo: Companhia das Letras 2001, S. 73.
29 Ebd., S. 74.

> Die Beziehungen zwischen den Siegern, den Besiegten und den Verbündeten – allesamt aus Universen mit völlig unterschiedlichen Entwicklungsverläufen – und deren Auswirkungen sind von einer präzedenzlosen Komplexität. Präzedenzlos, weil die Hybridisierungen des mittelalterlichen Iberiens andere Prozesse der Mestizisierung hervorbringen als die Conquista. Da die Geschichte der Halbinsel lange Zeit auf dem Austausch, den Konflikten, den Vermischungen und Koexistenzen zwischen drei Kulturen basierte, der christlichen, der jüdischen und der muslimischen, dehnten sich die Kontakte im Laufe der Zeit aus – die Bewohner Spaniens verkehrten seit Jahrhunderten miteinander – und entfalteten sich vor einem gemeinsamen Hintergrund: dem antiken Heidentum und dem Monotheismus.[30]

So wird im Zeitraum der Conquista die Kommunikation verzerrt, die Bezugspunkte, Sinngebungen und Bedeutungen weichen voneinander ab und vervielfachen das Gefühl der Desorientierung und des Durcheinanders:

> [Das Zusammenleben] ist zutiefst „chaotisch", in dem Sinne, dass alle Austauschprozesse, die dort stattfinden, fragmentarisch, ungleichmäßig und voller Unterbrechungen sind: die Gesprächspartner erscheinen und verschwinden wieder, die Anordnungen eines Tages gelten nicht mehr am Folgetag. Alle Phasen der Kommunikation, vom Senden bis hin zum Empfangen, werden unablässig gestört.[31]

Dieses Gefühl von Chaos, das für das wissenschaftliche Denken im 20. Jahrhundert zu einer Wahrnehmungsform der Realität wird und in dem ein Klima der Ungewissheit vorherrscht, besitzt im 16. Jahrhundert noch eine vollkommen negative Konnotation. Darüber hinaus machen die Arbeiten von Laura de Mello e Souza zur Epoche deutlich, dass das Chaos auf diesem Kontinent als Beweis für die Existenz des Teufels betrachtet wird. (Abb. 7)
In den Texten der damaligen Epoche, die den Teufel beim Namen nennen oder aber eine direkte Nennung scheuen, erscheint der Teufel als Feind, als das Böse, als Satan oder als Fürst der Finsternis. Fest steht, dass Satan während der Reformation in Europa an Präsenz gewonnen hatte. Darunter fielen Dämonen aller Art: Feuer-, Luft-, Land- und Wasserdämonen, unterirdische und lichtscheue Dämonen. Sie lebten in Flaschen, besetzten die Körper von Nagetieren und sorgten für Unwetter. Sie waren allgegenwärtig und vielgestaltig.

30 Ebd., S. 75.
31 Ebd., S. 87.

Abb. 7
Die Indigenen von Guyana hielten regelmäßige Rituale ab, bei denen der Prinz von El Dorado mit Harz und Goldstaub geschmückt wurde. Illustration von Théodore de Bry.

Abb. 8: Der vom Bösen bekämpfte und bezwungene Klerus. *Die Hölle* von einem unbekannten Maler, o. J., Museu Nacional de Arte Antiga, Lissabon.

Abb. 9
Eine Repräsentation des Bösen in zeitgemäßem Gewand. Ausschnitt aus *Die Hölle*.

> Fray Vicente behauptete, dass der Dämon die Kontrolle über Europa, das durch das ganze Frühmittelalter hinweg christianisiert worden war, verlieren und sich auf der anderen Seite der Erde behaupten würde: in Amerika und insbesondere, wie es das vorangestellte Epigraph festlegt, in Brasilien. Die Infernalität des Dämons ging sogar so weit, dass der Name der Kolonie mit einer Farbe in Verbindung gebracht wurde: Brasilien erinnert unseren Geistlichen an das rote Höllenfeuer. Und hier hatte er auch Erfolg, jedenfalls zu Beginn des Kampfes: Der Name Santa Cruz wurde vergessen und die Bezeichnung, bei der Satan Pate stand, setzte sich letztendlich durch. Die Portugiesen versuchten bei der Christianisierung, die Horden der Teufelsanbeter zu reduzieren: Jetzt hatte die Hölle hier endgültig Einzug gehalten.[32]

Bei näherer Untersuchung eines der Briefe von Lope de Aguirre an Philipp II. aus dem Jahr 1561 lassen sich mehrere Elemente des Bösen identifizieren. Eines davon ist die Charakterisierung des Ortes, die zunächst von seiner Abgeschiedenheit und Isolation geprägt war: „diejenigen, die dir aus dieser Gegend schreiben, da sie sich weit entfernt befinden“. Diese Ferne impliziert nicht nur eine räumliche Distanz, sondern auch Alterität und ein andersartiges Universum. (Abb. 8 & 9)
Gleich darauf erscheint eine Aufzählung, in der Aguirre auf die problematischen Verzerrungen der Kommunikation hinweist, wenn er etwa schreibt: „diejenigen, die dir aus dieser Gegend schreiben, müssen dich betrügen“. Ein weiterer Kritikpunkt ist der Machtmissbrauch: „die Grausamkeiten, die deine Richter, dein Vizekönig und deine Gouverneure begehen“, „die ungerechten Belohnungen und Strafen, die deine Minister über uns verhängen, die, weil sie ihre Kinder und Diener bevorteilen wollen, unseren Ruhm, unser Leben und unsere Ehre rauben“, „die Dienste, die deine Richter vorgeben, dir erwiesen zu haben, da es sich um ein ungeheures Lügenmärchen handelt, wenn sie unter ‚Diensten‘ verstehen, 800.000 Pesos aus deinem königlichen Haushalt für ihre Laster und Bosheiten ausgegeben zu haben“. Auch die internen Konflikte zwischen den Spaniern und der Gesellschaft, in der sie ihre Missbräuche verüben, werden angeprangert: „Wir können nicht glauben, exzellenter König und Herr, dass du mit derart guten Vasallen, die du in diesem Erdteil hast, so grausam umgehen würdest, wie diese schlechten Richter und Minister es ohne deine Zustimmung tun müssen“, „ihre gesamte Zeit geht darauf, ihre Söhne und Töchter zu verheiraten“. Nicht zuletzt weist Aguirre auch auf das unredliche Verhalten der Kirchenvertreter hin:

32 Mello e Souza: *O diabo e a terra de Santa Cruz*, S. 67.

> Das Leben, das sie hier führen, besteht daraus, Handel zu treiben, Temporalien zu beschaffen und zu erwerben, Sakramente der Kirche zu verkaufen. Sie sind Feinde der Armen, unbarmherzig, ehrgeizig, gefräßig und hochmütig, so dass noch der kleinste Mönch die Absicht verfolgt, über all diese Länder zu herrschen und zu gebieten.[33]

In Aguirres Abrechnung werden das Verhältnis, das die Spanier zu den Indigenen hatten, und die Missbräuche, die bereits weiter oben erwähnt wurden, offengelegt.

Diese Situation ist umso bedrückender, als man sich unbedingt vor Augen führen muss, dass in Amerika die Kirche und vor allem die Inquisition essenziell zur Konsolidierung der Staatsmacht beigetragen haben. D. h., es handelt sich eigentlich um eine Schilderung der Unrechtmäßigkeit all der Mächte, die das neue Gesellschaftssystem regulieren wollen. Im Grunde entspricht diese von Aguirre angeprangerte Haltung einer Herabwürdigung der Kirchenmitglieder und des Jesusbildes sowie einer Entweihung religiöser Symbole. Letztere Diskreditierung gehört laut Mello e Souza zu den ältesten Stereotypen, die über die Zeiten hinweg unterschiedlichen marginalen oder marginalisierten Gesellschaftsgruppen zugeschrieben wurden: den Templern im 14. Jahrhundert, den Juden oder den Katharern. Die Karnevalisierung der Jungfrau Maria und die Hervorhebung ihrer menschlichen Eigenschaften, die für Skepsis bei der Inquisition sorgten, waren in der portugiesischen Kolonie gängig.[34]

Was Lope de Aguirre hier also in seinem deliranten Weltblick vermittelt, ist das Bild des Chaos. Es ist ein Chaos, das nicht nur bei Beschreibungen der Natur oder des Kriegszustands vor Augen tritt, sondern auch in Bezug darauf, wie sich die Kolonisierung konsolidiert, bei der das Chaos unter allen anderen Beobachtungen dominiert: Die chaotische Welt ist reinster Ausdruck des Dämons. Mello e Souza merkt hierzu an: „Die Missionare und Chronisten der Anfangszeit der Kolonisierung waren der Überzeugung, dass sie sich in der Neuen Welt einem altbekannten Feind stellen würden“.[35] Die Jesuiten, die in Brasilien auf die tropische Natur stießen, betrachteten sie als von Dämonen

33 Lope de Aguirre: Carta al Rey Felipe II, 1561. In: Mariano Jos: *La Expedición de Ursúa a Dorado, la Rebelión de Lope de Aguirre y el itinerario de los "marañones"*. Apéndice documental. Huesca: Campo 1927, S. 196–200.

34 Laura de Mello e Souza: *Inferno Atlântico. Demonologia e colonização. Seculos XVI–XVIII.* São Paulo: Companhia das Letras 1993, S. 100–101.

35 Ebd., S. 33.

Abb. 10: Die Inquisition hatte in Portugal einen Dreh- und Angelpunkt. Von dort legten die „Visitationen" in Richtung Amerika ab, mit dem Ziel, ihre Selbstlegitimation mittels der Gefangennahme, Folter und Hinrichtung durchzusetzen.

besessen und „erkannten in der Widerständigkeit einer natürlichen Welt, die häufig chaotisch, ungeordnet und widersprüchlich schien, den Teufel selbst."[36] (Abb. 10)

Dieses Bild ist dem europäischen Blick alles andere als fremd. Brasilien betrachtet sich seit seinen Anfängen im Spiegel der Kirche, welche die Macht unrechtmäßig in der dämonischen Sphäre der *gelehrten Stadt* hortet. Im Sinne eines Epigrafs verwendet Mello e Souza einen Text aus *Historia do Brasil* (1627) von Fray Vicente de Salvador, in dem er behauptet:

> Der Tag, an dem Kapitän-Major Pedro Álvarez Cabral das Kreuz errichtete, war der 3. Mai, wenn die Auffindung des Heiligen Kreuzes gefeiert wird, an dem Christus unser Erlöser für uns gestorben war, und aus diesem Grund taufte er das Land, das er gefunden hatte, auf den Namen Santa Cruz und unter diesem Namen war es viele Jahre bekannt. Doch weil der Teufel mit dem Kreuzzeichen seine Herrschaft über die Menschen verloren und die Befürchtung hatte, auch die Kontrolle über die

36 Ebd., S. 32.

> Menschen dieses Landes zu verlieren, sorgte er dafür, dass der erste Name in Vergessenheit geriet und der Name Brasilien blieb, der auf eine Holzart mit diesem Namen zurückgeht, die von verbrannter und roter Farbe ist und mit dem Stoffe gefärbt werden, und damit also jenes heilige Holz ersetzt hat, das allen Sakramenten der Kirche Farbe und Tugend verliehen hat.[37]

Die Vorstellung von der teuflischen Wirkmacht, die es schließlich fertigbrachte, den Namen *Santa Cruz* in das höllische *Brasilien* umzutaufen, das wegen seiner roten Farbe, die vom gleichnamigen Holz ausgeht, mit der Hölle assoziiert wird, hat seinen Ursprung und findet seinen Ausdruck in der zunehmenden Unsicherheit, der Unordnung, der fehlenden Kommunikation und im Exzess, die das entstehende Universum als eine Welt des Chaos markieren.

So entstanden die ersten Bilder von Amazonien: eine paradiesische und höllische Weltregion, chaotisch und von sonderbaren Kreaturen bewohnt, die ein bevorzugtes Zielobjekt des Teufels sind und damit prädestiniert für eine Verwandlung in Diener der katholischen Kirche. Es sind Kreaturen, die in einer Region voller Reichtümer leben, deren Abbau in Betracht gezogen werden muss, sowie solche, die einer fantastischen Zoologie angehören. Es ist ein dämonischer Ort, der zur Unvernunft verleitet, da seine Denkweisen nicht mit der bekannten binären Logik kompatibel sind und diese vielmehr verletzen. So wurde also der erste Diskurs konstruiert, der in Europa dank der Chroniken, Erzählungen und Reiseberichte weite Verbreitung fand. Dieser Diskurs reihte sich in eine Reiseliteratur mit fantastischen Zügen ein und bildete eine Triebfeder für die europäische Vorstellungskraft, sei sie sozial, kommerziell, erotisch oder anderer Art.

Aus dem Spanischen von Sergej Gordon

37 Fray Vicente de Salvador: *Historia do Brasil*, 1627, zit. n. de Mello e Souza: *Inferno Atlântico*, S. 31–32.

Anna Meiser

Etsa und Iwia in Kirche und Kaserne

Amazonische Mythen als interkulturelle Kontaktzone

Iwia war ein riesiger, schrecklicher Dämon. Seit jeher hatte er die Angewohnheit, die Shuar zu fangen und sie in einen riesigen Sack zu stecken, um sie später zu verspeisen. So war es, dass er auch der Eltern von Etsa, der Sonne, habhaft wurde und sie aufaß. Iwia entführte ihren kleinen Jungen, der daraufhin bei ihm und seiner Frau aufwuchs und den er glauben machte, er sei sein Vater. Als Etsa größer geworden war, ging er jeden Tag bei Sonnenaufgang auf die Jagd, um den unersättlichen Hunger von Iwia zu stillen, der sich zum Nachtisch Vögel erbat. Der junge Mann kehrte mit einem großen Sack voll mit Vögeln aller Arten zurück. Doch eines Morgens, als er gerade angefangen hatte zu jagen, stellte er mit Erstaunen fest, dass Stille im Regenwald herrschte. Nirgendwo gab es noch buntgefiederte Vögel. Nur die Taube Yápankam war geblieben, die auf den Ästen einer Tagua-Palme saß. Als Etsa und die Taube sich inmitten der Einsamkeit begegneten, blickten sie sich lange an. – Wirst du mich auch töten, fragte Yápankam. – Nein, sagte Etsa, was würde es nützen? Es scheint, dass durch mich kein einziger Vogel mehr im Regenwald lebt; dieses Schweigen ist schrecklich. Etsa fühlte, dass seine Kräfte ihn verließen, und er ließ sich auf eine Matte aus Blättern zu Boden fallen. Daraufhin flog Yápankam zu Etsa, setzte sich zu seinen Füßen, und eine kurze Weile später wurden sie zu Freunden. Die Taube Yápankam nutzte die Gelegenheit, um dem jungen Mann zu erzählen, auf welche Weise Iwia seine wahren Eltern getötet hatte. Zunächst weigerte sich Etsa, der Taube zu glauben, doch während er immer weiter zuhörte, begann er allmählich, aus dem Lügennetz zu entfliehen, welches Iwia geflochten hatte. Als ob ihn ein Blitz getroffen hätte, erging sich Etsa in großem Wehklagen. Nichts und niemand konnte ihn trösten: Er weinte aus Wut und Trauer und schlug mit den Fäusten auf den dornigen Stamm der riesigen Tagua-Palme ein. Als Yápankam merkte, dass sich Etsa allmählich beruhigte, sagte er zu ihm: – Etsa, junger Mann, du kannst nichts tun, um deinen Eltern das Leben wieder zu schenken, aber du kannst es den Vögeln zurückgeben. Wie? – wollte Etsa wissen. Die Taube erklärte ihm: Stecke in dein Blasrohr die Federn jener Vögel, die du getötet hast, und blase. Etsa befolgte Yápankams Rat auf der Stelle: Aus seinem langen Blasrohr entflogen Tausende und Millionen von Vögeln aller möglicher Farben, die den Regenwald von neuem bewohnten. Daraufhin kehrte Etsa zum Haus von Iwia und dessen Frau zurück. Er tat so, als wüsste er nichts, und schlug vor, am nächsten Tag ein Reh zu erlegen. Als die Frau am Morgen zur Feldarbeit aufbrach, tötete Etsa sie mit seiner Lanze und verwandelte sie in ein totes Reh, das er Iwia brachte. Dieser nahm es aus und bereitete es zu. Als Iwia jedoch im Schädel des Rehs das Gesicht seiner Frau erkannte, war er entsetzt und wurde der Rache Etsas gewahr. Noch bevor Iwia seine Lanze ergreifen konnte, tötete Etsa ihn.[1]

Die Erzählung von der Sonne Etsa und dem Dämon Iwia gehört zu den bekanntesten aus der Mythologie der Shuar,[2] denn sie schildert die Kinder- und Jugendjahre eines der wichtigsten Kulturheroen dieser indigenen Ethnie aus dem nordwestlichen Amazonien. Etsa, ein männlicher Charakter und zugleich ausgestattet mit transzendenten Eigenschaften, ist Träger von für die Shuar einst existenziellem Wissen und lebenswichtigen Fertigkeiten: der Jagd, des Kanubaus und der Kriegskunst. Zudem verfügt er über die Fähigkeit, menschliche wie nicht-menschliche Wesen zu beeinflussen, etwa eine Frau in ein Reh zu verwandeln. Darüber hinaus erzählt die Mythe von Iwia und Etsa einen schmerzlichen Prozess der Selbsterkenntnis und Wahrheitsfindung sowie den Kampf zwischen Gut und Böse, aus dem Etsa als sein eigener Befreier und der der Shuar siegreich hervorgeht – und damit der Ethnie eine neue, weniger prekäre und bedrohliche Existenzgrundlage ermöglicht. Dementsprechend existieren mehrere schriftlich publizierte Erzählvarianten[3] und audiovisuelle Aufbereitungen, die beispielsweise als Schulmaterial für

1 Der Text ist eine gekürzte Nacherzählung der Autorin. Die spanischen bzw. deutschen Basistexte stammen von Domenico Barrueco: *Mitos y Leyendos Shuar*. Quito: Abya Yala 1985, und Elke Mader: *Anthropologie der Mythen*. Wien: Facultas 2008.

2 Vgl. Elke Mader: *Metamorfosis del Poder. Persona, Mito y Visión en la Sociedad de Shuar y Achuar (Ecuador, Perú)*. Quito: Abya Yala 1999, S. 95.

3 Vgl. etwa Andarele Casa Editorial: Etsa. Versión de una Leyenda Shuar. Adaptación por Armin Alfonso Soler 2018. In: *YouTube*, 29.09.2018. https://www.youtube.com/watch?v=q1u5EKmMkNE (Zugriff am 15.09.2020); Instituto Nacional de Patrimonio Cultural – Ecuador (INPC): *Guía Didáctica Bilingüe Shuar-Español*. Loja: INPC 2013; García Martínez MN / Siro Pellizzaro: *Mitos Shuar*, Bd. III: Etsa. Quito: Abya Yala 2011; Siro Pellizzaro:

den bilingualen interkulturellen Unterricht in den mehrheitlich von Shuar bewohnten Regionen eingesetzt werden. In diesem Sinne ist das *yaúnchu aújmatsamu*[4], das „Erzählte aus vergangener Zeit", wie die Shuar ihre mythische Erzähltradition nennen,[5] nach wie vor lebendig und aktuell. So hat die Mythe von Etsa und Iwia in den vergangenen Jahren und Jahrzehnten poetische Variationen und artistisch-performative Reinterpretationen sowie neue Sinnzuschreibungen erfahren. Diese zeugen nicht nur von einer nach wie vor dynamischen und diversen Rezeption, sondern offenbaren auch die Verarbeitung von Kulturkontakten und -konflikten.[6]

So will der folgende Beitrag beispielhaft aufzeigen und veranschaulichen, inwieweit sich Amazonien in der Wieder- und Forterzählung von indigenen Mythen als interkulturelle Kontaktzone erweist. Nach einer kurzen Einführung zur Ethnie der Shuar werden in einem zweiten Abschnitt grundlegende Charakteristika der amazonischen Mythentradition dargelegt. Das dritte und vierte Kapitel analysieren zwei Fallbeispiele aus kontemporären Lebenskontexten der Shuar, in denen die Mythe von Etsa und Iwia gleichsam interkulturell angeeignet und reinterpretiert wird: Zum einen wird die Mythe in die Theologie der katholisch-autochthonen Kirche der Shuar integriert. Zum anderen verdankt das in den 1980er Jahren begründete Elite-Bataillon des ecuadorianischen Heeres, welches im Amazonasgebiet stationiert ist, dem Dämon seinen Namen (IWIA). Im fünften Abschnitt folgt eine resümierende Schlussbetrachtung zur Frage nach der Interkulturalität der amazonischen Mythen. Der Beitrag beruht auf mehrjährigen ethnologischen Feldforschungen im ecuadorianischen Amazonasgebiet seit 2005. Gegenüber bisherigen Forschungsergebnissen[7] zeigt er, wie die ‚Offenheit' indigener Mythen des Amazonasgebiets, die geradezu konträre Interpretationen ein und derselben Erzählung zulässt, vielfältige Transformationen und Refunktionalisierungen möglich macht:

Arutam. Mitología Shuar. Quito: Abya Yala 1990; Sofía Lorena Silva González: *Etsa, el Guerrero Sol de la Mitología Shuar*. Quito: Universidad de las Américas 2011. https://dspace.udla.edu.ec/handle/33000/1592 (Zugriff am 15.09.2020).

4 Shuar: *aújmatsamu* = das Erzählte; *yaúnchu* = alt, Vergangenheit. Meist werden jene Erzählungen, die dem Genre Mythos zugeordnet werden können, mit *yaúnchu* eingeleitet: „Es war einmal vor langer, langer Zeit […]." (Philippe Descola: *Leben und Sterben in Amazonien. Bei den Jívaro-Indianern*, aus d. Franz. v. Grete Osterwald. Stuttgart: Klett-Cotta 1996, S. 58, 104.)

5 Mader: *Anthropologie der Mythen*, S. 25.

6 Ebd., S. 218.

7 Z. B. Elke Mader: Rund um die Palme. Rituelle Prozesse, indigene Politik und Medien in Ecuador. In: Martin Luger / Franz Graf / Philipp Budka (Hrsg.): *Ritualisierung – Mediatisierung – Performance*. Göttingen: V & R Unipress 2019, S. 111–135.

Iwia kann einerseits im christlich-indigenen Kontext die Rolle des ‚Teufels' übernehmen, andererseits im militärischen Umfeld zur nationalen Identifikationsfigur werden, die gleichzeitig den Mythos vom unbesiegten Volk der Shuar erneuert. Eben diese amazonischen Mythen originär eigene Offenheit erlaubt es, dass sie nicht nur als Kulturgut innerhalb einer bestimmten Ethnie bewahrt werden, sondern auch in modernen südamerikanischen Gesellschaften ihre Wirkmächtigkeit entfalten können.

I. Die Shuar: Mythos der Unbesiegbaren

Als der damalige ecuadorianische Staatspräsident Lenín Moreno im Oktober 2019 die in den 1970er Jahren eingeführten staatlichen Kraftstoffsubventionen auf Veranlassung des Internationalen Währungsfonds[8] aufhob, stiegen die Kosten für Benzin und Transport immens. Es kam zu landesweiten Protesten, an deren Spitze sich die indigene Bewegung stellte. Die Demonstrationen der Indigenen sowie anderer gesellschaftlicher Gruppen und ihre gewaltsame Zurückdrängung durch Polizei und Militär führten zu etlichen Verhaftungen, forderten gar mehrere Todesopfer. Nach mehreren Tagen der Auseinandersetzung führte Lenín Moreno die staatlichen Subventionen für Treibstoff schließlich wieder ein. Am 13. Oktober unterzeichneten er und Vertreter des größten nationalen indigenen Dachverbands CONAIE (Confederación de Nacionalidades Indígenas del Ecuador, Konföderation der indigenen Nationalitäten Ecuadors) eine entsprechende Vereinbarung. Einmal mehr war die über weite Strecken friedliche Rebellion der Indigenen in Ecuador erfolgreich – und waren die Shuar prominente Repräsentant*innen des indigenen Widerstands. In den Presse- und Medienberichten waren etwa protestierende Shuar mit Lanzen in Quito zu sehen, die sich in einem augenscheinlich martialischen Habitus gegenübertraten. Einer der Protestteilnehmer erklärte jedoch, dass die Lanze als Symbol der Verteidigung ihrer Rechte zu verstehen sei, nicht als Kriegswaffe.[9]

8 Der Abbau der öffentlichen Ausgaben war bedingt durch eine Verpflichtung der ecuadorianischen Regierung gegenüber dem Internationalen Währungsfonds, der Ecuador einen Kredit von 4,2 Milliarden US-Dollar gewährt hatte, damit das Land aus der wirtschaftlichen Krise gelangte.

9 Vgl. Cientos de Guerreros Indígenas de la Amazonía Se Unen a Protestas en Quito. In: *El Mercurio. Diario Independiente del Austro*, 11.10.2019. https://ww2.elmercurio.com.ec/2019/10/11/cientos-de-guerreros-indigenas-de-la-amazonia-se-unen-a-protestas-en-quito/ (Zugriff am 16.09.2020).

In der mythologischen Darstellung ist die Lanze ein charakteristisches Attribut von Etsa. Iwia soll sie für Etsa zur Wildjagd angefertigt haben – dieselbe Waffe, mit der der Kulturheroe die Ehefrau des Dämons in ein Reh verwandelte und dieses dann durchstieß, bevor er Iwia tötete.[10] In diesem Sinne ist die Lanze für die Shuar tatsächlich mehr Ausdruck des berechtigten Widerstands denn der Aggression.
So ist die Historie des Widerstands der Shuar ist eine lange – gerade auch im Kontext des kolonialen Kulturkontakts:

> Only one tribe of American Indians is known ever to have successfully revolted against the empire of Spain and to have thwarted all subsequent attempts by the Spaniards to reconquer them: the Jívaro (hee'-va-ro), the *untsuri šuarä* of eastern Ecuador.

Mit diesen Worten leitet der Ethnologe Michael Harner das erste Kapitel seiner Monografie *The Jívaro. People of the Sacred Waterfalls* ein.[11] Das Narrativ vom unbesiegbaren Volk, das seine Lebensrechte verteidigt, ist eines, das nicht nur den wissenschaftlichen Diskurs geprägt hat, sondern auch Teil der eigenen Selbst- und gesellschaftlichen Fremdwahrnehmung der Shuar geworden ist – bis hin zu den nationalen Protesten vom Oktober 2019. So heißt es in dem für den bilingualen Schulunterricht der Shuar entworfenen Lehrbuch mit dem bezeichnenden Titel *Pueblo de Fuertes* (Volk der Starken), das erstmals 1984 publiziert wurde: „El Shuar ha sido el primer defensor de los valores locales conta [*sic!*] la intrusión extranjera".[12] Ähnliche Worte findet im Jahr 2016 auch Agustín Wachapá, der damalige Präsident der FICSH (Federación Interprovincial de Centros Shuar, Interprovinzielle Föderation der Shuar-Zentren)[13], nachdem die ecuadorianische Regierung einem chinesischen Bergbauunternehmen Schürfrechte auf dem Territorium der Shuar

10 Vgl. Siro Pellizzaro / Fausto Oswaldo Náwech: *Chicham. Diccionario Shuar-Castellano.* Quito: Abya Yala 2005, S. 237; Pellizzaro: *Arutam*, S. 46–48.

11 Michael Harner: *The Jívaro. People of the Sacred Waterfalls.* Berkeley: U of California P 1984.

12 Alfredo Germani (alias Aij' Juank): *Pueblo de Fuertes. Rasgos de Historia Shuar.* Quito: DINEIB 1995, S. 230. „Der Shuar war der erste Verteidiger der lokalen Werte gegen Einmischung von außen" (Übersetzungen aus dem Spanischen hier und im Folgenden, sofern nicht anders angegeben, A. M.).

13 Die Federación Interprovincial de Centros Shuar mit Sitz in Sucúa (Provinz Morona Santiago) wurde 1964 als eine der ersten indigenen Organisationen in Südamerika gegründet. Bis heute gilt sie als größte und bedeutendste politische Vertretung der Shuar.

zugesprochen hatte – ohne diese vorab konsultiert zu haben: „Somos hijos de la selva, somos hijos de las cascadas, somos comunidades en resistencia, que por más de 500 años hemos defendido nuestro territorio de quienes quieren destruirlo."[14]

Dieses Territorium, welches es aus Sicht der Shuar zur verteidigen gilt, befindet sich im südöstlichen Amazonasgebiet von Ecuador (vor allem in den Provinzen Pastaza, Morona Santiago und Zamora Chinchipe). Es wird von rund 110.000 Shuar[15] bewohnt, die zur Sprachgruppe der Aénts Chicham (Exonym: Jívaro)[16] gehören.[17] Die tropische Berg- und Hügellandschaft, in der die Shuar beheimatet sind, erstreckt sich vom Andenabhang bis hin zum flacher werdenden Tiefland des Amazonasbeckens. Sie ist durchzogen von tiefen Schluchten und hohen Bergkämmen und nur schwer zu durchdringen – ein Umstand, der die Zurückschlagung von Invasoren unzweifelhaft begünstigt hat. Es ist dieser Raum, der auch die Kulisse für die mythischen Erzählungen der Shuar bildet. In ihnen wird er gleichsam für die Menschen erschlossen und urbar gemacht, vor allem durch die Jagd sowie den Wander- und Brandrodungsfeldbau. So ist es neben dem männlichen Charakter Etsa, der den Shuar die Kenntnisse der Jagd vermittelt, die weibliche Gestalt Nunkui[18], die den Shuar zur Nahrung verhilft und die Frauen in ihren Gärten beim Feldbau unterstützt.

14 Vgl. Policía de Ecuador Allana Sede de FICSH y Detiene a Su Presidente, Agustín Wachapá. In: *CONAIE*, 21.12.2016. https://conaie.org/2016/12/21/policia-de-ecuador-allana-sede-de-fichs-y-detiene-a-su-presidente-agustin-wachapa/ (Zugriff am 16.09.2020). „Wir sind Söhne des Waldes, wir sind Söhne der Wasserfälle, wir sind Gemeinschaften im Widerstand, die über mehr als 500 Jahre unser Land gegen die verteidigt haben, die es zerstören wollten."

15 Nacionalidades Amazonía – Shuar. In: *CONAIE*, 19.07.2014. https://conaie.org/2014/07/19/shuar/ (Zugriff am 16.09.2020).

16 Während der internationalen wissenschaftlichen Tagung „Yápankam" im April 2018 in Ecuador haben die daran teilnehmenden Shuar (Intellektuelle, Wissenschaftler*innen, politische Führungskräfte) sowie Kultur- und Sozialanthropolog*innen beschlossen, die in der ethnologischen Literatur gewöhnliche Fremdbezeichnung „Jívaro" durch die Eigenbezeichnung „Aénts Chicham" (Shuar: *aents* = Person; *chicham* = Wort) ersetzen zu wollen.

17 Die Sprachgruppe Aénts Chicham (Exonym: Jívaro) zählt insgesamt etwa 160.000 Mitglieder. Damit gilt sie als eine der größten in Amazonien. Neben den Shuar, die die größte dialektale Gruppe bilden, gehören ihr außerdem folgende Ethnien an: Achuar, Aguaruna, Huambisa, Shiwiar. Sie weisen in vielen kulturellen Praktiken sowie in ihren kosmologischen Vorstellungen zahlreiche Ähnlichkeiten auf. Die Sprachgruppe siedelt im Südosten von Ecuador sowie im Nordosten von Peru. Vgl. Anna Meiser: *„Ich trinke aus zwei Flüssen". Zur Logik transkultureller Prozesse bei christlichen Achuar und Shuar im oberen Amazonien*. Stuttgart: Kohlhammer 2013, S. 42–46.

18 Shuar: „die in der Erde", von: *nunka* = Erde (vgl. auch Mader: *Anthropologie der Mythen*, S. 144).

II. Die Mythen der Shuar: Wandel und Identität

Etsa und Nunkui sind die Protagonist*innen mehrerer Mythen, in denen das Werden der Shuar-Gesellschaft erzählt und das dafür notwendige Wissen weitergegeben wie auch kulturelle Normen, etwa Geschlechterrollen, und Moral etabliert werden. So interpretiert Sofía Lorena Silva González die Mythe von Iwia und Etsa als Appell an die Shuar, ihre natürliche Umwelt zu verteidigen, und als Erinnerung daran, dass es hierzu der gesamten sozialen Mit-Welt bedarf. Hiervon hänge schlussendlich die Existenz der Shuar selbst ab.[19] Insgesamt umfasse die Mythologie der Shuar, so Elke Mader, rund 150 Einzelgeschichten[20] – freilich mit stets multiplen oralen Varianten –, in denen verschiedene Hauptfiguren sowie etliche Nebencharaktere auftreten. Ihnen ist gemein, dass sie sich, wie Etsa, durch übernatürliche Merkmale auszeichnen, also weder eindeutig der Kategorie Mensch noch Nicht-Mensch zuzuordnen sind bzw. ihre personale Wesenhaftigkeit zu verändern vermögen; so verwandelt Etsa Iwias Ehefrau in ein Reh und sanktioniert damit sowohl ihr Fehlverhalten als auch das des Dämons. Mader hält fest, dass die zahlreichen Metamorphosen, von denen die Mythen Amazoniens berichten, weniger in die eigentliche Ordnung des Kosmos eingreifen, sondern sich vielmehr auf die eigene Existenz der mythischen Protagonist*innen auswirken.[21] Neben dieser edukativen Bedeutung der mythischen Metamorphose verweist sie aber vor allem auf das grundlegende Weltbild der Shuar und vieler Ethnien in Amazonien, das durchdrungen ist von der Kontinuität zwischen Natur und Kultur. Etliche Völker in den „üppigen Wäldern Amazoniens“, so Philippe Descola,

> denken sich nicht als soziale Kollektive, die ihre Beziehungen zu einem Ökosystem verwalten, sondern als einfache Bestandteile eines größeren Ganzen, in dem keine wirkliche Unterscheidung zwischen Menschen und Nicht-Menschen besteht.[22]

Denn die Metamorphose – verstanden als zeitweilige Annahme von anderen (nicht-)menschlichen Naturen und Körpern – ermöglicht die Kommunikation und Interaktion mit den verschiedenen Entitäten dieses sozialen Kosmos,

19 Sofía Lorena Silva González: *Etsa, el Guerrero Sol de la Mitología Shuar*. Quito: Universidad de las Américas 2011, S. 21.

20 Mader: *Anthropologie der Mythen*, S. 25.

21 Mader: *Metamorfosis del Poder*, S. 71.

22 Philippe Descola: *Jenseits von Natur und Kultur*, aus d. Franz. v. Eva Moldenhauer. Berlin: Suhrkamp 2011, S. 40.

der die Natur gleichsam zur „Verlängerung des Hauses macht".[23] Demgemäß begründet sich der Appell zum Naturschutz, den die Mythe von Etsa und Iwia laut Silva González formuliert, nicht allein in der Bewahrung der eigenen Existenzgrundlage, sondern auch in der Verteidigung von sozialen, gleichsam verwandtschaftlichen Beziehungen zwischen Kultur und Natur.

Eine solche Interpretation der Erzählung vom Sieg der Sonne über den Dämon verdeutlicht jedoch noch ein Zweites: Mythen verlieren auch in sich verändernden und interkulturellen Kontexten nicht an Aktualität, können weiterhin sinngebend und identitätsstiftend sein. Das vom Präsidenten der FICSH, Agustín Wachapá, benannte Selbstverständnis als „Söhne des Waldes" und „Gemeinschaften im Widerstand" im Kontext von Bergbau und Zwangsräumungen von Siedlungen mag davon zeugen. So wird von vielen Shuar die mythologische Erzähltradition auch heute als „kultureller Wert, als Ausdruck ethnischer Identität empfunden"[24]; sie ist Teil ihres „kulturellen Gedächtnisses", aus dem eine Gruppe „ein Bewußtsein ihrer Einheit und Eigenheit bezieht"[25]. Für den Shuar Juan Marcelino Atamaint Mashu ist die Vergegenwärtigung der eigenen Mythologie zentral, um die durch den interkulturellen Kontakt bedrängte Kultur und Identität zu stärken:

> La mitología es muy importante recordar de nuestros ancestros de cómo eran y vivían antiguamente, vale la pena contar las historias y enseñar los niños de la escuela para poder mantener nuestra cultura, ya que los niños actuales no se identifican como Shuar por lo que va desapareciendo los costumbres del pueblo Shuar.[26]

23 Descola: *Jenseits von Natur und Kultur*, S. 61. Dieses mythische Motiv der Metamorphose, des Wechsels von einem Körper in den anderen, liegt für den brasilianischen Ethnologen Eduardo Viveiros de Castro im Prinzip des „Multinaturalismus" begründet (Eduardo Viveiros de Castro: Cosmological Deixis and Amerindian Perspectivism. In: *The Journal of the Royal Anthropological Institute* 4,3 (1998), S. 469–488). Dieses besagt, dass alle Wesen des Kosmos dieselbe Seele, denselben Geist teilen – ihnen werden wie dem Menschen personale Eigenschaften zugesprochen; sie unterscheiden sich aber in ihren Körpern, die sie gleich einer Kleidung tragen und die sie wechseln können. Dementsprechend gibt es im amazonischen Kosmos nur eine Kultur, so Viveiros de Castro, aber verschiedene Naturen.

24 Mader: *Anthropologie der Mythen*, S. 26.

25 Jan Assmann: Kollektives Gedächtnis und kulturelle Identität. In: Ders. / Tonio Hölscher (Hrsg.): *Kultur und Gedächtnis*. Frankfurt am Main: Suhrkamp 1988, S. 9–19, hier S. 13.

26 Juan Marcelino Atamaint Mashu: *Recopilación y Elaboración de un Folleto de Mitología y Leyendas del Pueblo Shuar, para Impulsar la Identidad Cultural de los Alumnos(as) de la Escuela „Luis Najar" de la Comunidad San Pablo, Parroquia y Cantón Sucúa, Provincia de Morona Santiago, en el Período Escolar 2011–2012*. Cuenca: Universidad Politécnica Salesiana – Sede Cuenca 2012, S. 16. https://dspace.ups.edu.ec/bitstream/123456789/4644/1/

III. Etsa als ‚Proto-Jesus': Kulturelle Vereinnahmung und Revitalisierung

Tatsächlich ist es so, dass wohl nur noch wenige Shuar-Kinder und -Jugendliche die Mythen ihrer Vorfahren in einer gewohnten Umgebung zu hören bekommen – also etwa in den frühmorgendlichen oder abendlichen Stunden, wenn die Familie traditionell ihre Zeit miteinander teilt(e). Regelmäßige Orte der Vermittlung sind nunmehr der bilinguale interkulturelle Schulunterricht und die Gottesdienste mancher katholischer Shuar-Gemeinden in der Provinz Morona Santiago. Dieser Umstand entbehrt freilich nicht einer gewissen Paradoxie: Schule und Kirche sind zweifellos diejenigen Institutionen gewesen, die zumindest bis in die zweite Hälfte des vergangenen Jahrhunderts hinein die intellektuelle und geistige Conquista des indigenen Amerikas maßgeblich gefördert haben und aus dem indigenen Shuar einen ecuadorianischen Bürger und römischen Katholiken zu machen suchten.[27] Doch ein zunehmend erstarkendes ethnokulturelles Selbstbewusstsein unter den Shuar, die Gründung von indigenen Bewegungen, postkoloniale Debatten in Gesellschaft wie Wissenschaft und schließlich das Zweite Vatikanische Konzil (1962–1965) führten seit den 1960er Jahren in lateinamerikanischen Kirchenkreisen und unter indigenen Konvertiten zu einem kritischen Austausch und Bewusstseinswandel.[28] Man forderte ein neues Verständnis von katholischer Mission sowie eine Neubestimmung des Verhältnisses von Christentum und indigener Religion, das mit einer unbedingten Wertschätzung der amazonischen Kosmologie und ihrer Integration in die katholische Glaubenspraxis einhergehen sollte. Im südöstlichen Amazonasgebiet von Ecuador schlugen sich diese Prozesse in der Etablierung von sogenannten katholisch-autochthonen Kirchengemeinden in den von Shuar oder Achuar bewohnten Ortschaften nieder. Formal gehören diese Gemeinden der römisch-katholischen Kirche an, für ihre katholisch-autochthone Liturgie gilt seit 1975 jedoch der kirchenrechtliche Status *ad experimentum*.[29]

UPS-CT002635.pdf (Zugriff am 26.07.2023). „Die Mythologie ist sehr wichtig, um sich an unsere Vorfahren zu erinnern, wie sie waren und wie sie in alter Zeit lebten; es lohnt die Mühe, die Geschichten zu erzählen und sie unsere Kinder in der Schule zu lehren, um unsere Kultur bewahren zu können, weil die heutigen Kinder sich nicht als Shuar begreifen, denn die Bräuche des Shuar-Volkes verschwinden allmählich."

27 Juan Bottasso: El Largo Camino de la Educación Shuar. In: Ders. (Hrsg.): *Los Salesianos y la Amazonía*, Bd. III: Actividades y Presencias. Quito: Abya Yala 1993, S. 84–153.

28 Vgl. Meiser: *„Ich trinke aus zwei Flüssen"*, S. 194–214.

29 Ebd., S. 157.

Spätestens seit diesem Zeitpunkt ist die Lesung oder das Vortragen der Shuar-Mythen fester Bestandteil der gottesdienstlichen Praxis. Üblicherweise geschieht dies an der Stelle, an der eigentlich die erste Lesung aus dem Alten Testament zu hören ist. Für die katholischen Priester und indigenen Gläubigen wird ihre Mythologie damit zum Zeugnis des göttlichen Offenbarungshandelns. Demnach erzählen die mythischen und biblischen Geschichten von ein und demselben Gott, der sich sowohl als Etsa als auch als Jesus Christus geoffenbart hat:

> Todos los antiguos [mitos], que contaron [...], yo me siento orgullosa de eso. [...] está en nuestra mente, en nuestro corazón. Cosas maravillosas, que Dios ha hecho, que se ha manifestado como ese Etsa y ha defendido al hombre. [...] ¡Dios no nos ha abandonado en ningún momento! ¡Siempre estuvo aquí, porque si no, no hubiera esta mitología! (Hna. Magdalena)[30]

Die Shuara und Ordensschwester Magdalena reinterpretiert das Wirken Etsas, der die Shuar von der Gewaltherrschaft des Dämons Iwia befreit, als Manifestation des christlichen Gottes – wenn man so möchte: als eine von mehreren Metamorphosen, die göttliche Präsenz sowohl in Amazonien als auch im Heiligen Land für die Menschen erfahrbar gemacht haben. In diesem Sinne haben die christlichen Missionare den Shuar keinen neuen Gott gebracht, sie erzählen nur neue Geschichten von ihm.

Eine solche interkulturelle bzw. interreligiöse Reinterpretation der indigenen Mythologie wird selbstredend unterschiedlich diskutiert, von den Shuar wie Missionaren vor Ort und ebenso im wissenschaftlichen Diskurs.[31]

30 Hna. Magdalena N. zit. n. Meiser: *„Ich trinke aus zwei Flüssen“*, S. 145. Der Name ist anonymisiert. „All die alten [Mythen], die sie [unsere Vorfahren] erzählt haben, [...] ich bin stolz auf sie. [...] Sie [die Mythologie] ist in unserem Geist, in unserem Herzen. Solch schöne Sachen, die Gott gemacht hat, dass er sich als dieser Etsa offenbart und den Menschen verteidigt hat. [...] Gott hat uns nicht einen Moment verlassen! Er war immer hier; denn wäre er nicht hier gewesen, hätten wir diese Mythologie nicht!“

31 Vgl. etwa Antonino Colajanni: La Actividad Misionera Salesiana entre los Shuar del Ecuador. Intereses Antropológicos y Estrategias de Promoción del Cambio Sociocultural. In: Flavia Cuturi (Hrsg.): *En Nombre de Dios. La Empresa Misionera frente a la Alteridad*. Quito: Abya Yala 2008, S. 145–191; Descola: *Leben und Sterben in Amazonien*, S. 368–380; José Enrique Juncosa: La Religiosidad Shuar a través de la Mitología. In: Juan Bottasso (Hrsg.): *Las Religiones Amerindias. 500 Años Después*. Quito: Abya Yala 1989, S. 229–262; Meiser: *„Ich trinke aus zwei Flüssen“*; dies.: Christian Indigenous Identities and Alter-Native Modernities in the Upper Amazon. In: Ernst Halbmayer (Hrsg.): *Indigenous Modernities in South America*. Canon Pyon: Kingston 2018, S. 103–130; Mader: Rund um die Palme.

Antonino Colajanni argumentiert etwa, dass die christliche Reinterpretation der Mythen tendenziös und aufoktroyiert wirke. Die Parallelisierung von mythischen und biblischen Texten erscheine zwar an manchen Stellen überraschend stimmig, schließe jedoch eine eigenständige, vom Christentum unabhängige Auslegung der indigenen Mythologie aus. Die religiöse Erzähltradition der Shuar wird einerseits Teil der, theologisch gesprochen, christlichen Heilsgeschichte, andererseits durch eben diese vereinnahmt. Nimmt man an den Gottesdienstfeiern der katholisch-autochthonen Kirche der Shuar (und Achuar) teil, wird man Etsa dort immer wieder begegnen – sowohl in den vorgetragenen Mythen als auch in den von Priestern oder Katecheten gehaltenen Homilien. Auf diese Weise sind die verschiedenen Mythen rund um den Protagonisten Etsa für die Gläubigen lebendig und sinnstiftend zugleich, aber sie legen die Rolle des Kulturheroen stets auf die eines ‚Proto-Jesus' fest.

Jedoch ist es meines Erachtens unbestritten, dass die christliche Reinterpretation der indigenen Mythen zur Revitalisierung dieses „kulturellen Gedächtnisses" unter den Shuar beigetragen hat. Die von salesianischen Missionaren, indigenen Ordensfrauen und -männern sowie indigenen Katecheten realisierte Verschriftlichung der Mythen in zahlreichen oralen Varianten und ihre darauffolgende Publikation im Abya Yala Verlag (Quito) hat ein umfassendes Textkorpus geschaffen, das die darin enthaltene Kosmologie und Weltsicht wieder in das Bewusstsein der Shuar zu rücken vermag und bei verschiedenen sozialen Anlässen zur Geltung bringt. „En efecto, la mitología ‚escrita' ha hecho vigente la pervivencia de la antigua sabiduría mediante su reformulación en programas educativos, en el ámbito litúrgico, y aún organizativo"[32], so der ecuadorianische Ethnologe José Enrique Juncosa. Und letztlich gilt, dass über die Sinnhaftigkeit der interreligiösen Reinterpretation der indigenen Mythologie in allererster Linie die Shuar und die katholisch-autochthonen Gläubigen selbst zu entscheiden haben.

32 Juncosa: La Religiosidad Shuar a través de la Mitología, S. 230. „Tatsächlich hat die ‚geschriebene' Mythologie dem Weiterleben der alten Weisheit durch die Reformulierung in Bildungsprogrammen, im liturgischen Umfeld und sogar in [politischen] Organisationen zur Fortexistenz verholfen."

IV. Das Bataillon IWIA: Der mythische Dämon als nationaler Held

Die Lesung der Mythe von Etsa und Iwia in einem katholisch-autochthonen Gottesdienst verändert zwar eindeutig den gewöhnlichen Kontext, in dem diese vorgetragen und rezipiert wird, doch der unmittelbare Inhalt der Mythe und die Charakterisierung der Protagonist*innen bleiben unangetastet: Es ist Etsa, der Iwia besiegt und dem mörderischen Treiben des Riesen ein Ende setzt. Allerdings scheint sich diese Lesart der Mythe grundlegend anders dazustellen, wenn man sich die Namensgebung der Elite-Einheit des ecuadorianischen Heeres vor Augen hält, die für Kampfeinsätze im Regenwaldgebiet ausgebildet ist und in ihren Reihen vorwiegend Indigene, darunter vor allem Shuar, zählt. IWIA heißt das Bataillon, welches in der Ortschaft Shell in der Provinz Pastaza stationiert ist. Gegründet wurde es in den 1980er Jahren – als Antwort auf den nur wenige Wochen andauernden ecuadorianisch-peruanischen Konflikt in der Cordillera del Cóndor im Jahr 1981, der unter der Bezeichnung ‚Conflicto de Paquisha' bekannt wurde.[33] Im darauffolgenden Grenzkrieg zwischen Ecuador und Peru im Jahr 1995 kämpften die IWIA-Einheiten an vorderster Front. Dass die rund dreiwöchige ‚Guerra del Cenepa' aus militärischer Sicht für Ecuador erfolgreich ausging, wurde maßgeblich den Fertigkeiten des IWIA-Bataillons zugeschrieben.[34] Unter einem auf YouTube veröffentlichten und vom ecuadorianischen Fernsehkanal Ecuavisa produzierten Filmbeitrag über das IWIA-Bataillon aus dem Jahr 2017 fällt die große Mehrheit der Kommentare überaus affirmativ aus und drückt den Stolz der vor allem ecuadorianischen Nutzer*innen auf die Elite-Einheit aus.[35] Mehrere Einträge, die vom Oktober 2019 stammen, bitten die IWIA

33 Aus der damaligen Auseinandersetzung um die Stationierung von drei ecuadorianischen Wachposten in einem unklar definierten Grenzgebiet ging, nach diplomatischen Interventionen, Peru als Sieger hervor.

34 Uvidia Cañizares / Miryam Susana: *El Conflicto del Alto Cenepa de 1995 y Sus Repercusiones en el Aspecto Social del Ecuador.* Quito: Universidad Central del Ecuador 2017, S. 17–18. http://www.dspace.uce.edu.ec/handle/25000/11425 (Zugriff am 26.07.2023); Norman E.Whitten Jr.: Introduction. In: Ders. (Hrsg.): *Millenial Ecuador. Critical Essays on Cultural Transformation and Social Dynamics.* Iowa City: U of Iowa P 2003, S. 1–45, hier S. 6–7.

35 Ecuavisa: Demonios de la Selva (Visión 360). In: *YouTube*, 23.10.2017. https://www.youtube.com/watch?v=qCYmp_KpYaQ (Zugriff am 21.09.2020). Vgl. z. B.: „Orgulloso de ser ecuatoriano vivan mis valientes soldados" [„Stolz, Ecuadorianer zu sein, meine tapferen Soldaten mögen leben"] – „Increible una fuerza especial integrada por nativos. Viva Ecuador, orgullo patriota" [„Unglaublich: eine aus Indigenen bestehende Spezialtruppe. Es lebe Ecuador, ein stolzer Patriot"] – „Orgulloso d haber pertenecido y haberme formado como

gar um Unterstützung bei den Protesten rund um die eingangs erwähnten Demonstrationen gegen die Aufhebung der staatlichen Kraftstoffsubventionen.[36] Die zitierte, auf YouTube einsehbare Dokumentation trägt zwar den Titel *Demonios de la Selva* [Dämonen des Waldes], aber Dämonen wie Iwia werden hier eindeutig positiv konnotiert. Der Charakter des eigentlich negativ besetzen Protagonisten wird in sein Gegenteil umgedeutet, die Rolle Etsas in dieser Neuerzählung der Mythe hingegen vollkommen ausgelassen.

Während die meisten mythischen Gestalten menschlicher Natur sind, wird der Gigant und Anthropophage Iwia eindeutig nicht der Kategorie „Shuar" bzw. den Menschen zugerechnet.[37] Juan Manuel Mashinkias Chinkias hält darüber hinaus fest, dass Iwia in der Kultur der Shuar als ein Narr beschrieben werde, der überstürzt handle, ohne die Folgen zu bedenken. Der noch heute gebräuchliche Ausdruck „Iwiatamin", zu Deutsch in etwa „Iwia ähnlich", beschreibe ein eben solches Verhalten.[38] Dementsprechend mag es irritieren, dass für das Bataillon gerade diese Bezeichnung gewählt wurde, die sowohl in der Eigen- als auch in der Fremdwahrnehmung schlechte und abschätzige Assoziationen hervorruft. Auf diese Weise, so scheint es zunächst, wird die Projektion der Shuar als kriegerische und wilde Ethnie perpetuiert – und damit für die ecuadorianische Mehrheitsgesellschaft augenscheinlich erfahrbar und real. Wohl auch aus diesem Grund betont Washington Álvarez, der als damaliger Hauptmann die IWIA im Cenepa-Krieg kommandierte, dass die Truppe unter dem Namen „Arutam"[39] begründet worden sei:

conscripto en el BS 17 Pastaza en la escuela d IWIAS donde están los mejores soldados del Ejército Ecuatoriano" [„Stolz, zum BS 17 Pastaza gehört zu haben und dort als Rekrut ausgebildet worden zu sein in der Militärschule der IWIAS, wo die besten Soldaten des Ecuadorianischen Heeres sind"].

36 Vgl. z. B. ebd.: „Vamos iwias a defender su gente q nos estan matando los policiasssss" [*sic!*] [„Los, Iwias! Unser Volk zu verteidigen, weil uns die Polizisten töten"] – „Hoy los necesitamos en Quito, vamos Iwias ayudaa" [*sic!*] [„Heute brauchen wir euch in Quito, los, Iwias, Hilfe!"] – „Vengan ayudarnos son ustedes los indicados Dios los bendiga" [„Kommt und helft uns, ihr seid dafür bestimmt. Gott segne Euch."].

37 Mader: *Metamorfosis del Poder*, S. 80.

38 Juan Manuel Mashinkias Chinkias: *Etnoeducación Shuar y Aplicación del Modelo de Educación Intercultural Bilingüe en la Nacionalidad Shuar*. Cuenca: Universidad de Cuenca 2012, S. 51.

39 „Arutam" ist die Bezeichnung für das wichtigste transzendente Prinzip der Shuar-Kosmologie, das sich in verschiedenen mythischen Gestalten, etwa auch der Etsas, manifestiert. Bis heute suchen Shuar, in durch die Einnahme von *natém* (Ayahuasca) herbeigeführten Visionen Arutam zu „schauen" und spirituelle Kraft zu erlangen. (Meiser: *„Ich trinke aus zwei Flüssen"*, S. 46–48.) In der katholisch-autochthonen Kirche wird der Terminus *arutam* für die Bezeichnung „Gott" verwendet.

Denn Iwia sei der „Teufel des Regenwaldes“, Arutam hingegen der „Gott des Regenwaldes“, der den Teufel zerstört habe.[40] Diese Übersetzung der Shuar-Begriffe belegt die mythischen Figuren freilich wiederum mit christlichen Charaktereigenschaften.

Gott und Teufel, Etsa bzw. Arutam und Iwia – die Perzeptionen des Bataillons scheinen die eigentlich eindeutigen Zuschreibungen, die sich mit diesen Namen verbinden, zu unterlaufen. In ähnlicher Weise lässt die Elite-Einheit auch die in der ecuadorianischen Gesellschaft bestehenden Stereotype und Wahrnehmungen der indigenen Bevölkerung zumindest aufweichen. So bekennt Jorge Brito, ein hochdekorierter Leutnant, der ebenfalls im Cenepa-Krieg eingesetzt war, dass der militärischen Führung zunehmend bewusst wurde, wie sehr sie nicht nur als Einzelpersonen, sondern auch als ecuadorianisches Volk im Ganzen auf die Indigenen angewiesen waren. „He learned over the last two decades“, beschreibt Norman E. Whitten Jr. die Reflexionen des Leutnants, „that the indigenous people were in every way his equal, that the country could not survive without them, and that their social movements were for national liberation“[41]. Auch für Minerva Campion resultiert die Teilnahme der Shuar in den ecuadorianisch-peruanischen Grenzkonflikten in einer veränderten Fremdwahrnehmung der Aénts Chicham: Sie seien von ignorierten und negierten Subjekten zu ehrenhaften Staatsbürgern geworden, welche die nationale Souveränität verteidigt hätten.[42]

Einerseits ist nicht von der Hand zu weisen, dass die Shuar im Zuge der kriegerischen Auseinandersetzung mit Peru durch den ecuadorianischen Staat

40 Coronel Washington Álvarez: ‚En la Guerra del Cenepa Comandé a los Arutam‘. In: *El Comercio*, 26.01.2015. https://www.elcomercio.com/actualidad/guerra-cenepa-ecuador-coronel-washington.html (Zugriff am 21.09.2020). Neben der IWIA-Einheit kämpfte im Cenepa-Krieg auch eine Truppe namens „Arutam“.

41 Whitten: Introduction, S. 7.

42 Minerva Campion: The Construction of the Amazonian Borderlands through the Longue Durée. An Indigenous Perspective. In: *Journal of Borderland Studies* 33 (2016), S. 1–18, hier S. 9; vgl. auch Víctor Cova: Nicole, Reina de Macas. El Impacto del Trabajo Asalariado sobre el Activismo Trans en la Amazonía Ecuatoriana. In: *Revista Latinoamericana de Antropología del Trabajo* 4 (2018), S. 1–25, hier S. 19. Gleichzeitig verweist Campion darauf, dass nicht alle indigenen Führer das Bataillon unterstützten. Denn das einstige Kampfgebiet entlang der ecuadorianisch-peruanischen Grenzen ist auch das traditionelle Siedlungsgebiet der Shuar, Achuar, Aguaruana, Huambisa und Shiwiar, die gezwungen waren, sich während der Konflikte von 1981 und 1995 als Feinde zu begegnen. Dementsprechend versuchten indigene Organisationen in beiden Staaten nach Ende des Cenepa-Krieges, die einstigen Beziehungen über die Grenzen hinweg wieder aufzunehmen. Verschiedene binationale Treffen fanden statt. (Campion: The Construction of the Amazonian Borderlands through the Longue Durée, S. 9–12.)

als „pueblo de fuertes“ gleichsam instrumentalisiert worden sind,[43] um das nationale Territorium zu schützen. Andererseits hat der Einsatz der Aénts Chicham dazu beigetragen, vor allem in der nicht-indigenen Bevölkerung und insbesondere in den höheren Rängen des Militärs eine „ideology of diversity and the positive imagery of interculturality“[44] zu etablieren. Eine solche Rezeption spiegelt ein ambivalentes Neuverständnis der Mythe von Etsa und Iwia wider; der Mythos der Shuar als unbesiegbarem Volk ist dabei die zentrale Konstante in dieser interkulturellen Reinterpretation des Textes.

V. Fazit

Mythen sind, so Karl-Heinz Kohl, „gegenüber neuen Erfahrungen durchaus offen, ja man kann vielleicht sogar so weit gehen, zu behaupten, daß deren Integration in den überlieferten Diskurs Bedingungsmöglichkeit ihres Überlebens ist“[45]. Der Frankfurter Ethnologe bezieht dies zunächst auf die Modifikation der inhaltlichen Textstruktur einer Mythe, die Integration von fremden kulturellen Elementen. Die beiden Fallbeispiele aus Ecuador verdeutlichen darüber hinaus, dass diese Offenheit gegenüber neuen Erfahrungen und die Integrationsleistung auch die Form, die Bedeutung und den Erzählkontext von amazonischen Mythen betreffen. So zeigen sich die durch den ‚westlichen‘ Kulturkontakt ausgelösten Veränderungen der Shuar-Mythologie in der Art und Weise, wie sie nunmehr weitergegeben werden: verschriftlicht in Büchern, in performativen Darstellungen in Filmen und sonstigen Animationen. Diese Art der Tradierung fixiert zwar die mythische Erzählstruktur, erlaubt zugleich aber eine neue, vielfältige Rezeption (*Form*). Die Charaktere und das Handeln der mythischen Kulturheroen werden reinterpretiert, in Bezug gesetzt zu anderen religiösen oder auch weltlichen Protagonist*innen und ihrem Wirken (*Bedeutung*). Die Orte, an denen sie heute verbreitet werden, sind Schulen und Kirchen, aber auch Kasernen und soziale Medien (*Erzählkontext*). So wird die Mythe von Iwia und Etsa refunktionalisiert;

43 Vgl. Steve Rubenstein: Circulation, Accumulation, and the Power of Shuar Shrunken Heads. In: *Current Anthropology* 22,3 (2007), S. 357–399, hier S. 370.

44 Whitten: Introduction, S. 7. Im internen Diskurs der Shuar wiederum wird der Erfolg im Cenepa-Krieg vor allem als Sieg der Shuar, weniger der Ecuadorianer*innen betrachtet. Vgl. Rubenstein: Circulation, Accumulation, and the Power of Shuar Shrunken Heads, S. 370.

45 Karl-Heinz Kohl: Ein verlorener Gegenstand? Zur Widerstandsfähigkeit autochthoner Religionen gegenüber dem Vordringen der Weltreligionen. In: Hartmut Zinser (Hrsg.): *Religionswissenschaft. Eine Einführung*. Berlin: Reimer 1988, S. 252–273, hier S. 261.

sie wird angepasst an und übersetzt in Zeit und Raum. Dies erfolgt durch kreative Aneignungen und neue Lesarten, von Seiten der Shuar genauso wie von nicht-indigenen Akteur*innen, etwa katholischen Missionaren, leitenden Funktionären des Militärs oder der ecuadorianischen Mehrheitsbevölkerung. Damit sind die Mythen und ihre Schlüsselpersonen nach wie vor Identitätsmarker der Shuar, sowohl in der Eigen- als auch in der Fremdwahrnehmung; sie schaffen einen, wie Elke Mader es formuliert, „interkulturellen Kommunikationsraum"[46].

Zudem ist die Fähigkeit zum Wandel, die Integration neuer Charaktere ein dem amazonischen Mythos immer schon inhärentes Motiv, denn die Mythen selbst berichten von Verwandlungen und Metamorphosen, von wechselnden Kleidern und Perspektiven. Dass sich die transzendente Macht einmal im Handeln Etsas, das andere Mal im Wirken Jesu manifestiert, kann daher auch aus dieser Logik der Metamorphose heraus verstanden werden. Freilich darf diese gleichsam kulturelle Disposition zur Wandlungsfähigkeit von mythischen Erzählungen und Gestalten nicht jene soziopolitischen Machtkonstellationen außer Acht lassen, in denen sich der Kulturkontakt zwischen indigener und ‚westlicher' bzw. mestizischer Welt vollzieht. Interkulturelle Prozesse beinhalten nämlich zumeist nicht nur reziproke Aneignung, sondern auch Konflikt und Auseinandersetzung. So ist die interkulturelle Kontaktzone Amazoniens geprägt von Begegnung und Austausch, aber genauso von Dominanz und Unterdrückung, Diskriminierung und Gewalt, schließlich von Rebellion und Befreiung. Die in diesem Beitrag dargestellte Rezeption und Reinterpretation der Erzählung von Etsa und Iwia will dies veranschaulicht haben, denn in den aufgezeigten Fallbeispielen ist die Mythe zum Sinnbild des politischen Widerstands, des christlich-indigenen Selbstverständnisses und der militärischen Stärke geworden. Damit zeugt sie zugleich von der interkulturellen Identität der Shuar selbst.

46 Mader: Rund um die Palme, S. 126.

Philip Gondecki-Safari

Cumbia für den Yasuní

Musikalischer Medienaktivismus der Waorani zum Schutz Amazoniens*

Seit den 1960er Jahren führen die Auswirkungen der Erdölförderung in den Regenwäldern des Yasuní im ecuadorianischen Amazonastiefland zu vielschichtigen Konflikt- und Wandlungsprozessen. Diese betreffen insbesondere die Lebenswelten indigener Völker und führen einerseits zu Anpassungszwängen, eröffnen andererseits aber auch neue Perspektiven, Handlungs- und Entwicklungsmöglichkeiten.
Im Kontext der Konflikte um die Erdölförderung im Amazonastiefland Ecuadors befasst sich der vorliegende Artikel mit dem indigenen Volk der Waorani und ihren sich wandelnden Strategien zur Konfliktaustragung und Einforderung ihrer Ansprüche auf den Yasuní. Am Beispiel eines Musikvideos, das in Kooperation mit dem ecuadorianischen Sänger und Musiker Bayron Caicedo entstanden ist, wird der indigene Medienaktivismus der Waorani-Gemeinschaft Bameno am Fluss Cononaco beschrieben und als Teil erfolgreicher Empowerment- und Handlungsstrategien der Waorani zwischen Anpassung und Widerstand im Konflikt um den Yasuní erläutert.

* Dieser Artikel basiert auf Feldforschungen bei den Waorani in Ecuador 2008–2009 und 2011 sowie Auszügen aus meiner Dissertation *Wir verteidigen unseren Wald. Vom lokalen Widerstand zum globalen Medienaktivismus der Waorani im Konflikt zwischen Erdölförderung und Umweltschutz im Yasuni im ecuadorianischen Amazonastiefland*. Bonn: Universitäts- und Landesbibliothek 2015. https://hdl.handle.net/20.500.11811/6344 (Zugriff am 28.07.2023), insb. Kap. 13 zu medienbasierten Strategien der Konfliktaustragung (ebd., S. 469–525) und Unterkap. 13.6 zum Videoaktivismus der Waorani (ebd., S. 498–505) in überarbeiteter Fassung.

Yasuní als Konfliktzone

Die als Yasuní bezeichnete Region im zentralen Amazonastiefland Ecuadors ist eine megadiverse Natur- und Kulturlandschaft, die von indigenen, staatlichen, zivilgesellschaftlichen, wirtschaftlichen und politischen Akteur*innen unterschiedlich gesehen und beansprucht wird.

Als in weiten Teilen rechtlich zugesichertes indigenes Territorium ist der Yasuní für die Waorani Lebensraum und Grundlage ihrer gemeinschaftlichen Identität, indigenen Kosmovision, Lebens- und Wirtschaftsweise. Neben weiteren indigenen Bevölkerungsgruppen der Kichwa und Shuar, die in der Region leben, sind die ausgedehnten Regenwälder des Yasuní auch das letzte Rückzugsgebiet für die nach wie vor noch weitestgehend isoliert lebenden Bevölkerungsgruppen der Tagaeri-Taromenane, die historische, kulturelle und soziale Verbindungen zu den Waorani haben.

Als Ressourcenquelle natürlicher Rohstoffe und fossiler Bodenschätze, insbesondere größerer Ölvorkommen, ist der Yasuní ein Raum von großer wirtschaftlicher Bedeutung für das Land Ecuador und von internationalem Interesse. Hinsichtlich seiner enormen und einmaligen Biodiversität und Kulturvielfalt ist die Region ein globaler Diversitätshotspot und wichtiges Umweltschutzgebiet, das 1979 von der ecuadorianischen Regierung mit einer Fläche von 9.823 km^2 zum größten kontinentalen Nationalpark Ecuadors erklärt und 1989 von der UNESCO zum Biosphärenreservat deklariert wurde. (Abb. 1) Als Modellregion für die gescheiterte Yasuní-ITT-Initiative (2007–2013)[1] und Laboratorium nachhaltiger Entwicklung, von Postwachstumsansätzen und alternativen Lebensmodellen im Sinne des *Buen Vivir* (Guten Lebens) war und ist der Yasuní ein umkämpfter, symbolischer und politischer Raum.

1 Im Rahmen der Yasuní-ITT-Initiative war die ecuadorianische Regierung zur Unterlassung der Ausbeutung der Ölfelder Ishpingo, Tambococha und Tiputini (ITT) im Yasuní bereit als Beitrag zum Klimaschutz und Biodiversitätserhalt, zur Bewahrung indigener Rechte sowie als Impuls für eine Post-Erdöl-Entwicklungsstrategie für Ecuador und andere Länder. Als solidarischen Beitrag für den Verzicht auf die Erdölförderung und Exporterlöse von insgesamt 7,2 Milliarden US-Dollar forderte die ecuadorianische Regierung die Hälfte bzw. 3,6 Milliarden US-Dollar als Ausgleich von der internationalen Gemeinschaft. Obwohl die Yasuní-ITT-Initiative durchaus großes Interesse erregte, viel Zuspruch und Unterstützung erhielt, blieben signifikante Einzahlungen in den Yasuní-ITT-Treuhandfonds letztlich aus. 2013 erklärte der ecuadorianische Präsident Rafael Correa die Initiative für gescheitert; die Erdölförderung im Yasuní wurde fortgesetzt und weiter ausgedehnt.

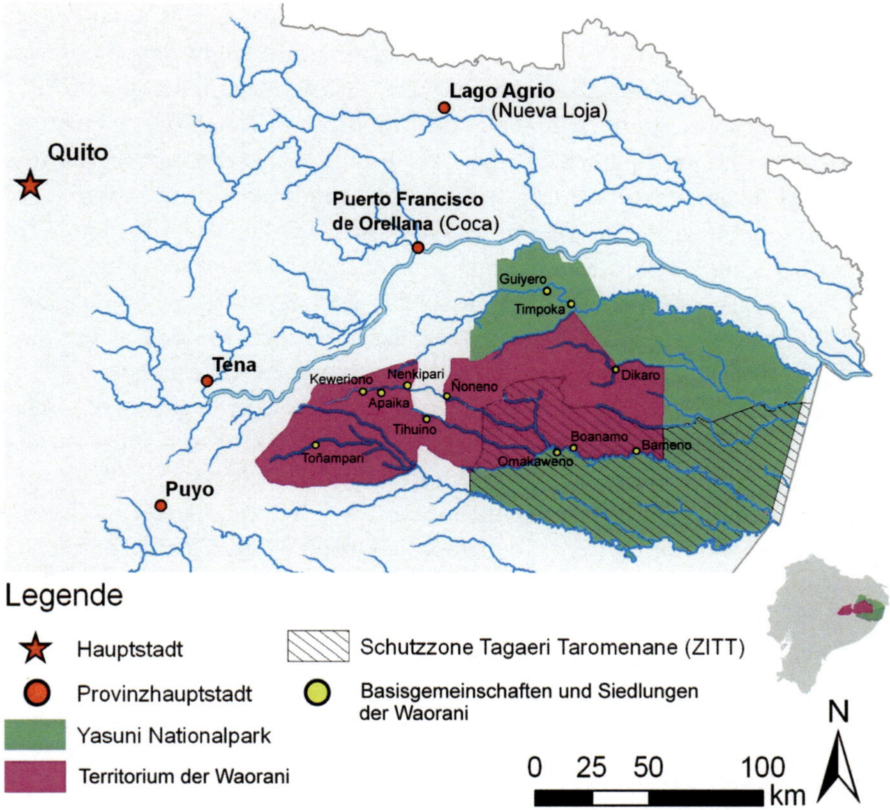

Abb. 1: Lebensraum der Waorani und der Yasuní im ecuadorianischen Amazonastiefland.

Mit den grundlegenden Interessenkonflikten zwischen Ressourcenausbeutung und Schutz der Umwelt, der Artenvielfalt und des Klimas sowie den Rechtsansprüchen der lokalen und insbesondere indigenen Bevölkerung bildet der Yasuní im Spannungsfeld zwischen lokaler und globaler Ebene eine vielschichtige Konfliktzone zahlreicher Akteur*innen, die in einem dynamischen Beziehungsgeflecht mit verschiedenen Strategien und Machtressourcen ihre jeweiligen Interessen, Projekte und Ziele im Yasuní verfolgen.[2]

2 Vgl. Gondecki: *Wir verteidigen unseren Wald*, S. 300–311; ders.: Indigene Völker, Erdölförderung und Umweltkonflikte im Amazonastiefland Ecuadors. In: *Geographische Rundschau* 12 (2015), S. 52–55.

Die Waorani im Konflikt um den Yasuní

Das indigene Volk der Waorani, je nach Schreibweise auch Waodani oder Huaorani, hat eine bewegte Geschichte. Aufgeteilt in verschiedene Familienklans lebten die Waorani zerstreut und zurückgezogen als umherschweifende Jäger*innen und Sammler*innen in den tropischen Wäldern des Amazonastieflands und wehrten sich bis in die 1970–80er Jahre vehement gegen ihre Kontaktierung, Missionierung und jedwede Fremdbeanspruchung ihres Territoriums. Einige Angehörige und Verwandtschaftsgruppen der Waorani lehnen bis heute jeglichen Kontakt mit der ‚Außenwelt' ab und verteidigen ihre Rückzugsgebiete im Yasuní nach wie vor mit Waffengewalt gegen fremde Eindringlinge. Sie leben in weitestmöglicher Zurückgezogenheit und gehören zu den letzten isolierten indigenen Bevölkerungsgruppen Amazoniens.[3]

Die Mehrheit der Familien und Klans der Waorani begaben sich seit den 1960er Jahren nach und nach in einen Befriedungs-, Kontakt- und Austauschprozess mit den Kowori, wie sie alle nicht zu den Waorani gehörenden Menschen bezeichnen. Seitdem sind sie weitestgehend sesshaft geworden und erfahren dynamische kulturelle und gesellschaftliche Wandlungsprozesse.[4]

Die Erdölförderung im ecuadorianischen Amazonastiefland verändert die Lebenswelt der Waorani. Die ökologischen Auswirkungen und mitunter gravierenden Umweltzerstörungen sowie die zunehmende infrastrukturelle Erschließung und Besiedlung der Region sind bis heute maßgebliche Ursachen und Antriebe komplexer Wandlungsprozesse. Die Waorani passen sich diesen einerseits an und nutzen deren Vorteile und Entwicklungsmöglichkeiten für ihre eigenen Lebenspläne, andererseits leisten sie auch vehementen Widerstand, vor allem zum Schutz und Erhalt ihres Territoriums und ihrer subsistenzwirtschaftlichen Lebensgrundlagen.[5]

3 Vgl. Gondecki: *Wir verteidigen unseren Wald*, S. 358–379; ders.: Entre retirada forzosa y autoaislamiento voluntario: Reflexiones sobre pueblos indígenas aislados y estrategias de evitación en el manejo de conflictos en la Amazonía occidental. In: *Indiana* 28 (2011), S. 127–152.

4 Vgl. Gondecki: *Wir verteidigen unseren Wald*, S. 161–168; Miguel Angel Cabodevilla: *Los Huaorani en la historia de los pueblos del Oriente*. Coca: CICAME 1994; Heiko Feser: *Die Huaorani auf den Wegen ins neue Jahrtausend*. Münster: Lit 2000; Laura Rival: *Trekking through History. The Huaorani of Amazonian Ecuador*. New York: Columbia UP 2002.

5 Vgl. Philip Gondecki: Indigene Subsistenzstrategien zwischen Tradition und Moderne: Vom „guten Leben" (Buen Vivir) der Waorani im Yasuni. In: Kerstin Poehls / Leonore Scholze-Irrlitz / Andrea Vetter (Hrsg.): *Strategien der Subsistenz: Neue prekäre, subversive und moralische Ökonomien*. Berlin: Panama 2017, S. 94–109.

Die Haltungen und Positionen einzelner Individuen und Gruppen der Waorani in den Konflikten um die Erdölförderung im Yasuní sind situations- und kontextabhängig, teilweise konträr. Dementsprechend vielfältig sind auch ihre Strategien, die von gewaltvollem Widerstand, Konfliktmeidung und Rückzug in die Selbstisolation bis zu politischer Organisation, transnationaler Vernetzung, Dialogprozessen, Verhandlungen, rechtlichen Verfahren und medienaktivistischen Widerstandsformen, Protestaktionen und Demonstrationen reichen. In diesem Sinne erzählt der alte Waorani-Krieger Ahua Baihua zur konfliktiven Geschichte der Waorani im Dokumentarfilm *Yasuní – Two Seconds of Life* (ECU / US / A 2010) von Leonardo Wild:

> Before, we used to be more warrior like. We wanted to kill everyone. We didn't want to see anyone. Now we get along, so our children and our grandchildren can live well, without illnesses. We must take care of our home. We don't want others to come and contaminate it. We used to live with Iteka. We wanted to live peacefully among Waoranis. But then the non-Waoranis arrived with their weapons and killed Meñecaro. That's why, due to Meñecaro's death, Iteka went to kill them in vengeance. Iteka died fighting. I, finally, killed them all to be able to live without problems, in peace. The Kuguris, the invaders didn't respect anything. If they come again to take away our forest, we will kill them with our spears. That's why we don't want them to invade us; we want them to respect us. Now we live in peace. Now our children are in charge of protecting us, so they speak with the non-Waorani so they respect us, while we rest.[6]

Die Äußerung von Baihua vermittelt nicht nur einen Rückblick auf die kriegerische Vergangenheit der Waorani im Konflikt um den Yasuní, sondern zeigt durch seine Haltung, Androhungen und konkreten Forderungen auch ihren kontinuierlichen Kampf für den Schutz und Erhalt ihres Waldes, ihrer Interessen und selbstbestimmten Lebensweise; auch wenn dieser Kampf heute nicht mehr nur auf lokaler Ebene mit dem Speer, sondern vor allem mit Worten, Bildern und digitalen Medien im Kontext der Globalisierung geführt wird.

6 Ahua Baihua (O-Ton in Wao tededo, Übersetzung mit Untertiteln) in *Yasuní – Two Seconds of Life* (ECU / US / AT 2010, R: Leonardo Wild), 01:18:50–01:19:52 min.

Indigener Medienaktivismus

Weltweit machen sich indigene Aktivist*innen, Gruppen, Organisationen und Bewegungen die Möglichkeiten elektronischer Informations- und Kommunikationstechnologien (IKT) und digitaler Medien auf innovative Weise zu Nutze, um sich nach ihren eigenen Interessen zu informieren, zu bilden, zu kommunizieren, sich selbst darzustellen und zu (re)präsentieren, öffentliche Aufmerksamkeit zu erregen und alternative Gegenöffentlichkeiten zu schaffen. Ferner fordern sie damit ihre gesellschaftliche Teilhabe ein, vernetzen sich lokal, national und überregional, schließen strategische Bündnisse und Allianzen, organisieren politische Maßnahmen und Kampagnen, tragen Konflikte aus, gestalten Entscheidungs- und Wandlungsprozesse mit und setzen ihre eigenen Interessen, selbstbestimmten Projekte und Lebenspläne um.[7]

Medienaktivismus umfasst vielfältige Phänomene, die weit in die Kulturgeschichte zurückreichen[8] und sich nach der Arbeitsdefinition von Margit Böck verstehen lassen als

> Wege, um sich über die Potentiale von Medien- und Kommunikationstechnologien in gesellschaftliche Diskussions- und Entscheidungsprozesse einzubringen, sich zu vernetzen, um auf Missstände hinzuweisen, auf Interessen aufmerksam zu machen, Veränderungen anzuregen bzw. Entscheidungs- und Gestaltungsprozesse zu initiieren und zu beeinflussen.[9]

Im Zuge der Globalisierung und zunehmenden Verbreitung von IKT haben selbstbestimmte und eigenständige Kommunikationsstrategien und Nutzungen neuer Medien, insbesondere des Internets, im Aktivismus indigener Akteur*innen in Amazonien und ganz Lateinamerika an Bedeutung

7 Vgl. Eliane Fernandes Ferreira: *Von Pfeil und Bogen zum „Digitalen Bogen". Die Indigenen Brasiliens und das Internet.* Bielefeld: Transcript 2009; International Work Group for Indigenous Affairs (IWGIA) (Hrsg.): *Indigenous Affairs. Indigenous Peoples and Information Technology.* Kopenhagen: IWGIA 2003; Pamela Wilson / Michelle Stewart (Hrsg.): *Global Indigenous Media. Cultures, Poetics, and Politics.* Durham / London: Duke P 2008.

8 Vgl. Wolfgang Sützl: Medien des Ungehorsams. Zur Geschichtlichkeit von Medienaktivismus. In: *Medienimpulse online* 49,1 (2011): Politik / Macht / Medien, S. 1–13. https://journals.univie.ac.at/index.php/mp/article/view/mi290/543 (Zugriff am 28.07.2023).

9 Margit Böck: Medienaktivismus. Unveröffentlichter Vortrag aus der Ringvorlesung „Medien und Minderheiten", Universität Salzburg, 20.01.2011.

gewonnen, um ihre Interessen, Rechte und Territorien zu verteidigen.[10] In diesem Sinne erklärt die Deklaration des ersten kontinentalen Gipfeltreffens zu indigener Kommunikation in den Amerikas von 2010:

> [...] la comunicación indígena sólo tiene sentido si, en el marco de nuestra cultura, la ponemos al servicio de la vida para dar a conocer a todos los pueblos del Abya Yala y al mundo, las luchas por nuestros territorios, por nuestros derechos, por nuestra dignidad e integridad.[11]

Dem Anspruch der Deklaration entsprechend nutzen auch die Waorani alle ihnen zur Verfügung stehenden Kommunikationstechnologien und neuen Medien für ihre Belange, Interessen und selbstbestimmten Lebenspläne.

10 Vgl. Eliane Fernandes Ferreira: Mit der Welt vernetzt. Die Bedeutung des Internet für indigene Gemeinschaften in Brasilien. In: Lateinamerikagruppe Marburg (Hrsg.): *Medien und Demokratie in Lateinamerika*. Berlin: Dietz 2012, S. 177–182; Kyra Landzelius: The Meta-Native and the Militant Activist. Virtually Saving the Rainforest. In: Dies. (Hrsg.): *Native on the Net. Indigenous and Diasporic Peoples in the Virtual Age*. New York: Routledge 2006, S. 112–131; Guido Mingels: Rebellion der digitalen Indianer. In: *Greenpeace Magazin*, 6/2011, S. 22–29; Alcida Rita Ramos: Cutting through State and Class. Sources and Strategies of Self-Representation in Latin America. In: Kay B. Warren / Jean E. Jackson (Hrsg.): *Indigenous Movements, Self-Representation, and the State in Latin America*. Austin: U of Texas P 2002, S. 251–279; Claudia Trupp / Philipp Budka: Indigener Cyberaktivismus und transnationale Bewegungslandschaften im lateinamerikanischen Kontext. In: Jens Kastner / Tom Waibel (Hrsg.): *„... mit Hilfe der Zeichen / por medio de signos ..." Transnationalismus, soziale Bewegungen und kulturelle Praktiken in Lateinamerika*. Münster: Lit 2009, S. 207–226.

11 Declaración de la Cumbre Continental de Comunicación Indígena de Abya Yala. In: *CRIC Consejo Regional Indígena del Cauca*, 12.11.2010. https://www.cric-colombia.org/portal/declaracion-de-la-cumbre-continental-de-comunicacion-indigena-de-abya-yala/ (Zugriff am 25.10.2023). Die Deklaration wurde im November 2010 im Rahmen der ersten Konferenz zu indigener Kommunikation in den Amerikas im Resguardo Indígena María Piendamo in der kolumbianischen Provinz des Departamento de Cauca verabschiedet. „[...] indigene Kommunikation macht nur Sinn, wenn wir diese im Rahmen unserer Kultur in den Dienst für das Leben stellen, um allen Völkern Abya Yalas und der Welt die Kämpfe um unsere Territorien, für unsere Rechte, für unsere Würde und Integrität zu vermitteln." (Übersetzungen hier und im Folgenden, sofern nicht anders angegeben, P. G.)

Medienaktivismus der Waorani

Seit den ersten Filmaufnahmen der Waorani vom Summer Institute of Linguistics (1962)[12] sowie den Dokumentarfilmen der BBC (1979)[13], von Erwin Patzelt (1984)[14] und Adrian Warren (1984)[15] wurden im Laufe der letzten Jahrzehnte zahlreiche Foto-, Video- und Filmprojekte mit den Waorani durchgeführt.[16] Diese dienen ihnen zum einen als finanzielle Einkommens- und Versorgungsquelle mit materiellen Gütern, die sie als Gegenleistung für ihre Zustimmung und Zusammenarbeit bei Fotos und Filmaufnahmen erhalten. Zum anderen ermöglichen sie ihnen Zugang zu neuen Medien und bieten ihnen Plattformen, um ihre eigenen Botschaften und politischen Forderungen einer breiten Öffentlichkeit zu vermitteln und so die nationale und internationale Solidarität mit den Waorani zu erhöhen.

In den Konflikten um die Erdölförderung im Yasuní spielen IKT sowie neue digitale und soziale Netzwerke wie YouTube, Facebook und Twitter eine zentrale Rolle. So nutzen die Waorani ihren Zugang zu neuen Medien, Technologien und Kommunikationsmöglichkeiten, um sich über ihre Rechte und Optionen zur Durchsetzung ihrer eigenen Interessen und Lebensprojekte zu informieren, ihre Konfliktaustragungsstrategien anzupassen und um medienbasierte Handlungsstrategien zu erweitern. Über ihre sozialen Kontakte, Beziehungen und Netzwerke stehen die Waorani im Austausch mit zahlreichen Akteur*innen, die sie unterstützen und ihnen neue Informationen, Kenntnisse, Fähigkeiten und Möglichkeiten zur Kommunikation und Mediennutzung vermitteln. Dabei versuchen die Waorani zunehmend die Kontrolle über ihre medialen Repräsentationen zu gewinnen und Einfluss auf die Berichterstattungen über sie und ihre Belange zu nehmen. Über ihre Wortführer*innen und politischen Organisationen beziehen sie Stellung zu relevanten Themen in der Öffentlichkeit und verwenden dafür alle Medien, die ihnen zur Verfügung stehen und ihren jeweiligen Anliegen am besten dienlich sind. In dieser Hinsicht ist der Medienaktivismus der Waorani vielfältig und reicht von der Nutzung klassischer Printmedien über audiovisuelle Medien wie Video und Film bis hin zu neuen digitalen und sozialen Medien. Zur eigenständigen Öffentlichkeitsarbeit und

12 *I Saw the Aucas Pray on Palm Beach* (US 1962, R: Summer Institute of Linguistics).

13 *The Waorani. Last People of the Rain Forest* (*Die Waorani. Die letzten Menschen des Regenwaldes*, UK, BBC 1979, R: James Yost).

14 *Besuch in der Steinzeit. Bei den Aucas in Ecuador* (BRD 1984, R: Erwin Patzelt).

15 *Nomads of the Rain Forest* (US 1984, R: Adrian Warren).

16 Vgl. Gondecki: *Wir verteidigen unseren Wald*, S. 641–654.

Medienkommunikation der Waorani postuliert die ehemalige Vorsitzende der Waorani-Frauenorganisation[17] Manuela Ima Omene:

> Los Waorani pueden hacerlo. Es buena propaganda. Muestra que la cultura está viva. Pero sin conocernos, si lo hace kowori, ay no, está mal. La propaganda kowori no nos gusta. Hablan mal. No saben. Tenemos que manejarlo nosotros mismos, para que ven como es la realidad waorani, como vivimos. Si Waorani hacen control, asi si. Nosostros mismos tenemos que trabajar. Los jovenes, las compañeras tenemos que trabajar. Cuando hay problemas, nosotros informamos. Queremos dar información. No nos gusta cuando hablan sobre nosotros, nos molesta. Nosotros mismos tenemos que trabajar.[18]

Das Zitat von Omene zeigt nicht nur die kritische Haltung der Waorani und ihr Bewusstsein über ihre medialen Fremdrepräsentationen, sondern auch ihren Anspruch auf eine selbstbestimmte Medienkommunikation in ihrem Interesse.

Eine wirksame Form des Medienaktivismus der Waorani ist die strategische Nutzung audiovisueller Medien über die Funktionalisierung und Instrumentalisierung der Wirkungsmacht inszenierter Bilder in Kombination mit strategischer Kommunikation, sprachlicher Performanz und gezielter Rhetorik sowie der emotional berührenden Macht von Musik und Klang allgemein. So nutzen die Waorani audiovisuelle Medien und Videotechniken als taktische und effektive Mittel für ihre jeweiligen Interessen und Belange, um sich zu präsentieren, politische Botschaften oder Forderungen zu vermitteln. Auch werden Vorfälle wie lokale Umweltzerstörungen durch Ölunfälle, Menschenrechtsverletzungen oder die Machenschaften illegal operierender Holzfäller als Beweismaterial und Druckmittel für Verhandlungen dokumentiert. So

17 Vgl. Asociación de Mujeres Waorani de la Amazonía Ecuatoriana (AMWAE) [Vereinigung der Waorani-Frauen des ecuadorianischen Amazonastieflands]. https://www.amwae.org (Zugriff am 12.08.2021).

18 Persönliches Gespräch mit Manuela Ima Omene, 19.02.2009. „Die Waorani können es machen. Es ist gute Werbung. Es zeigt, dass die Kultur lebendig ist. Aber ohne uns zu kennen, wenn es Kowori [Außenstehende] machen, ay nein, dann ist es schlecht. Die Werbung der Kowori gefällt uns nicht. Sie sprechen schlecht. Sie wissen nichts. Wir selbst müssen es machen, damit die Realität der Waorani gesehen wird, wie wir leben. Wenn Waorani die Kontrolle haben, dann ja. Wir selbst müssen arbeiten. Die Jungen, die Kolleginnen müssen arbeiten. Wenn es Probleme gibt, informieren wir. Wir möchten informieren. Es gefällt uns nicht, wenn man über uns spricht, es missfällt uns. Wir selbst müssen arbeiten."

Abb. 2: Mediale Inszenierung der Waorani und ihrer traditionellen Lebensweise bei Filmaufnahmen in Bameno. Foto von Joke Baert und Eduardo Pichilingue in der Waorani-Gemeinschaft Bameno am Río Cononaco im Yasuní, 2010. Bameno ist eine abgelegene Siedlung der Waorani, die von nationalen und internationalen Journalist*innen, Fotograf*innen und Filmteams bevorzugt besucht wird, um die dort lebenden Waorani, vor allem der älteren Generation, zu interviewen, zu fotografieren und zu filmen.

realisieren die Waorani eigene audiovisuelle Formate und Berichterstattungen über für sie relevante Themen und wichtige Ereignisse. (Abb. 2)

Als Beispiel für den Medien- und Videoaktivismus der Waorani wird im Folgenden das Musikvideo *Mi bella Amazonía* betrachtet, das die Waorani der Gemeinschaft Bameno in Zusammenarbeit mit dem ecuadorianischen Sänger und Musiker Bayron Caicedo 2009 im Yasuní realisiert haben.[19] Dabei werden sowohl die Motivation und Entstehungsgeschichte als auch die Inhalte, Bilder und Botschaften des Videos sowie seine Veröffentlichung, Verbreitung, Rezeption und strategische Nutzung als politisches Medium und aktivistisches Instrument aufgezeigt.

19 Bayron Caicedo: Mi bella Amazonía. In: *YouTube*, 19.09.2010. https://www.youtube.com/watch?v=Ut0fQFhrl9w (Zugriff am 25.10.2023).

Cumbia für den Yasuní

Die Vorgeschichte des Musikvideos *Mi bella Amazonía* beginnt mit einem Fest der abgelegenen, aber einflussreichen Waorani-Gemeinschaft Bameno am Fluss Cononaco im Yasuní. Als besonderen Festakt für die alljährlichen Feierlichkeiten ihrer Gemeinschaft, zu der sie zudem ihre Freund*innen und Verwandten aus anderen Waorani-Gemeinschaften einluden, engagierten die Waorani aus Bameno 2008 mit finanzieller Unterstützung durch US-amerikanische Sponsoren den ecuadorianischen Sänger Bayron Caicedo. Der in Puyo in der Amazonasprovinz Pastaza geborene Musikstar ist nicht nur im Amazonastiefland, sondern in ganz Ecuador und weit darüber hinaus für seine Cumbia- und Merengue-Musik berühmt und genießt eine überaus große Popularität. Mit erheblichem Aufwand wurde über Fluss- und Luftwege eine komplette Musikanlage und technisches Equipment in den Regenwald gebracht, damit Caicedo auf dem Dorffest der *Fiesta de la Comunidad Bameno* ein Konzert geben konnte. Daraus ergab sich schließlich die Idee und Zusammenarbeit für ein gemeinsames Musikvideo, das 2009 unter dem Titel *Mi bella Amazonía* auf dem Album *Bayron Caicedo el Duro del Ecuador* veröffentlicht wurde. Aufgrund der großen Bekanntheit und Beliebtheit von Caicedo erfährt das Video in Ecuador eine große Verbreitung und ist fast überall im Land als DVD erhältlich. Darüber hinaus wurde das Lied vor allem über das Internet und soziale Medien global verbreitet und erzielte allein über das Videoportal YouTube bereits über 3,6 Millionen Aufrufe.[20]

Das Musikvideo ist eine Hommage an die Schönheit Amazoniens und den Kampf der Waorani um ihr Territorium im Yasuní und den Schutz des Regenwaldes im Widerstand gegen die Erdölförderung. Am Anfang des Musikvideos von Caicedo hört man das folgende einleitende Rezitativ:

> Desde el territorio wao, Waorani, Tagaeiri, Taromenane, para los únicos guerreros puros que defienden el pulmón de los ecuatorianos y del mundo, Bayron Caicedo,

20 Vgl. die Veröffentlichungen von *Mi bella Amazonía* auf YouTube von ecuamixx1: BAYRON CAICEDO (El ritmo del Oriente). In: *YouTube*, 19.09.2010. https://www.youtube.com/watch?v=Ut0fQFhrl9w&t=2s mit 2.172.157 Aufrufen, 5.071 Likes und 270 Kommentaren, sowie von Dominmusic LatinEntertainment: BAYRON CAICEDO – MI BELLA AMAZONIA. In: *YouTube*, 17.09.2010. https://www.youtube.com/watch?v=QpRy2cn4I98 mit 1.460.148 Aufrufen, 1.451 Likes und 83 Kommentaren (Zugriffe am 06.08.2020).

duro, duro, duro, les canta su guardián sin relevo, al amor de la virgen, mi bella selva oriental.[21]

Durch diese Einleitung und Vorstellung werden die Waorani kollektiv zu den „einzig reinen Kriegern" erklärt und idealisiert, die zum Gemeinwohl der ecuadorianischen Bevölkerung und der gesamten Welt die tropischen Regenwälder des Yasuní verteidigen. Dabei ist der metaphorische und sinnbildliche Vergleich tropischer Wälder als „Lunge der Erde" ein global verbreitetes Bild, das in zahlreichen Diskursen und Kampagnen zum Waldschutz aufgegriffen wird und sich auf die Bedeutung der Wälder als Kohlenstoffspeicher, Senke zur Aufnahme und Bindung von Treibhausgasen und Regulatoren für das Klima bezieht. Als größtes zusammenhängendes Regenwaldgebiet der Erde sind die tropischen Wälder Amazoniens repräsentativ für die Bedeutung und Funktion der weltweiten Wälder für das Klima, die Biodiversität und das Leben auf unserem Planeten.

Als Verteidiger der „Lunge der Erde" erhalten die Waorani eine bedeutungsvolle Rolle und große Verantwortung, wobei der Schutz und Erhalt des Yasuní mit zunehmendem Wissen über die Prozesse, Ursachen und Auswirkungen des Klimawandels sowie des Rückgangs der biologischen Vielfalt stetig an Signifikanz und Dringlichkeit gewinnt. Dadurch steigt auch das Bewusstsein für die Relevanz menschlichen Handelns und notwendige Maßnahmen zum Klima- und Biodiversitätsschutz.

Inwieweit einzelne Waorani das Sinnbild der „Lunge der Erde" für die Bedeutung der tropischen Wälder bereits in ihre Rhetorik übernommen haben und als Ausdruck ihrer internalisierten sozialen Rolle als Hüter*innen des Regenwaldes selbst gebrauchen, zeigt sich u. a. in Ima Nenquimos Buch über die Geschichte der Waorani:

> Aninke wiro piñente ñowo yee ananipa diki minte mono bai kewenani, ñene ome wabeka tono be tente eremo ome aate kewenkete ante epogame kewengi beye wene yere momo wemeiri gompote negain ongipo gekene winota bain inpa ogemante kewengi tomameka beye.

21 Caicedo: Mi bella Amazonía. „Aus dem Wao-Territorium, Waorani, Tagaeiri, Taromenane, für die einzig reinen Krieger, die die Lunge der Ecuadorianer und der Erde verteidigen, Bayron Caicedo, knallhart, knallhart, knallhart, es singt euer Wächter ohne Ablösung, in Liebe zur Gottesmutter, mein schöner Wald des Oriente [Amazonastieflands]."

> Actualmente su grito de rebeldía busca apoyo entre los hombres de occidente, entre los Waorani que aman la ecología y que defienden al ambiente, entre los que tratan de proteger a este pueblo y al más grande pulmón del mundo que es la Amazonía.[22]

Im Verlauf des Liedes und Musikvideos *Mi bella Amazonía* zählt Caicedo einige Siedlungen und lokale Gemeinschaften der Waorani auf und singt diesbezüglich:

> Ay, ay, ay, llevame contigo, si un día me faltas amor, refréscame, aliéntame con tus hojas y floras, floritas, floras, en Bameno, Buanamo, Ñoneno, Kiwaro, Toñampari, Tigüíno, Timpoka, Peneno, Dikaro, Guanumo, bailan bonito, así, así, así, oye Kemperi, baila mi wao, Ahua, Minigua, heroes cazadores, Penti, defensor de la selva.[23]

Als politischer Wortführer der Waorani aus Bameno, der den Widerstand seiner Gemeinschaft gegen die zunehmende Fremdbeanspruchung ihres Territoriums im Konflikt um den Yasuní anführt, wird Penti Baihua von Caicedo zum „Verteidiger des Regenwaldes“ ernannt. Die Verbundenheit der Waorani mit ihrem Territorium und dem Wald wird u. a. durch die Ehrung der älteren Waorani-Männer Ahua und Minigua als „heroische Jäger“ betont. Visuell wird dies durch Filmaufnahmen der Waorani begleitet, die größtenteils nackt bzw. lediglich mit einer traditionellen Hüftschnur aus Baumwolle (*Kome*) bekleidet im Video auftreten.
In einer weiteren Strophe singt Caicedo: „Hey, hey, hey, no toques mi arbol, no dañes mi flor, dale duro mi wao, 1, 2, 3, 4, 5, 6, 7, para ti y para el mundo,

22 Ima Nenquimo: *Tome Waorani Ponino. Nenki Wenga Itota Tono Waorani Beye. / El Origen de los Waorani. Los cuatro Dioses de los Waorani y el Hijo del Sol. / The Origin of the Waorani. The Four Gods of the Waorani and the Child of the Sun*. Quito: Ministerio del Ambiente de Ecuador (MAE) – Plan de Reparación Ambiental y Social (PRAS) 2010, S. 11. „Zurzeit sucht sein rebellischer Aufschrei nach Unterstützung unter den Menschen des Westens, unter den Waorani, die die Ökologie lieben und die Natur verteidigen, unter denen, die versuchen dieses Volk zu schützen und die größte Lunge der Erde, die Amazonien ist.“ Vgl. Ima Nenquimo in dem Dokumentarfilm *Ecuador – Ein moderner Indianer* (D 2009, Prod: SWR / ARD, R: Lourdes Picareta, 45 min, Deutsch mU, im Rahmen der SWR-Serie *Länder – Menschen – Abenteuer*), 00:11:54–00:12:07 min.

23 Caicedo: Mi bella Amazonía. „Ay, ay, ay, nimm mich mit dir, wenn du mir eines Tages fehlst, Geliebte, erfrische mich, ermutige mich mit deinen Blättern und Blüten, Blütchen, Blüten, in Bameno, Buanamo, Ñoneno, Kiwaro, Toñampari, Tigüíno, Timpoka, Peneno, Dikaro, Guanumo tanzen sie schön, so, so, so, höre Kemperi, tanz mein Wao, Ahua, Minigua, heldenhafte Jäger, Penti, Verteidiger des Waldes.“

Yasuní, Yasuní [...]; sonríele a la vida guerrero y a los duros días de la selva"[24], und ruft in dieser Hinsicht die Waorani zu „harten" Maßnahmen gegenüber Fremden auf, die den tropischen Regenwald bedrohen und durch Ressourcenraubbau zerstören. Dabei überträgt Caicedo den Waorani für sich selbst und für die Welt die Verantwortung zum Schutz des Regenwalds und betont dabei besonders den Yasuní. Hinsichtlich der schwierigen Zeiten im Kampf um den Regenwald ermuntert Caicedo die Krieger der Waorani zu Optimismus und Lebensfreude.

Im Refrain singt Caicedo dem musikalischen Genre der Cumbia entsprechend von Leidenschaft und starken Gefühlen, Erinnerungen, Leid und Tränen einer verflossenen Liebe.[25] Dabei wird Caicedo im Video von Tänzerinnen begleitet, die von einem Bodypainting-Künstler aus Puyo als mythische und erotische Wesen des Waldes bemalt und verkleidet sind, die immer wieder auftauchen und als fantasievolle Skurrilität die ansonsten ernste Thematik und aktionsreiche Handlung des Videos durchbrechen und charakteristisch für den Stil der Musikvideos von Caicedo sind.

Inhaltlich handelt das Musikvideo *Mi bella Amazonía* vom Kampf der Waorani um den Yasuní, den sie als von ihnen beanspruchtes Territorium gegen fremde Eindringlinge verteidigen. In einer gespielten Geschichte und fiktiven, aber an der realen Lebenswelt der Waorani angelehnten Inszenierung wird eine Gruppe von Ölarbeitern und Fremden gezeigt, die in das Territorium der Waorani eindringen, um dort mit einem Plan in der Hand scheinbar neue Projekte und Ölfördervorhaben zu realisieren. Die unerwünschten Eindringlinge werden jedoch von den Waorani entdeckt und nach einer Verfolgungsjagd durch den Wald auf ihrer Flucht gestoppt, gefangen genommen und nach Bameno verschleppt. Der Plan zur Erdölförderung wird den gefesselten Arbeitern entrissen und mit eindeutigen Gesten der Ablehnung von einer jungen Waorani-Frau symbolisch auf den Boden geworfen. Nach einer

24 Caicedo: Mi bella Amazonía. „Hey, hey, hey, fasse meinen Baum nicht an, verletze meine Blume nicht, sei stark mein Wao, 1, 2, 3, 4, 5, 6, 7, für dich und für die Welt, Yasuní, Yasuní [...]; lächel dem Leben zu Krieger und den harten Tagen des Waldes."

25 Im Refrain von *Mi bella Amazonía* singt Caicedo: „Salta, canta y baila con pasión y con amor, sufre, llora y grita por lo que siempre te di; con este ritmo del Oriente me recordarás, que fui tu amor, tu hombre y tu amante una vez, porque así lo mando yo, siempre lo recordaras, este ritmo del yumbo, el wayu lo cantara". Auf Deutsch: „Springe, singe und tanze mit Leidenschaft und mit Liebe, leide, weine und schreie über das, was ich dir immer gab, mit diesem Rhythmus des Oriente [Amazonastieflands] erinnerst du mich, dass ich einmal deine Liebe war, dein Mann und dein Geliebter, weil ich es so bestimme, immer wirst du dich daran erinnern, dieser Rhythmus des Yumbo, der Wayu singt ihn."

Bestrafung für ihr unerlaubtes Eindringen und einer Ermahnung zur Aufgabe ihrer Förder- und Entwicklungspläne, werden die gefangenen Ölarbeiter schließlich freigelassen. Aus Freude über ihren Sieg und die erfolgreiche Verteidigung ihres Territoriums beginnen die Waorani zu tanzen. Am Ende des Musikvideos präsentieren sich Penti und Minigua noch einmal demonstrativ als „Krieger“ mit ihren Lanzen und Federkronenschmuck vor einem *Onko*, einem traditionellen Langhaus der Waorani, und Penti Baihua äußert als Wortführer im Namen seiner Gemeinschaft die klare und eindringliche Botschaft: „Las Madereras, las Petroleras no queremos que entren a nuestro territorio“[26].

In der Inszenierung des Videos spielen die Waorani aus Bameno auf ihre kriegerische Geschichte und Identität als Jäger*innen und Krieger*innen an, die ihr Territorium gegen fremde und unerwünschte Eindringlinge notfalls mit Waffengewalt unter Einsatz ihrer Speere aus dem harten Holz der Chonta-Palme verteidigen, die sie im Film eindrucksvoll zur Schau stellen und demonstrativ in den Boden rammen. Sie greifen die Ölarbeiter jedoch nicht an, um sie zu töten, wie es die Waorani einst getan haben und es die nicht-kontaktierten und nach wie vor in Zurückgezogenheit lebenden Waorani-Gruppen der Tagaeri und Taromenane mitunter noch heute tun. Sie nehmen die Eindringlinge hingegen lediglich gefangen und lassen sie nach einer Bestrafung und Ermahnung wieder frei. Auf diese Weise wird ihre Botschaft, dass sie keine Fremdbeanspruchung ihres Territoriums durch externe Akteur*innen dulden, klar und eindringlich vermittelt. Vor dem Hintergrund einer durch Gewalt geprägten Geschichte und konfliktiven Gegenwart, in der die isoliert lebenden Gruppen der Waorani ihre Rückzugsgebiete im Yasuní nach wie vor mit Waffengewalt gegen fremde Eindringlinge verteidigen, erhält das Musikvideo eine besondere Brisanz. Es ist als Warnung und Drohgebärde zu verstehen, dass die alten und jungen Krieger*innen der Waorani aus Bameno gegebenenfalls auch zu ihren Speeren und Waffen greifen, um ihr Territorium zu verteidigen, falls Ölarbeiter, Holzfäller oder andere Akteur*innen ohne ihre Zustimmung in das von ihnen beanspruchte Gebiet eindringen sollten. Die Option und Androhung des bewaffneten Widerstands und der Anwendung physischer Gewalt zur

26 Penti Baihua in Caicedo: Mi bella Amazonía (*El Duro del Ecuador*, ECU 2009, Prod: Ambato), online auf *YouTube*, 19.09.2010. https://www.youtube.com/watch?v=Ut0fQFhrl9w (Zugriff am 25.10.2023), 00:04:50–00:04:56 min. „Die Holzfirmen, die Ölfirmen, wir wollen nicht, dass sie in unser Territorium reinkommen.“

Verteidigung ihrer Interessen und territorialen Gebietsansprüche verleiht der politischen Botschaft und Forderung von Penti Baihua am Ende des Videos entsprechenden Nachdruck.

Verbreitung, Rezeption und Wirkung

Das Musikvideo von Bayron Caicedo wurde mehrfach im Internet hochgeladen, erfuhr damit weltweite Verbreitung und erreichte allein über das Videoportal YouTube bereits über 3,6 Millionen Zuschauer*innen eines potenziell globalen Publikums.[27] Neben der weltweiten Distribution des Videos über internetbasierte Plattformen und Netzwerke sozialer Medien gibt die Anzahl der Klicks auf Internetportalen wie YouTube einen Hinweis auf die Popularität des Musikvideos. Auf globaler Ebene ist diese relativ und mit der Popularität anderer Videos musikalischer Weltstars nicht vergleichbar, aber unter Berücksichtigung der räumlichen Verteilung und Konzentration der Klicks auf Internetuser*innen in Ecuador sind die Klicks in Millionenhöhe und damit die Popularität und Rezeption des Videos auf nationaler Ebene in Ecuador und vor allem auf lokaler Ebene im ecuadorianischen Amazonastiefland nicht zu unterschätzen. Dabei wird die Distribution des Videos über das Internet zudem sowohl durch die Konzerte und den Verkauf der DVDs von Bayron Caicedo als auch durch Ausstrahlungen im Fernsehen ergänzt, die vor allem in Ecuador maßgeblich zur Verbreitung und Bekanntheit des Videos beitragen. Ich selbst bin 2011 im Rahmen meiner Feldforschung auf das Musikvideo im Fernsehen aufmerksam geworden.

Kommentare und Diskussionen auf YouTube, Blogs und Internetforen zum Lied und Video *Mi bella Amazonía* ermöglichen Einblicke in subjektive Reaktionen auf die Musik, Bilder und Botschaften sowie die Medienwirkung, Rezeption und Bewertungen des Musikvideos. In diesem Zusammenhang spiegeln sie auch gesellschaftliche Wahrnehmungen, Meinungen und Haltungen hinsichtlich der Lebenssituation der Waorani und ihres Kampfs um den Erhalt ihres Territoriums und den Schutz des tropischen Regenwaldes im Widerstand gegen die Erdölförderung im Yasuní wider. So kommentiert beispielsweise der YouTube-User suqui gelber aus Ecuador 2011 das Musikvideo mit Anerkennung für die Waorani und Lob für Caicedo:

27 Vgl. Fn. 11.

> bacan bairon, simplemente bacan, mis respetos, este video esta pleno y autentico, que bonito como se ve que los indijenas de la selva la cuidan, chevere pana, si asi cuidaran todos nustro bello planeta no estubiera tan destrido, sigue adelante bairon [*sic!*].[28]

Der vorliegende Artikel erhebt keinen Anspruch, die Musik von Bayron Caicedo als Kunst mit einer ihr immanenten Ästhetik zu beschreiben, sondern betrachtet vielmehr die Macht der Musik hinsichtlich ihrer strategischen Funktionalisierung und Instrumentalisierung für pragmatische Zwecke und politische Interessen.[29] Das Musikvideo *Mi bella Amazonía* zeigt, dass die Waorani sich der Macht und emotionalen Wirkung von Musik bewusst sind und diese in Kombination mit der Wirkungsmacht inszenierter, symbolischer Bilder, strategischer Rhetorik und sprachlicher Performanz gezielt als effektives Instrument, Macht- und Handlungsressource im Rahmen ihres politischen Medienaktivismus nutzen. Auch wenn die Waorani durch das Musikvideo die weiter voranschreitende Erdölförderung im Yasuní und im ecuadorianischen Amazonastiefland nicht aufhalten konnten, so steht es beispielhaft für den strategischen Video- und Medienaktivismus der Waorani. Zum einen zeigt es, wie die Waorani aus Bameno die Bekanntheit und Popularität des Musikers Bayron Caicedo nutzen, um ein möglichst großes Publikum zu erreichen und ihren Stimmen, Botschaften und politischen Forderungen in einer breiten Öffentlichkeit Aufmerksamkeit und Gehör zu verschaffen. Zum anderen veranschaulicht das Musikvideo, welches symbolische Kapital den Waorani durch Außenstehende zugeschrieben wird und wie sie dieses durch ihre mediale Selbstrepräsentation und Inszenierung aktiv fördern und für ihre Interessen verwenden.

28 „Großartig, großartig, einfach großartig, meinen Respekt, dieses Video ist toll und authentisch, wie schön man sieht, dass die Indigenen des Waldes auf diesen achten, toll Kumpel, wenn alle so auf unseren schönen Planten achten würden, wäre er nicht so zerstört, weiter so Bairon". Der Kommentar vom YouTube-User suqui gelber (2011) unter dem Musikvideo *Bayron Caicedo – Mi bella Amazonía*, das von Dominmusic LatinEntertainment am 17.09.2010 auf YouTube hochgeladen wurde, ist im Originalwortlaut zitiert; http://www.youtube.com/watch?v=QpRy2cn4I98 (Zugriff am 06.08.2020). Das Video und der Kommentar wurden mittlerweile leider gelöscht.

29 Vgl. Thomas Turino: *Music as Social Life. The Politics of Participation*. Chicago: U of Chicago P 2008; Daniel Barenboim: *Klang ist Leben. Die Macht der Musik*. München: Siedler 2009; Sabine Mecking / Yvonne Wasserloos: Musik – Macht – Staat. Exposition einer politischen Musikgeschichte. In: Dies. (Hrsg.): *Musik – Macht – Staat. Kulturelle, soziale und politische Wandlungsprozesse in der Moderne*. Göttingen: V&R unipress 2012, S. 11–38.

Die Tatsache, dass die Waorani im Musikvideo von Caicedo fast ausnahmslos nackt bzw. nur mit einer Hüftschnur bekleidet auftreten, ist als bewusste und strategische Selbstdarstellung zu verstehen. Während sich die Gemeinschaft längst ‚moderne' Kleidung und Zivilisationsgüter angeeignet hat, präsentieren und inszenieren die Waorani ihre ‚traditionelle' Lebensweise, um ihr kulturelles Erbe, ihre indigene Identität und Verbundenheit mit dem Wald zu zeigen und ihren Anspruch auf ihr Territorium und ihren Lebensraum im Yasuní zu legitimieren. Durch die Darstellung ihrer tradierten bzw. kultureigenen indigenen Lebensweise der Vergangenheit gegenüber ihrer Lebensrealität der Gegenwart adaptieren und (re)produzieren die Waorani gezielt Bilder und Imaginationen ihrer Lebenswelt im tropischen Regenwald Amazoniens, die in einer wechselseitigen Beeinflussung und Dynamik aus Fremd- und Selbstrepräsentation ihre Medienidentität(en) und damit ihr symbolisches Kapital als ‚edle Wilde', ‚ökologische Indigene' und ‚Hüter der Wälder' konstituieren.[30]

Die Zusammenarbeit mit Caicedo, die logistische Organisation seines Konzerts in Bameno und die Filmaufnahmen für das Musikvideo geben einen Einblick in das soziale, ökonomische und kulturelle Kapital von Penti und seiner Gemeinschaft Bameno, das sie für ihre Belange und Lebensprojekte einsetzen.

Neben außenpolitischen Interessen ist die Zusammenarbeit der Waorani-Gemeinschaft Bameno mit Bayron Caicedo, vor allem die Einladung des Musikers zu ihrem Fest, auch vor dem Hintergrund innenpolitischer Interessen hinsichtlich des internen Wettbewerbs einzelner Gemeinschaften und Familienklans der Waorani zu verstehen. Feste im Kreis der Familie, erweiterten Großfamilie und kommunalen Gemeinschaft haben Tradition und einen hohen gesellschaftlichen Wert unter den Waorani. Diverse Festanlässe schaffen, pflegen und stärken soziale Verbindungen, Austauschbeziehungen, Allianzen und politische Bündnisse. Durch die Sesshaftwerdung haben kommunale Feste an Bedeutung gewonnen und lokale Gemeinschaften, vor allem große Siedlungen wie Toñampari, Gareno, Keweriono, Bameno oder Dikaro organisieren alljährlich große Feierlichkeiten. Für die Teilnahme an Festen nehmen die Waorani mitunter kostspielige, beschwerliche und bisweilen mehrtägige Anreisen auf sich. Die Gastgeber*innen investieren viel Zeit, Geld, Ressourcen und Anstrengungen in die Vorbereitung und Ausrichtung der Feste, seien es ausgedehnte Jagdexkursionen zur Beschaffung

30 Gondecki: *Wir verteidigen unseren Wald*, S. 174–196.

von beliebtem Wildfleisch, die Zubereitung von großen Mengen Chicha oder der Kauf von Alkohol und begehrten Lebens- und Genussmitteln. Konkurrierende Siedlungen und Gemeinschaften versuchen sich dabei, wie in einem Wettbewerb, gegenseitig im Aufwand zu übertreffen, denn nicht zuletzt geht es beim Erfolg und Ruf eines Fests auch um soziales Prestige, Ansehen und politischen Einfluss unter den Waorani.

Kritische Stimmen und Ausblick

Unter den Waorani gibt es auch kritische Stimmen und kontroverse Meinungen zu *Mi bella Amazonía*, vor allem aus anderen Siedlungen und Gemeinschaften, die an dem Musikvideo nicht mitgewirkt haben. So äußert sich z. B. Moi Enomenga als prominenter Wortführer der Waorani aus der Gemeinschaft Keweriono:

> Creo Bayron ganó mundial un premio. El está haciendo propaganda como un Waorani vive desnudo y todo esto, entonces él vive, entonces todo el mundo mira. [...] Para nosotros no creo que es buena imagen, no creo imagen buena, pero todos los Waorani conocido como famoso en el Ecuador, que es importante, pero no logramos, o sea el tema es, no logramos. Penti y una comunidad pueden hacer buenos proyectos, pero no logramos, solo sale mucha propaganda, pero no hay apoyo. No tenemos, o sea, el fondo. [...] Beneficio para los Waorani no hay nada, como una parte del casette de música debe repartir Waorani. Así cuesta un dólar. Dos dólares creo que cuesta. El video está en cinco dólares, pero no va a la comunidad, solo lo recibe Bayron.[31]

Aus der Perspektive von Moi Enomenga profitieren die Waorani durch das populäre Musikvideo und die Beliebtheit von Bayron Caicedo hinsichtlich

31 Persönliches Gespräch mit Moi Enomenga, 06.05.2009. „Ich glaube Bayron hat einen internationalen Preis gewonnen. Er macht Werbung, wie ein Waorani nackt lebt und all das, denn davon lebt er, das schaut die ganze Welt. [...] Für uns glaube ich nicht, dass es ein gutes Bild ist, es ist, denke ich, kein gutes Bild, aber für alle Waorani, die in Ecuador bekannt und berühmt sind, ist es wichtig. Aber wir erreichen damit nichts, anders gesagt, wir haben davon nichts. Penti und eine Gemeinschaft können gute Projekte machen, aber wir haben davon nichts, es gibt nur viel Werbung, aber es gibt keine Unterstützung. Wir erhalten keine Förderung. [...] Einen Gewinn haben die Waorani davon nicht; einen Teil des Gewinns der Musik-CD sollte unter den Waorani verteilt werden. Die CD kostet ein, zwei Dollar, glaube ich. Der Preis des Videos liegt bei fünf Dollar, aber davon geht nichts an die Gemeinschaft, nur Bayron erhält den Gewinn."

ihrer Medienpräsenz und Berühmtheit in Ecuador, aber letztlich erhielten sie dadurch keinen ökonomischen Gewinn oder irgendwelche Unterstützungen. Ökonomisch profitieren würde von dem Video nur Bayron Caicedo. Das inszenierte Bild „nackt" lebender Waorani sorge zwar als ‚Hingucker' für Aufsehen und mediale Aufmerksamkeit, aber letztlich hält Enomenga es für ein schlechtes Bild und mediale Propaganda, auch wenn er sich selbst auf ähnliche Weise in den Medien darstellt und strategisch inszeniert. Die Zusammenarbeit von Penti Baihua und der Gemeinschaft Bameno mit Bayron Caicedo und Filmteams aus der ganzen Welt sind seiner Meinung nach zwar „gute Projekte", die aber letztlich nur vorteilhaft und gewinnbringend für die Waorani aus Bameno und vor allem Penti Baihua und seine Familie sind und als „Propaganda" dem Rest der Waorani keine direkten und vor allem keine finanziellen Vorteile bringen. Die kritische Haltung von Moi Enomenga gegenüber dem Musikvideo *Mi bella Amazonía* zeigt zum einen seine reflektierte Wahrnehmung und kritische Beobachtung medialer Repräsentationen der Waorani und steht zum anderen exemplarisch für das Konkurrenzdenken zwischen einzelnen Individuen, Familienklans und Gemeinschaften. So hörte ich beispielsweise ähnlich kritische Stimmen in anderen Siedlungen über den Videoaktivismus und die (Film-)Projekte von Moi Enomenga und der Gemeinschaft Keweriono, die angeblich nur ihnen und nicht allen Waorani nutzten und Vorteile brächten.

Der Widerstand der Waorani gegen die Erdölförderung mag angesichts der Macht der Erdölindustrie und des globalen Bedarfs an fossilen Ressourcen in vielerlei Hinsicht aussichtslos erscheinen, aber dennoch gelingt es den Waorani, sich seit Jahrzehnten in ihrem Territorium im Yasuní zu behaupten und dabei ihre eigenen, selbstbestimmten Wege zu gehen. Vor allem durch ihre strategische Vernetzung und Nutzung medienbasierter Protestformen und Widerstandsstrategien sind sie trotz aller Hindernisse und Schwierigkeiten fast permanent in der Medienöffentlichkeit präsent, wodurch sie ihre Botschaften transnational verbreiten können.

Das Musikvideo *Mi bella Amazonía* und der Medienaktivismus der Waorani sind im Sinne von Fernandes Ferreira[32] ein anschauliches Beispiel, wie indigene Gemeinschaften Amazoniens sich neue Medien, Kommunikationstechnologien, politische Strategien und Handlungsformen als Teil einer Empowerment-Strategie aneignen. Diese setzen sie bewusst und gezielt ein, um sich neue Machtressourcen und Handlungsspielräume zur Behauptung

32 Ferreira: Mit der Welt vernetzt, S. 182.

gegenüber der nicht-indigenen Gesellschaft und außenstehenden Akteur*innen zu erschließen, etablierte Machtstrukturen zu verändern und ihre aktive Teilhabe und Mitbestimmung an gesellschaftlichen Entscheidungs- und Entwicklungsprozessen einzufordern. Medienaktivismus kann dabei nach Ulrich Beck[33] eine nationale Grenzen und Kontinente überschreitende Wirkungsmacht entfalten, da dieser Menschen auf der ganzen Welt informieren, meinungsbildend beeinflussen und gegebenenfalls mobilisieren kann. Die Waorani haben dies zweifelsohne erkannt und nutzen die Macht der Medien, Musik, Bilder und Imaginationen strategisch zum Schutz Amazoniens, für die Verteidigung ihres Territoriums und die Umsetzung ihrer eigenen Ziele, Lebens- und Entwicklungspläne im Yasuní.

33 Ulrich Beck: *Macht und Gegenmacht im globalen Zeitalter*. Frankfurt am Main: Suhrkamp 2009, S. 349.

II

NATÜRLICHE RESSOURCEN: VERARBEITUNG UND AUSBEUTUNG

Jens Soentgen

Die Erfindung des Gummis durch die Ureinwohner Amazoniens und deren Darstellung in westlichen Kautschukhistoriografien*

Staunen über Kautschuk

Gummi – oder Kautschuk – ist zweifellos eines der außergewöhnlichsten neuen Materialien, die in Europa seit der Entdeckung der Metalle bekannt wurden. Seine Bedeutung für die moderne Technik ist so umfassend, dass es nicht übertrieben erscheint, ihn mit Stahl zu vergleichen. Gummi ist ein weicher Stoff und doch ähnlich wichtig wie die Metalle, gerade weil seine Eigenschaften in vielfacher Hinsicht zu den Eigenschaften der Metalle in Gegensatz stehen. Kaum eine moderne Technologie ist ganz ohne Gummi oder seine modernen Ersatzstoffe denkbar. Gummi ist ein Feststoff mit klarer Oberfläche und lässt sich doch wie die Luft in alle Richtungen dehnen, um dann wieder seine ursprüngliche Gestalt anzunehmen. Kautschuk wurde von indigenen Völkern Süd- und Mittelamerikas erfunden und genutzt, er war, wie der Jesuit Bernabé Cobo schrieb, der 61 Jahre in Mittel- und Südamerika verbrachte, „bien conocido en todas las Indias“[1], wohlbekannt in ganz Amerika. Schon Gonzalo Fernández de Oviedo, der in seiner Jugend Christoph Columbus noch persönlich kennengelernt hatte, erzählt von den Bällen der Indigenen: „Estas pelotas saltan ... sin comparación, porque de solo soltalla de la mano en tierra, suben mucho más para arriba, e dan un salto, e otro e

* Gekürzte und für diese Publikation überarbeitete Fassung eines Aufsatzes, der in der *Zeitschrift für Technikgeschichte* zuerst veröffentlicht wurde: Die Bedeutung indigenen Wissens für die Geschichte des Kautschuks. In: *Technikgeschichte* 80,4 (2013), S. 295–324.

1 Bernabé Cobo: *Historia del Nuevo Mundo.* Primera Parte, 1653. Neuausgabe: Biblioteca de Autores Espanoles, Bd. 91. Madrid: Atlas 1964, Kap. XXIX, S. 268.

otro, y muchos ...“[2]. Der Kautschuk war in den Augen der Entdecker und der Konquistadoren auf dem Gebiet der Stoffe das, was die neuweltliche, sensible Mimose auf dem Gebiet der Botanik war, ein wunderbares Paradox.
Die völlig neuartigen Eigenschaften ließen den Stoff auch für die Naturforscher des 19. Jahrhunderts fast belebt erscheinen, wie schon der Chemiker, Erfinder und Kautschukforscher Friedrich Lüdersdorff betonte:

> [Das Federharz ist] eine durchaus eigenthümliche Substanz, die, weder den Harzen noch den Gummiarten angehörend, ganz isolirt dasteht. Seine außerordentliche ... Elastizität reihet es gewissermaßen den lebenden Organismen an[.][3]

Der Eindruck der Lebendigkeit wird durch die hautartige Haptik des Kautschuks verstärkt. Ohne Kautschuk würden wir heute in einer anderen Welt leben, in der nicht nur das Auto und das Fahrrad fehlen dürften, für deren Reifen heute der Hauptteil des produzierten Gummis verwandt wird. Der Gummi-Industrielle Paul W. Litchfield, damals Präsident der Goodyear Tire & Rubber, fasste dies 1939 in folgendem Vergleich zusammen:

> Think of our industrial structure as a living thing, the skeleton of which is composed of metal and cement, the arterial system of which carries a life stream of oil, and the flexing muscles and sinews of which are of rubber.[4]

Wenn der Gummi eine solche Bedeutung hat, wäre es angemessen, auch seine Erfindung gründlich aufzuarbeiten. Es zeigt sich aber, dass in bisherigen Gummihistorien die eigentlichen Erfinder, die indigenen Völker Süd- und Mittelamerikas, kaum angemessen gewürdigt werden, während die Leitungen westlicher Techniker und Erfinder sehr detailliert dargestellt werden. Diese Wahrnehmungsmuster verlängern offensichtlich kolonialistische Perspektiven in den Bereich der Wissenschafts- und Technikgeschichte. Die vorliegende

2 Gonzalo Fernández de Oviedo y Valdés: *Historia General y Natural de las Indias.* Primera Parte, 1535. Madrid: La Real Academia de la Historia 1992, Buch VI, Kap. II, S. 145. „Diese Bälle hüpfen unvergleichlich, denn wenn sie auf den Boden geworfen werden, hüpfen sie höher wieder empor und tun einen weiteren Hüpfer und noch einen und noch einen und viele ...“ (Übers. J. S.).

3 Friedrich Lüdersdorff: *Das Auflösen und Wiederherstellen des Federharzes, genannt: Gummi elasticum; zur Darstellung luft- und wasserdichter Gegenstände.* Berlin: Boite 1832, S. 15.

4 Paul Litchfield: Talk to the American Chemical Society, Boston, MA, 13.09.1939, zit. n. John Tully: *The Devil's Milk. A Social History of Rubber.* New York: Monthly Review 2011, S. 17.

Studie soll dazu beitragen, diese einseitige und historisch oft inkorrekte Wahrnehmung zu korrigieren. Die technische Kompetenz und Kreativität der indigenen Völker Süd- und Mittelamerikas soll am Beispiel der indigenen Kautschuktechnologie ausführlicher dargestellt werden. Dabei werden auch bisherige Darstellungen teilweise kritisch beleuchtet, doch Kritik ist nicht das Hauptanliegen des Textes, der vielmehr auf erstaunlich einfallsreiche Formen gezielter Stofftransformation hinweisen will, auf effiziente chemische Operationen, die ohne die aufwendigen Methoden und Präparate des Labors auskommen und dennoch ihr Ziel erreichen.

Indigenes Wissen

In vielen Detailuntersuchungen ist die Rolle von wissenschaftlichem Wissen in der Geschichte des Kautschuks bzw. Gummis aufgearbeitet worden und auch vergleichende Untersuchungen über den Einfluss verschiedener Wissensregime und Wissenstransfers wurden durchgeführt.[5] Dabei geht es jedoch stets um die Wissensproduktion europäischer oder nordamerikanischer Erfinder, Techniker oder Chemiker. Der Begriff des indigenen Wissens wird dagegen in der Technik- und Wissenschaftsgeschichte des Kautschuks bislang nur wenig verwendet. In der ansonsten wichtigen und aufgrund der darin abgedruckten Quellen zur frühen nordamerikanischen Industriegeschichte des Kautschuks auch heute noch unentbehrlichen Dissertation von Nancy Norton liest man gleich zu Beginn:

> Rubber, like many things American, 'begins' with Columbus. But to the popular mind it starts three hundred and fifty years later with Charles Goodyear and his 'metallic gum elastic' – vulcanized rubber. [...] Many others had worked with the sticky unreliable vegetable resin from South America [...] but only Charles Goodyear grasped the significance of the combination [of rubber and sulphur, J. S.].[6]

Zwar scheint die Autorin einzuräumen, dass es auch eine Geschichte des Kautschuks vor Columbus gegeben haben könnte, doch wird darauf nicht weiter eingegangen. Stattdessen wird betont, es sei ein amerikanischer

5 Jochen Streb: Der transatlantische Wissenstransfer auf dem Gebiet der Synthesekautschukforschung in Krieg und Frieden. Freiwillige Kooperationen und erzwungene Reparationen (1926–1954). In: *Technikgeschichte* 71,4 (2004), S. 283–303.

6 Nancy Paine Norton: *Industrial Pioneer. The Goodyear Metallic Rubber Shoe Company.* Unveröffentlichte Doktorarbeit, Cambridge, MA, 1950, S. 1.

Erfinder gewesen, der etwas Brauchbares aus der unzuverlässigen Substanz aus dem Urwald gemacht habe. Diese Tendenz, den indigenen Anteil an der Kautschukgeschichte als fast belanglos zu erachten, ist keinesfalls untypisch für die Kautschukliteratur. Indigene Erkenntnisse werden in einer Perspektive, die sich auf europäische oder nordamerikanische Gestalten und ihre Leistungen konzentriert, nicht selten ignoriert, allenfalls als Vorstufe gewürdigt und in diesem Fall meist als ‚traditionelle' Techniken nivelliert. Sie geraten als Teil der Sitten und Gebräuche in den Blick und werden nicht als technische oder kognitive Leistungen dargestellt. Nicht wenige Kautschukhistorien thematisieren intensiv die bisweilen blutigen mesoamerikanischen Ballspiele, sprechen aber nicht von den Erfindungen, die nötig waren, um jene Bälle fertigen zu können. Untersuchungen zu kognitiven Leistungen indigener Völker in Bezug auf die Nutzung und Verarbeitung von Latex und Kautschuk sind sehr selten.[7]

Etwa seit Mitte der 1980er Jahre wird der Begriff des traditionellen indigenen Wissens in der internationalen Politik und im internationalen Recht verwandt,[8] eine einheitliche Definition hat sich in der Literatur aber bisher nicht durchgesetzt.[9] Der Begriff bezeichnet ein durch seine Träger und Schöpfer selbst nicht schriftlich kodifiziertes Wissen, das indigene Völker in Bezug auf Materialien, Pflanzen, Tiere, technische Prozesse, Produkte und Naturphänomene haben. Dieses Wissen wird gelegentlich als traditionelles Wissen bezeichnet, eine unglückliche Kennzeichnung, weil das indigene Wissen dadurch etwas Primitives, wenig Verlässliches und zugleich etwas Statisches erhält.[10] ‚Traditionelles Wissen' ist Wissen, das seine Geltung vor allem daraus

7 Vgl. insb. Erland Nordenskiöld: Om Indianernes Anvendelse af Gummi i Sydamerika. In: *Geografisk Tidsskrift* 24 (1918), S. 80–86; ders.: The American Indian as an Inventor. In: *The Journal of the Royal Anthropological Institute of Great Britain and Ireland* 59 (1929), S. 273–309; Dorothy Hosler / Sandra Burkett / Michael J. Tarkanian: Prehistoric Polymers. Rubber Processing in Ancient Mesoamerica. In: *Science* 284 (1999), S. 1988–1991; mit Abbildungen: Dorothy Hosler / Michael J. Tarkanian: An Ancient Tradition Continues. Modern Rubber Processing in Mexiko. In: E. Michael Whittington (Hrsg.): *The Sport of Life and Death. The Mesoamerican Ballgame*. London: Thames & Hudson 2001, S. 116–121.

8 Eine gute Übersicht findet sich bei Manuela Carneiro da Cunha: *"Culture" and Culture. Traditional Knowledge and Intellectual Rights.* Chicago: Prickly Paradigm 2009, S. 10–26.

9 Xuan Li: *Overcoming Market Failure and Rationalizing Traditional Indigenous Medicinal Knowledge Protection Regimes. An Economic Approach and Case Study in China*. Bamberg: o. V. 2007, S. 16–17.

10 Zur Kritik vgl. Cunha: *"Culture" and Culture*, S. 28; auch Arin Agrawal: Dismantling the Divide Between Indigenous and Scientific Knowledge. In: *Development and Change* 26 (1995), S. 413–439.

zu beziehen scheint, dass es schon immer so überliefert wurde. Es scheint wenig veränderlich und ein für alle Mal festzuliegen. Das indigene Wissen rückt auf diese Weise in die Nähe des angeborenen, instinktiven Wissens, das ‚immer schon' da ist. Es ist aber davon auszugehen, dass auch indigenes Wissen dynamisch ist und immer wieder durch individuelle Entdeckungen und Erfindungen transformiert wurde, die dann von anderen übernommen wurden, wie auch Gabriel Tarde es allgemein konstruiert[11]. Zudem bezieht es seine Geltung wohl weniger aus der Tatsache, dass es überliefert wurde, sondern es dürfte sich eher umgekehrt verhalten: Dieses Wissen wurde überliefert, weil es wichtige und brauchbare Erkenntnisse enthält. Wir würden uns auch wundern, wenn jemand etwa die euklidische Geometrie als traditionelles Wissen bezeichnete, bloß weil sie nun schon über viele Generationen unverändert gelehrt und gelernt wird. Sie wird vielmehr umgekehrt gelehrt und gelernt, weil sie wahr ist, weil sie viele praktische Anwendungen hat usw. Beim indigenen Wissen dürfte es sich in der Regel genauso verhalten. Auch ‚lokales Wissen' ist nicht unbedingt eine sinnvolle begriffliche Alternative, da Wissen recht mobil zu sein pflegt, auch wenn es in der Regel einen klar definierbaren Ursprung hat.

Indigenes Wissen dürfte ähnlich entstehen wie westliches technisches Wissen, nämlich durch Beobachtung, Ausprobieren, logisches Schließen, Analogiebildung, Zufall usw. Man kann z. B. annehmen, dass die Beobachtung des Verhaltens von Tieren[12] ebenso bedeutend für die Wissensentstehung ist wie die Übertragung von praktischen Erkenntnissen von einem Bereich auf einen anderen.[13] Wir verfügen jedoch leider nur über sehr wenige moderne ethnologische Feldstudien zu indigenem technischen Wissen[14] und keine solche Studie wurde bislang zur indigenen Kautschukbearbeitung durchgeführt.

11 Vgl. Gabriel Tarde: *Die Gesetze der Nachahmung*, aus d Franz. v. Jadja Wolf. Frankfurt am Main: Suhrkamp 2009, S. 110–129.

12 Paul Newton / Nathan Wolfe: Can Animals Teach Us Medicine? In: *British Medical Journal* 305 (1992), S. 1517–1518.

13 Für das Beispiel Rad/Töpferscheibe vgl. André Leroi-Gourhan: *Milieu et technique* [1945]. Paris: Albin Michel 2002, S. 344–345, passim. Leroi-Gourhan hat seine Erkenntnisse nicht auf den Kautschuk angewandt, seine Zeilen zu dieser Substanz sind wenig ergiebig; vgl. ders.: *L'homme et la matière* [1943]. Paris: Albin Michel 2004, S. 232–233.

14 Zur Keramik vgl. die ausgezeichnete Studie von Fabiola Andrea Silva: *As tecnologias e seus significados. Um estudo da cerâmica dos Asuriní do Xingu e da cestaria dos Kayapo-Xikrin sob uma perspectiva etnoarqueologica.* São Paulo: Faculdade de Filosofia e Ciências Humanas da Universidade de São Paulo 2000.

Nach der klassischen europäischen Auffassung war solches Wissen Gemeingut, konnte also von jedem, insbesondere von Europäern, ohne Weiteres genutzt werden. Es wurde früher ganz bedenkenlos gesammelt oder durch Beobachtung gewonnen. Erst heute wird, koordiniert durch die World Intellectual Property Organization (WIPO), eine UN-Sonderorganisation mit Sitz in Genf, an Regeln für den Umgang mit solchem traditionellen Wissen gearbeitet. Dabei werden aus den allgemeinen Prinzipien des geistigen Eigentums Grundsätze für den Zugang zu indigenem Wissen abgeleitet, wie der Prior Informed Consent (PIC), wonach Informanden, die über indigenes Wissen verfügen, sich vorher einverstanden erklären müssen, ehe ihr Wissen genutzt werden darf. Ein anderes von der WIPO anerkanntes Prinzip ist das Equitable Benefit-Sharing. Dieses sieht vor, dass diejenigen, die traditionelles Wissen zur Verfügung stellen, auch angemessen an den kommerziellen Gewinnen zu beteiligen sind.

Im Folgenden geht es nicht um die Rechte, die nach neuerer Auffassung bei der Nutzung traditionellen Wissens zu beachten sind, oder um die Frage, ob solche Rechte auch in der Vergangenheit schon hätten beachtet werden müssen. Dies wäre ein zweiter Schritt. Mir geht es hier um das kautschukbezogene indigene Wissen. Es soll gezeigt werden, dass eine Beschäftigung mit diesem Wissen nicht nur ethisch geboten ist, weil es nicht legitim wäre, die eigentlichen Erfinder einer so wichtigen Substanz mehr oder weniger zu ignorieren. Eine Beschäftigung mit indigenem Wissen vertieft auch unser Verständnis für die Substanz und für Prozesse der Stoffumbildung, die ohne die Methoden und Präparate der modernen Chemie auskommt und dennoch erstklassige Resultate erzielt. Achtet man auf das indigene Wissen, kommt eine Chemie unter freiem Himmel in den Blick, deren Prozesse keineswegs als primitiv bezeichnet werden können, obwohl sie mit einfachen Ausgangsmaterialien ins Werk gesetzt werden.

Allerdings lässt sich das indigene Wissen nur indirekt rekonstruieren. Leider gibt es weder moderne ethnologische Studien noch Beschreibungen indigenen Kautschukwissens aus erster Hand (wie es sie für das Wissen indigener Völker Nordamerikas sehr wohl gibt)[15]. Daher muss zum einen auf indigene Kautschuk-Artefakte in Museen, zum anderen auf Beschreibungen von Europäern, die indigene Kautschukprodukte und Produktionsmethoden beobachtet haben, zurückgegriffen werden. Moderne ethnologische

15 Vgl. Wendy Makoons Geniusz: *Our Knowledge Is Not Primitive. Decolonizing Botanical Anishinaabe Teachings*. Syracuse, NY: Syracuse UP 2009.

Feldstudien zur Kautschukverarbeitung in Amazonien sind dem Autor bislang nicht bekannt geworden. Solche Studien wären zweifellos von großem Interesse.

Pflanzliche Herkunft und Etymologie

Zurecht schreibt der schwedische Ethnologe Erland Nordenskiöld:

> It is a matter of fact that in pre-Columbian times the Indians were acquainted with all the qualities that make rubber so valuable in modern industry. No corresponding discovery had ever been made in the Old World prior to the discovery of America, in spite of the fact that both in Asia and Africa there are found rubber trees of various kinds.[16]

Es gibt etwa 2.000 latexliefernde Pflanzen,[17] darunter viele in der Alten Welt. Die Voraussetzungen der Kautschukerfindung waren also auch hier gegeben.

In Mittel- und Südamerika gibt es mehrere latexführende Bäume, von denen *Hevea brasiliensis*, die im Amazonasgebiet vorkommt, der wichtigste ist. Die Etymologie des Wortes Cauchuc[18] oder Cahuchu[19] lässt sich nicht zweifelsfrei klären, ebenso wenig, welcher indigenen Sprache es ursprünglich entstammt. In der Literatur finden sich mehrere Etymologien. Am genauesten aus den Quellen begründet ist die Etymologie des Sprachforschers Georg Friederici, der Belege für die peruanische Herkunft des Wortes *caucho* sammelte und nachwies, dass es schon 1613 in einem Quechua-Wörterbuch auftauchte, mit der Bedeutung „Zauberer (encantador)".[20] Populär, wenngleich ohne Nachweis, ist die Namensdeutung „weinendes Holz", die der Botaniker

16 Nordenskiöld: The American Indian as an Inventor, S. 279.

17 Dieter Heß: *Pflanzenphysiologie*. Stuttgart: Ulmer 2008, S. 166–167.

18 Cobo: *Historia del Nuevo Mundo*, S. 268.

19 Charles Marie de la Condamine: *Relation abrégée d'un voyage fait dans l'intérieur de l'Amérique méridionale*. Paris: Veuve Pissot 1745, S. 78, mit dem Hinweis „prononcez: Cahout-chou".

20 Georg Friederici: Lehnwörter exotischer Herkunft in europäischen Sprachen. In: *Zeitschrift für französische Sprache und Literatur* 58 (1938), S. 135–155, hier S. 145–146. In Mexiko und Teilen Mittelamerikas spricht man statt von Kautschuk von Ule oder Hule.

W. H. Johnson aufbrachte.[21] Julius Platzmann nimmt eine Herkunft aus dem Tupí an und behauptet, Kautschuk bedeute „Baumharz".[22]

Indigene Kautschukprodukte

Sehr viele Gummiprodukte wurden zuerst von der autochthonen Bevölkerung des heutigen Amerikas erfunden. Die Produktideen der Indigenen wurden von Europäern und Nordamerikanern übernommen und weiterentwickelt. Einige Beispiele sollen anhand der Quellen dargestellt werden. Hochspringende Gummibälle machten die Europäer zuerst mit den erstaunlichen Eigenschaften des Kautschuks bekannt. Das Material wurde aber, wie die Berichte der frühen Reisenden und ethnologische Publikationen zeigen, weitaus vielfältiger und kreativer eingesetzt. Er wurde z. B. zur Produktion von Klistieren und damit für Spritzen herangezogen. Dabei wurde mit dem Verfahren der verlorenen Form gearbeitet, indem das Produkt um einen Tonkern geformt wurde, der dann durch eine Öffnung ausgewaschen wurde. Dazu wurde ein sandiger Ton verwendet, der sich leicht wieder zerkleinern und hervorholen ließ. In die Flaschenöffnung wurde dann noch ein hohler Vogelknochen gesteckt, der als Kanüle diente. Auf diese Weise wurden Klistiere produziert, die etwa, wie u. a. der französische Naturforscher Charles Marie de La Condamine von den Omagua berichtet, vor Festgelagen herumgereicht wurden, um den geladenen Gästen Erleichterung zu verschaffen und sie bereitzumachen für die Aufnahme der zu verzehrenden Speisen und Getränke.[23] Auch halluzinogene Substanzen wurden durch solche Klistiere eingeführt;[24] kleinere Spritzen dienten dem Schnupfen halluzinogener Substanzen durch die Nase.[25] Franz Veigl schreibt:

21 W. H. Johnson: *The Cultivation and Preparation of Para Rubber* [1904]. London: Crosby Lockwood 1909, S. 1.

22 Julius Platzmann: *Das Anonyme Wörterbuch Tupi-Deutsch und Deutsch-Tupi*. Leipzig: Teubner 1901, S. XVII, vgl. auch S. 376. Das Wörterbuch baut auf einem 1795 in Lissabon erschienenen auf.

23 De la Condamine: *Relation abrégée d'un voyage*, S. 79–80.

24 O. V. Hovorka / A. Kronfeld: *Vergleichende Volksmedizin*, Bd. 1. Stuttgart: Strecker & Schröder 1908, S. 237.

25 Franz Xavier Veigl: Gründliche Nachrichten über die Verfassung der Landschaft von Maynas, in Süd-Amerika, bis zum Jahre 1768. In: Christoph Gottlieb von Murr: *Reisen einiger Missionarien der Gesellschaft Jesu in Amerika*. Nürnberg: Johann Eberhard Zeh 1785, S. 1–450, hier S. 87.

> Das Mannsvolk [der Omagua] bildet aus gewissem ganz besondern Harze, auf peruanisch Cauchu, (Kautschu) einge hohle Kürbschen, mit an die Mündung angefügten dünnen Röhrlein. Diese Plutzergen oder Kürbschen, bleiben immer sehr biegsam, und wenn man sie so zusammen drücket, daß die Luft völlig heraus muß, das Röhrlein aber sodann in etwas flüßiges hinein hält, säuft sich damit das Plutzergen von selbst ganz voll an. Drücket man es alsdann wieder mit der Hand, so läuft das eingesogene nach Maas der drückenden Gewalt, gleich einer Spritze, sehr weit hinaus …[26]

Die Originalität dieser Spritzen gegenüber den mit Stempel arbeitenden europäischen Äquivalenten ist allen Reisenden, die darüber berichtet haben, bewusst. Kautschuk-Klistiere haben den Vorzug, dass sie Selbstbehandlung zulassen, während diese bei Spritzen mit Stempeln nicht so leicht möglich ist.[27] Die Spritzen regten die Europäer zu eigenen Medizinprodukten an, zu Handpumpen für Injektionen, Spülungen, zu Milchpumpen usw.[28] Auch heute noch sind solche Gummiprodukte in Gebrauch. Es gab weitere medizinische Anwendungen, die modern wirken. Kautschuklamellen wurden von den Couna in der Provinz Darién an der Grenze Kolumbiens als Beißschiene genutzt, die Fieberkranken zwischen die Zähne geschoben wurde, damit sie diese nicht in ihren Krämpfen zerknirschten.[29] Der Milchsaft scheint zudem vielfältig innerlich angewandt worden zu sein, wie schon Cobo mitteilt, u. a. zur Behandlung von Darmblutungen („curar cámaras de sangre")[30].

Von der Kautschukflasche zum hohlen Ball (und umgekehrt) ist es nur ein kleiner Schritt, da lediglich die Öffnung verschlossen werden muss.[31] Das Ballspiel mit hohlem oder massivem Ball war nicht nur den Maya oder Azteken bekannt, sondern wurde im ganzen tropischen Südamerika geübt, wie das Studium alter Reiseberichte zeigt.[32]

26 Ebd., S. 86–87.

27 Johann Georg Krünitz: *Oekonomische Encyklopaedie oder allgemeines System der Staats-, Stadt-, Haus- u. Landwirthschaft, und der Kunst-Geschichte*, Bd. 22. Berlin: Pauli 1789, S. 82–83. Online unter: http://www.kruenitz1.uni-trier.de/, Artikel „Harz, Feder-Harz" (Zugriff am 18.09.2023).

28 Ebd., S. 83.

29 Victor Forbin: *Le Caoutchouc dans le Monde*. Paris: Payot 1943, S. 12.

30 Cobo: *Historia del Nuevo Mundo*, S. 269.

31 Nordenskiöld: Om Indianernes Anvendelse, S. 85.

32 Theodore Roosevelt: *Through the Brazilian Wilderness and Papers on Natural History*. New York: Scribner's Sons 1926, S. 159. Weitere Beschreibungen hat Nordenskiöld: Om Indianernes Anvendelse, S. 80–84, zusammengetragen. Vgl. insb. die Beschreibung von

Ferner wurden Kautschuk-Bänder hergestellt, mit denen verschiedene Objekte durch Umwickeln wasserdicht gemacht wurden,[33] es wurden Schuhe gefertigt, wasserdichte, gummibeschichtete Textilien und Flaschen.[34] Alle diese Produkte werden heute industriell hergestellt.
Die Indigenen nutzten aus Kautschuk gefertigte Ringe als Schmuck und zur Bündelung von Ästen usw. Gummiringe sind heute in jedem Supermarkt, in jedem Schreibwarenladen erhältlich und wohlbekannte Begleiter des Alltags. Cornelius Pauw schreibt in seinen *Recherches philosophiques* zudem, dass solche Ringe bei manchen indigenen Völkern auch als Penisringe zur Luststeigerung verwandt wurden.[35]
Nicht zuletzt wurde Kautschuk für Spielzeug verwandt. Die Gummiente ist also ursprünglich ebenfalls eine indigene Erfindung. Der Latex wurde hierfür in Formen gegossen; auch hohle Spielpuppen wurden gefertigt, wie Johann Georg Krünitz berichtet:

> Übrigens werden uns noch verschiedene andere Geräthe und Körper von diesem Harze, auch oft unförmliche Figuren von allerley Thieren, Bälle etc. über Spanien aus Amerika zugeführt, welche Sachen gemeiniglich, die Bälle ausgenommen, hohl sind. Fast alles ist mit Laubwerk, oder andern Figuren, die man darauf eindrückt, wenn die Materie noch weich ist, aber nicht sehr mit Geschmack, geziert.[36]

Ferner wurde Kautschuk als Zunder und für nichttropfende, doch aufgrund der Rußpartikel hellleuchtende Fackeln verwendet.[37] Die Jivaros nutzten Kautschuk auch als Brandsatz in der Kriegsführung, indem sie Stücke entzündeten Kautschuks beim Angriff auf Dächer warfen.[38]

Joseph Gumilla: *El Orinoco Ilustrado y Defendido, Historia Natural, Civil, y Geographica ee Este Gran Rio y de Sus Caudalosas Vertientes*, Bd. 1. Madrid: Manuel Fernandez 1745, S. 190–191. Ein Foto des Kopfballspiels bei den Paressi-Kabisi zeigt Max Schmidt: Die Paressi-Kabisi. In: *Baessler-Archiv* 4 (1914), S. 183.

33 Carl Friedrich Philipp von Martius: *Beiträge zur Ethnographie und Sprachenkunde Amerika's zumal Brasiliens*, Bd. I: Zur Ethnographie. Leipzig: Fleischer 1867, S. 440.

34 Z. B. Pierre Barrere: *Nouvelle Relation de la France Equinoxiale.* Paris: Piget, Damonneville, Durand 1743, S. 139–141.

35 Cornelius de Pauw: *Recherches Philosophiques sur Les Américains*, Bd. 1. Berlin: Imp. du Roi 1777, S. 54.

36 Krünitz: *Oekonomische Encyklopaedie*, S. 82.

37 Z. B. von Martius: *Beiträge zur Ethnographie und Sprachenkunde*, S. 440; Marquis de Wavrin: *Les Jivaros. Réducteurs de Têtes. Récit d'Exploration Publié par Gaston Bunnens.* Paris: Payot 1941, S. 179.

38 Wavrin: *Les Jivaros*, S. 103.

Auch wenn die Indigenen weder den Radiergummi noch den Autoreifen erfunden haben, zeigt sich also, dass ein beträchtlicher Teil moderner Gummiprodukte bereits von der lokalen Bevölkerung erdacht und von den Europäern, nachdem sie die indigenen Produkte durch den Übersee-Handel kennengelernt hatten, kopiert oder adaptiert wurden.
Einige der hier genannten indigenen Kautschukprodukte sind so originell, dass man von Erfindungen sprechen muss. Das gilt insbesondere für die Kautschuk-Spritzen, die mit einem anderen Material überhaupt nicht funktionieren würden. Diese Spritzen erreichen nicht nur ein bekanntes technisches Ziel auf neuem Wege, sondern verwirklichen ein neues Ziel mit neuen Mitteln. Andere Kautschukprodukte, wie Schuhe, Gummiflaschen oder Ringe, erreichen ein bekanntes Ziel mit neuen Mitteln. Erst die von den Indigenen entwickelte Vielfalt der Anwendungen, von denen wohl nur ein Teil den Europäern bekannt wurde, machte den Stoff in der Alten Welt interessant. Alle diese Kautschuknutzungen setzten aber voraus, dass man in der Lage ist, eine Flüssigkeit gezielt in einen geformten Feststoff zu verwandeln, und die Eigenschaften dieses Stoffes so kontrolliert, dass dieser längere Zeit stabil bleibt und nicht zu faulen beginnt oder in der Hitze klebrig wird. Die Kontrolle über den heiklen Stoff, die gezielte Transformation in geformte und u. U. hohle Dinge und die Stabilisierung seiner gewünschten Eigenschaften sind die zentralen Errungenschaften der indigenen Kautschuktechnologie.

Probleme des unbehandelten Kautschuks

Latex, der aus einem verwundeten *Hevea brasiliensis*-Baum rinnt, kann man trocknen lassen, man erhält auf diese Weise Gummiprodukte, die zwar etwas klebrig sind, aber durchaus alle Eigenschaften normaler Gummiprodukte aufweisen. Doch Kautschuk, der nur getrocknet wurde, hat folgende Probleme, die vor allem der deutsche Gummipionier Lüdersdorff sehr plastisch schilderte und die jeder, der mit Gummi umgeht, auch heute noch kennt. Setzt man ein Kautschukprodukt dem Tageslicht aus,

> so beginnt nach kurzer Zeit die Zersetzung. An den dünnsten Stellen wird das Federharz zuerst angegriffen; es nimmt die Eindrücke der Finger an, und die Linien der Haut bleiben dauernd darauf sichtbar; dehnt man dasselbe aus, so reißt es bald [...] Dieser Zustand der Veränderung nimmt immer mehr zu, und erstreckt sich bald durch die ganze Masse, die nun in das zweite Stadium übergeht. Dies ist ein völliges Klebrigwerden, welches mehr und mehr überhand nimmt, und die

> Masse in einen Zustand des Zerfließens bringt … . Das dritte und letzte Stadium ist endlich ein allmäliges, anfänglich oberflächliches, abermaliges Trockenwerden, welches durch Bildung einer harten Haut entsteht, die in ihrer Dicke immer mehr zunimmt … jetzt ist die Zersetzung beendigt. Das Federharz ist nun eben so spröde und brüchig, als es früher biegsam und elastisch war.[39]

Zudem ist unbehandelter Kautschuk auch sehr empfindlich gegen mikrobiellen Befall, Kautschukwaren konnten regelrecht verfaulen.[40] Die wichtigste moderne Methode, mit diesen Problemen umzugehen, besteht darin, Schwefel mit Kautschuk reagieren zu lassen. Der Einsatz von Schwefel wurde zuerst von Friedrich Lüdersdorff 1832 ausführlich publiziert; Lüdersdorff ließ zum einen eine Lösung von Schwefel in Terpentinöl auf Kautschuk wirken,[41] empfahl andererseits das Verreiben von Schwefelblüte auf klebrigen Kautschukstellen.[42] Seine Idee wurde durch den 7. Band des ins Deutsche und ins Französische übersetzten und weit verbreiteten Lehrbuchs der Chemie von Jöns Jakob Berzelius international bekannt gemacht.[43] Da zur damaligen Zeit Naturwissenschaftler oder generell gebildete Menschen auch in den USA sowohl Deutsch als auch Französisch noch lesen konnten und auch lasen, konnte das Werk rezipiert werden. Der Einsatz von Schwefel wurde von dem amerikanischen Erfinder Nathaniel Hayward nach eigener Aussage selbständig entdeckt und 1839 auf Anregung von Goodyear patentiert.[44] Goodyear übernahm dann das Patent von Hayward und entwickelte es später weiter. Die Priorität von Lüdersdorffs Entdeckung der Wirksamkeit von Schwefel gegenüber Hayward war in der anglo-amerikanischen Fachliteratur Mitte des

39 Lüdersdorff: *Das Auflösen und Wiederherstellen des Federharzes*, S. 34–35.

40 Charles M. Wilson: *Trees and Test Tubes. The Story of Rubber*. New York: Holt 1943, S. 44, vgl. auch S. 46.

41 Detailliert beschrieben in Lüdersdorff: *Das Auflösen und Wiederherstellen des Federharzes*, S. 45–53.

42 Ebd., S. 62.

43 Jöns Jakob Berzelius: *Lehrbuch der Chemie*, Bd. VII, aus d. Schwed. v. F. Wöhler. Dresden / Leipzig: Arnoldsche Buchhandlung 1838, S. 106–107.

44 Vgl. zu plausiblen Indizien, dass Hayward das Lüdersdorff'sche Verfahren kannte, Leo Eck: Friedrich Wilhelm Lüdersdorff. In: *Gummi-Zeitung* 32 (1932), S. 967–968, hier S. 968. Hayward selbst datierte seine Entdeckung, dass Schwefel die entscheidende Wirkung auf Kautschuk hat, auf das Jahr 1837. Vgl. Nathaniel Hayward: *Some Account of Nathaniel Hayward's Experiments with India Rubber, which Resulted in Discovering the Invaluable Compound of that Article with Sulphur*. Norwich, CT: Bulletin Job Office, Franklin Square 1865, S. 7.

19. Jahrhunderts bekannt und wurde ausdrücklich anerkannt,[45] wobei man zugleich auf der Unabhängigkeit der Hayward'schen Entdeckung bestand. In neueren englischsprachigen Werken zur Gummigeschichte wird Lüdersdorff nicht mehr erwähnt.

Charles Goodyear entwickelte Haywards Verfahren weiter, indem er die Kautschuk-Schwefel-Mischung erwärmte. Durch Kombination des Schwefeleinsatzes mit der von Thomas Hancock erfundenen Mastizierwalze[46] wurde dann ein Verfahren entwickelt, das in seinen Grundzügen auch heute noch verwendet wird. Die Bezeichnung „Vulkanisation", die William Brockedon prägte und die dann von Hancock und schließlich auch von Goodyear übernommen wurde,[47] suggeriert eine nicht nur graduelle qualitative Verbesserung, sondern eine abrupte Wesensveränderung, die zu einem universell einsetzbaren Material führte, das anschließend seinen ‚Siegeszug um die Welt' antreten konnte. Goodyear selbst nutzte 1839 noch die Bezeichnung „metallic gum-elastic".[48]

Durch die Behandlung mit gelöstem oder pulverförmigem Schwefel konnten die ‚Krankheiten' des Kautschuks behandelt, wenn auch nicht vollständig geheilt werden. Zeitgenössische Kautschukhistoriker ziehen aus diesen Fakten bisweilen den Schluss, dass der indigene Stoff ‚aus dem Wald' beträchtliche Probleme hatte, die seine Karriere in der Alten Welt verhindert hätten, wenn nicht die europäischen oder amerikanischen Erfinder das Material durch Vulkanisation geheilt hätten. So schreibt etwa der Historiker Michael Edward Stanfield in einem Buch, das die Ausbeutung der indigenen Bevölkerung in den Mittelpunkt stellt, dass der Kautschuk, den die Indigenen erfunden hatten, Schattenseiten hatte, die erst durch anglo-amerikanische Erfinder überwunden wurden:

> But rubber presented some problems, too. Its texture and elasticity changed with temperature: it became hard and brittle in the cold, and soft and tacky in the heat.

45 Vgl. o. A.: The Invention of Vulcanized India Rubber. In: *Scientific American* 31 (1857), S. 173; W. H. Richardson Jr.: *The Boot and Shoe Manufacturers Assistant and Guide. Containing a Brief History of the Trade.* Boston: Higgins, Bradley & Dayton 1858, S. 109–111.

46 Dargestellt z. B. bei Austin Coates: *The Commerce in Rubber. The First 250 Years.* Commissioned by the Singapore International Chamber of Commerce Rubber Association. Oxford / New York: Oxford UP 1987, S. 22–28, 37–42.

47 Ebd., S. 38–39.

48 R. W. Lunn: Vulcanisation. In: P. Schidrowitz / T. R. Dawson (Hrsg.): *History of the Rubber Industry.* Cambridge: Heffer 1952, S. 23–39, hier S. 23.

During the first half of the nineteenth century, Europeans and Americans intensified their effort to stabilize or 'improve' rubber.[49]

Ähnliche Zitate finden sich vielerorts in der Kautschukliteratur. Und doch ist die Aussage falsch. Es ist zwar zutreffend, dass europäische und amerikanische Erfinder ein Verfahren entwickelten, das die Probleme des Kautschuks auf neue Weise löste und ermöglichte, sowohl aus frischem Latex, also aus dem von *Hevea brasiliensis* und anderen Pflanzen gelieferten Saft, wie auch aus getrocknetem Latex haltbare Gummiprodukte herzustellen. Falsch ist aber die Ansicht, dass die Europäer und Nordamerikaner die ersten und einzigen waren, denen dies gelang. Diese verbreitete Periodisierung der Kautschukgeschichte bedarf der Korrektur. Tatsächlich verfügten die süd- und mittelamerikanischen Indigenen über ein autonomes Kautschukwissen. Kern dieses Wissens ist die Kenntnis eines Transformationsverfahrens, das den Kautschuk trocknet, stabilisiert und ihn robust gegen Hitze, Sonnenlicht und Keimbefall macht. Dabei handelt es sich um eine besondere Form der Räucherung, auf die später noch genauer eingegangen wird. Die Indigenen verfügten damit über ein funktionales Äquivalent zur Vulkanisation; die indigenen Produkte hatten daher die oben geschilderten Probleme nicht. Unter einem funktionalen Äquivalent verstehe ich dabei einen technischen Prozess, der die zu einer historischen Zeit wahrgenommenen Probleme eines Materials ebenso befriedigend oder besser löst wie eine alternative zeitgenössische Technik. Damit ist nicht gesagt, dass moderne Vulkanisation schlechthin äquivalent mit indigenen Praktiken ist, wohl aber, dass die indigene Prozesstechnik die wichtigsten im frühen 19. Jahrhundert wahrgenommenen Probleme von Kautschukprodukten ebenso gut löste wie die später erfundene Vulkanisation. Diese Behauptung kann anhand von historischen Aussagen und Fakten belegt werden.

So schreibt William Geer in seiner Kautschukhistoriografie zunächst:

So completely [*sic!*] had rubber goods failed the American people because of warm summers and cold winters, that down to about 1840 they were filled with dislike for anything that related to 'gum elastic.' People had become disgusted and rightly so with goods that hardened like a rock in winter and melted in summer.[50]

49 Michael Edward Stanfield: *Red Rubber, Bleeding Trees. Violence, Slavery, and Empire in Northwest Amazonia, 1850–1933*. Albuquerque: U of New Mexico P 1998, S. 20.

50 William D. Geer: *1922: The Reign of Rubber*. New York: Century 1922, S. 7–8.

Geer stellt aber zugleich klar: „the only reliable articles were Indian-made shoes from the Amazon."[51]

Es gab also nach dieser Aussage vor der industriellen Nutzung der Vulkanisation sowohl zerfließende, unbrauchbare Kautschukwaren wie auch gut verwendbare und diese letzteren wurden von Indigenen im Amazonasgebiet gefertigt. Dass die indigenen Produkte nicht mit Mängeln wie dem Schmelzen bei sommerlicher Hitze behaftet waren, wundert recht besehen nicht, es wäre im Gegenteil unverständlich, wenn die Indigenen jahrhundertelang Kautschukprodukte hergestellt und genutzt hätten, welche derart gravierende Probleme aufgewiesen hätten. Gerade wärmebeständig und beständig gegen Fäulnis mussten die Schuhe und andere indigene Kautschukprodukte ja sein, sonst hätten sie in den Tropen kaum nützlich sein können.

Entsprechend bestätigen viele sachkundige Autoren die Qualität der indigenen Produkte. Henry Wickham etwa, der vor allem durch seinen heimlichen Export von 7.000 Samen der Hevea brasiliensis, der das brasilianische Monopol brach, bekannt ist, preist die Qualität der indigenen Waren.[52]: Diese Produkte konnte man in Belém (früherer Name: Pará) bis zur Mitte des 19. Jahrhunderts noch überall kaufen, insbesondere die Gummischuhe: „They may be seen daily at Pará, suspended over the decks of the canoes that come down the river and on the shoulders of the men who deliver them to the merchants."[53] Ernesto Cruz widmet dem Handel mit indigenen Kautschukprodukten in seiner *História da Associação Comercial do Pará* ein Kapitel und belegt anhand von Ausfuhrstatistiken die Produktion und den Export von Gummischuhen aus Pará von der zweiten Hälfte des 18. bis zur Mitte des 19. Jahrhunderts.[54] In den Jahren 1854 und 1855 brach der Handel allerdings ein und kam in den folgenden Jahren vollständig zum Erliegen.[55] Dass es aber vor diesem Einbruch einige Jahrzehnte lang einen beträchtlichen Export von indigenen Kautschukprodukten aus Pará nach Europa und Nordamerika gab, zeigt, hält man die Zahlen mit den oben zitierten Aussagen zusammen, dass die

51 Ebd., S. 9.

52 Henry Wickham: *On the Plantation, Cultivation, and Curing of Para Indian Rubber (Hevea Brasiliensis). With an Account of Its Introduction from the West to the Eastern Tropics.* London: Kegan Paul, Trench, Trübner 1908, S. 30, vgl. auch S. 57.

53 D. P. Kidder / J. C. Fletcher: *Brazil and the Brazilians, Portrayed in Historical and Descriptive Sketches.* London: Child & Peterson 1857, S. 552.

54 Ernesto Cruz: *História da Associacao Comercial do Pará. Centenário de sua fundacao 1864–1964.* Belém do Pará: Imprensa Universitária do Para 1964, S. 81–83.

55 Ebd., S. 83.

indigenen Produkte offenbar auch den Qualitätsansprüchen europäischer und nordamerikanischer Kunden genügten.

Die indigene Technik der Kautschukverarbeitung: Gummistabilisierung ohne Schwefel

Wie war es den Indigenen möglich, ihre Kautschukprodukte ohne Schwefel, den es in elementarer Form in Amazonien nur an ganz wenigen Stellen gibt, beständig gegen Hitze, Kälte und Fäulnis zu machen? Was ist das Geheimnis der indigenen Kautschukprodukte? 1999 zeigten Dorothy Hosler, Sandra Burkett und Michael J. Tarkanian in einer viel beachteten Untersuchung, dass der von *Castilla elastica* geerntete Latex mit Saft von *Ipomomea alba*, einer Sorte der bei uns als Zierpflanze beliebten Prunkwinde, versetzt wurde, wodurch eine Koagulation des Latex herbeigeführt und die elastischen Eigenschaften des entstehenden Kautschuks verbessert wurden.[56] Der Kautschuk der Azteken und der Maya sowie weiterer mittelamerikanischer Völker wurde nicht, wie in Südamerika, aus dem Saft von *Hevea brasiliensis*, sondern aus dem Milchsaft von *Castilla elastica* bereitet.

Ich möchte im Folgenden nachweisen, dass der mesoamerikanischen Verarbeitungstechnik, die von Hosler, Burkett und Tarkanian zurecht ins Licht gerückt wurde, eine amazonische an die Seite zu stellen ist, die weitaus stärker genutzt wurde. Es handelt sich, wie bereits erwähnt, um ein bestimmtes Verfahren der Räucherung. Geräucherte indigene Kautschukprodukte waren sowohl hochelastisch als auch beständig. Sie hatten jene ‚Krankheiten' nicht, welche die in Europa und Nordamerika hergestellten Kautschukprodukte aufwiesen.

Der Latexsaft wurde dabei über einem Glimmfeuer aus jungen Zweigen und Urucarí-Nüssen (von der Palme *Attalea excelsa*) oder Inajá-Nüssen (von der Palme *Attalea maripa*, auch andere Palmnüsse scheinen verwendet worden zu sein)[57] zugleich eingetrocknet und chemisch transformiert.

Eine Beschreibung, die 1851 entstand, schildert den indigenen Prozess im Amazonas-Delta auf der Flussinsel Gurupá:

> A fire is made on the ground of the seed of nuts of a palm-tree, of which there are two kinds: one called urucarí, the size of a pigeon's egg, though longer; and the

56 Vgl. Hosler / Burkett / Tarkanian: Prehistoric Polymers.

57 Vgl. Wickham: *On the Plantation*, S. 31.

> other inajá, which is smaller. An earthen pot, with the bottom knocked out, is placed, moth down, over the fire, and a strong pungent smoke from the burning seeds comes up through the aperture in the bottom of the inverted pot. The maker of the rubber now takes his last, if he is making shoes, or his mould, which is fastened to the end of a stick; pours the milk over it with a cup, and passes it slowly several times through the smoke until it is dry. He then pours on the other coats until he has the required thickness; smoking each coating until it is dry. Moulds are made either of clay or wood; if of wood, it is smeared with clay, to prevent the adhesion of the milk. When the rubber has the required thickness, the moulds are either cut out or washed out.[58]

Die Technik hat sich auch heute kaum verändert.[59] Henry Pearson, der Herausgeber der *India Rubber World* berichtet, dass der besondere Rauch der Nüsse im Wald die Lager der Kautschuksammler schon von weitem anzeige.[60] Das Verfahren war also recht geruchsintensiv und zweifellos auch gesundheitsschädlich. Aber es erfüllte seinen stofflichen Zweck, es ‚heilte' den Kautschuk. Es machte ihn zu dem robusten, haltbaren Produkt, das Wickham oben gepriesen hat.

Die Räucherung ist der Kern der indigenen Produktionstechnik; dieser Technik entsprechen ein besonderes Know-how und auch ein *know-that*. Sie überträgt vermutlich die beim Räuchern von Fisch, Fleisch oder von Häuten zur Garung und Konservierung eingesetzte Technik auf einen neuen Bereich. Auch dort konserviert das Räuchern, es schützt vor Verschimmeln und Verfaulen und bewirkt zugleich eine Stofftransformation.[61] Bei der Übertragung des Prinzips entstand aber etwas ganz Neues, denn eine Flüssigkeit zu räuchern ist etwas anderes als einen Fisch in den Rauch zu halten. Durch das Auftragen immer neuer dünner Flüssigkeitsfilme wurde sichergestellt, dass der Latex durch und durch und nicht nur oberflächlich in Kontakt mit dem Rauch kam. Man ließ ja gerade nicht den Latexsaft trocknen und

58 Lewis Herndon: *Exploration of the Valley of the Amazon. Made under Direction of the Navy Department.* Washington: Robert Armstrong 1853.

59 Vgl. Harald Sioli: *Gelebtes, geliebtes Amazonien. Forschungsreisen im brasilianischen Regenwald zwischen 1940–1962*, hrsg. v. Gerd Kohlhepp. München: Pfeil 2007, S. 91–93.

60 Henry C. Pearson: *The Rubber Country of the Amazon.* New York: India Rubber World 1911, S. 68.

61 Lázlo Tóth / Reiner Wittkowski: Das Räuchern – aus der Sicht der Chemie. In: *Chemie in unserer Zeit* 19 (1985), S. 48–58, hier S. 57–58.

räucherte ihn dann, sondern man räucherte dünne Flüssigkeitsfilme, um die gewünschte Wirkung zu erzielen.
Chemisch betrachtet dürfte die beschriebene Behandlung mindestens folgende sechs Effekte haben: 1) Sie führt zur Koagulation der Kautschuktropfen, sorgt also für eine Phasentrennung, 2) sie bewirkt, dass das Wasser und weitere Inhaltsstoffe entfernt werden. Schon das Aufstreichen auf den Ton bewirkt eine Trennung, weil der Ton das Wasser einsaugt; zurück bleibt ein Kautschukfilm. Die durch die Hitze und den Rauch herbeigeführte Koagulation der Kautschukkügelchen, die gern aneinanderkleben, verstärkt dann die Phasentrennung. 3) Die Behandlung konserviert den Kautschuk gegen Keime, 4) sie schützt ihn vor dem Angriff von Luftsauerstoff, 5) sie schützt ihn durch Rußpartikel vor dem Angriff von UV-Licht und bewirkt 6) eine chemische Umwandlung, die zu einer Steigerung der Elastizität führt. Rauch ist eine chemische Allzweckwaffe.[62] Dass zu seinen Inhaltsstoffen auch Substanzen gehören, die mit den Polyisoprenketten in der Latexmilch reagieren, ist sicher. Die indigene Kautschuktechnologie war also eine optimale technische Problemlösung, abgestimmt auf eine bestimmte Produktionsumgebung, da sie mit den vorhandenen Mitteln – Latex, Lehm und Feuer – ein Produkt hervorbrachte, dass allen Anforderungen standhielt und im 18. und 19. Jahrhundert sogar exportiert wurde.

Und Goodyear? Die Bedeutung der Vulkanisation

Die in der Literatur vielzitierte Klebrigkeit und Fäulnisanfälligkeit früher amerikanischer oder europäischer Industrieprodukte aus Kautschuk war gerade *kein* Merkmal indigener Kautschukprodukte. Sie war vielmehr ein Merkmal nur jener Kautschukprodukte, die in Nordamerika oder in England hergestellt wurden. Warum?
Frühzeitig hatte man sich nicht nur mit den Fertigprodukten aus Brasilien begnügt, sondern versucht, aus der Rohmasse selbst Produkte zu formen. Es war naheliegend, die indigenen Fertigprodukte durch selbstgemachte Erzeugnisse zu ersetzen. Hierbei ging man meist von dem sogenannten Gummispeck, einem nicht geräucherten, sondern getrockneten Latex aus, den man mit Lösungsmitteln (Terpentin) aufquellen ließ. Die Paste strich man z. B. auf Textilien auf. Mit dem Sonnenlicht gelangte dann UV-Licht auf diese Produkte, welches bewirkte, dass der Kautschuk klebrig wurde. Denn den so

62 Tóth / Wittkowski: Das Räuchern, S. 48.

verfertigten Waren fehlte der Schutz gegen Sonnenstrahlen und gegen Mikroorganismen, den die indigenen Produkte aufgrund der im Rauch vorhandenen Stoffe hatten.

Es waren also die in Europa oder Nordamerika aus Gummispeck gefertigten Sekundärprodukte, nicht die eigentlich indigenen Produkte, welche die beschriebenen Qualitätsmängel hatten. Und diese Mängel[63] rührten in der Regel daher, dass die indigene Oberflächenbehandlung, das Räuchern, welches vernetzt und durch die im Rauch enthaltenen Rußpartikel und organischen Substanzen gegen UV-Licht, Mikroben und Sauerstoff schützt, in Europa oder Nordamerika nicht durchgeführt wurde. Durch Mikroorganismen oder Sonneneinwirkung verwandelten sich diese Produkte leicht in eine klebrige oder stinkende Masse. Die Vulkanisation genannte Stofftransformation wird nach dem von Lüdersdorff, Hayward, Goodyear und anderen entwickelten Verfahren heute meist durch gelindes Erhitzen mit Schwefel bewerkstelligt. Dieser Prozess hatte und hat deshalb so hohe Bedeutung für die europäische und nordamerikanische Kautschukindustrie, weil er in Kombination mit der zuvor von Hancock entwickelten Mastikationstechnik ermöglichte und ermöglicht, mit Kautschuk formend umzugehen und die geformten Gegenstände dann durch Vulkanisation im gewünschten Grade elastisch zu machen.

Die indigenen Völker kannten diesen Prozess nicht. Sie brauchten ihn auch nicht, denn sie konnten direkt den frischen Latex nutzen. Genau dieser Weg war den europäischen und nordamerikanischen Anwendern aber damals verschlossen. Aus technischen und ökonomischen Gründen waren die europäischen Interessenten darauf angewiesen, vom getrockneten Kautschuk auszugehen. Doch wie sollte man diesen in neue Formen bringen? *Hier* liegt die eigentliche Leistung der europäischen und amerikanischen Erfinder.[64] Ein in Europa und den USA billiger, leicht handhabbarer und überall vorhandener Stoff, Schwefel nämlich, wurde als Problemlösung genutzt, eine genial einfache Lösung. Aber nochmals: es ging *nicht* darum, aus einem unbrauchbaren indigenen Produkt ein brauchbares zu machen, sondern darum, es der amerikanischen und europäischen Industrie zu ermöglichen, aus getrocknetem Kautschuk selbst haltbare Kautschukprodukte herzustellen, und sie damit unabhängiger von den brasilianischen Produzenten zu machen.

63 Vgl. die Beschreibung bei Lüdersdorff: *Das Auflösen und Wiederherstellen des Federharzes*, S. 19 u. passim.

64 Jean Le Bras: *Le Caoutchouc* [1945]. Paris: PUF 1961, S. 10–14.

Durch den Aufbau eines autonomen Kautschukwissens in Europa und Nordamerika entwickelten sich die Indigenen von kompetenten Gummitechnikern zu *seringueiros* zurück, zu Kautschukzapfern; und auf dem Höhepunkt des brasilianischen Kautschukbooms, im ausgehenden 19. Jahrhundert, wurden die Indigenen vielerorts zum Sammeln und Abliefern von Kautschuk zwangsverpflichtet. Am Putumayo in Nordwestamazonien kam es in dieser Zeit zur Errichtung eines ungeheuerlich grausamen Systems der Zwangsarbeit für die Peruvian Rubber Company.[65] Statt der durchgebildeten und verzierten Schuhe, Flaschen usw., die zuvor exportiert wurden, kamen aus den Wäldern nun nur noch riesengroße Würste oder 50 Kilo schwere Bälle,[66] die gerade noch gehoben werden konnten. Reiner Rohstoff für die Weiterverarbeitung in Nordamerika und Europa.

Die indigenen Völker Brasiliens scheinen die alte Technik allenfalls noch in sehr abgelegenen Gegenden zu beherrschen. Neuere Versuche, indigene Völker wieder zur Fertigung von Kautschukwaren anzuregen, werden in Nordwestamazonien unternommen; hier werden als ‚nachhaltige Produkte' z. B. Taschen, Flaschenkühler, Mouse-Pads und anderes vermarktet. Die neuen indigenen Gummiprodukte werden u. a. unter der Bezeichnung *couro vegetal* vermarktet – pflanzliches Leder – und es ist sehr wohl denkbar, dass die Kombination aus Regenwaldschutz und der Unterstützung indigener Minderheiten diesen Produkten einen breiten Markt beschert. Auf dem Markt am Rande der Rio+20-Konferenz in Rio de Janeiro erfreuten sich die Waren der *encauchados*, wie sich die neuen indigenen Gummiwerker nennen, jedenfalls großer Nachfrage. Die neue Praktik wird von verschiedenen Stiftungen, von der Regierung der Amazonasstaaten Acre, Rondônia und Pará sowie von der brasilianischen Regierung unterstützt, da hier eine Möglichkeit für indigene Gemeinschaften und andere im Regenwald lebende marginalisierte Gemeinschaften geschaffen werde, Einkommen zu erzielen, ohne den Wald, z. B. durch illegalen Holzeinschlag, zu ruinieren. Doch diese neuen Produktionsformen vitalisieren gerade nicht das alte Wissen, sondern ersetzen es durch angeblich ökologischere und gesündere chemische Präparate,[67]

65 Vgl. dazu zuletzt Stanfield: *Red Rubber, Bleeding Trees.*

66 H. J. Reimers: *Reise-Führer von Europa nach Brasilien*. Hamburg: Friederichsen 1914, S. 91–92.

67 Vgl. die Vorschläge in Assunção Amaral / Francisco Samonek: Borracha Amazônica. Arranjos produtivos locais, novas possibilidades e políticas públicas. In: *Núcleo de Altos Estudos Amazônicos* 191 (2006). https://periodicos.ufpa.br/index.php/pnaea/article/viewFile/11474/7911 (Zugriff am 20.06.2024), S. 14–16, 22.

wodurch die Produzenten von den Lieferanten jener Präparate abhängig werden. Immerhin aber zeigen diese Versuche, dass es möglich ist, neue Synthesen von indigenem und westlichem Wissen zu schaffen und auf deren Grundlage neuartige indigene Kautschukprodukte zu vermarkten.

Maximilian Fritz Feichtner

Mehr als nur Pfade im Wald

Erdölexploration im ecuadorianischen Amazonas

Einleitung: Die ersten Schritte der Ölfirmen

In der Nacht des 29. März 1967 erleuchtete eine gewaltige Flamme die Baumkronen von Amisacho, einem Jagdgebiet der Kofán-Indigenen im Amazonasregenwald im Nordosten Ecuadors. Im Zentrum einer großen Lichtung spie das Bohrloch Lago Agrio Nr. 1 eine 50 Meter hohe Erdölfontäne in den Nachthimmel, die schließlich Feuer fing. Die ecuadorianischen Ölarbeiter tanzten in einem Sprühregen aus schwarzem Öl; die ecuadorianische Tageszeitung *El Comercio* berichtete von euphorischen Szenen.[1] Die Ölfontäne kündigte eine Zeitenwende im ecuadorianischen Regenwald an. Nach vier Jahrzehnten der erfolglosen Erdölexploration hatte die US-amerikanische Texaco Petroleum Company (Texaco) das erste große Ölfeld in Ecuador entdeckt. Die Ausbeutung des fossilen Brennstoffs bescherte dem Land ab den 1970er Jahren die Hälfte des Staatseinkommens, aber auch eine Erdölkatastrophe in der besonders biodiversen Amazonasregion. Der politisierte Diskurs über die großflächige und andauernde Umweltverschmutzung durch die Erdölförderung von Texaco überschattet jedoch einen Prozess, welcher der Förderung von Erdöl im Amazonas vorausging: die Erdölexploration, auch Prospektion genannt. Die Phase der Prospektion fand bisher wenig Aufmerksamkeit in der Geschichtsschreibung des ecuadorianischen Amazonasgebiets, dabei spielte sie eine fundamentale Rolle in der Transformation der gesamten Region.

1 Escenas de Entusiasmo en la Selva. In: *El Comercio*, 31.03.1967, S. 1.

Dieser Beitrag thematisiert die Anfänge der Erdölindustrie in Ecuador ab den 1920er Jahren, als die ersten multinationalen Ölunternehmen begannen, im bzw. unter dem Regenwald nach dem ‚schwarzen Gold' zu suchen. Die Praktiken und Infrastrukturen der Erdölindustrie implizierten dabei eine grundlegend neue Konzeptualisierung des Amazonastieflands als *resource environment* und initiierten auch eine materielle Transformation der gesamten Region. Ausgehend von einem kurzen historischen Überblick führt der Artikel in einem ersten Schritt das Konzept des *resource environment* ein und zeichnet die ontologischen Perspektiven der ecuadorianischen Regierungen und der Ölkonzerne auf den Amazonas und die Ressource Erdöl nach. Darauf aufbauend werden die spezialisierten Wissensformen und die technische Infrastruktur der Erdölexploration problematisiert, welche die Ökosysteme im Amazonas und die darunter liegenden Gesteinsformationen auf eine einzige Bestimmung reduzierten: die Ansammlungen von Kohlenwasserstoffen als die Ressource Erdöl zu etablieren und zu Tage zu fördern. Der letzte Abschnitt beleuchtet die sozio-ökologischen Spuren der geologischen und geophysischen Prospektion, wie etwa tausende Kilometer gerodeter Pfade durch den Regenwald, pausenloser Flugverkehr über den Baumkronen und die ersten Probebohrungen. Bei all diesen Veränderungen war der ecuadorianische Amazonas jedoch nicht nur eine Projektionsfläche oder ein passiver Schauplatz, er prägte die Prospektionspraktiken und damit die Geschichte der Erdölindustrie entscheidend mit.

In der Geschichte Ecuadors stellt Texacos Erdölfund 1967 einen Wendepunkt dar. Es war jedoch kein Zufall, dass der Konzern im Nordosten Ecuadors auf Öl stoßen sollte. Schon Anfang der 1960er Jahre hatte das Ölunternehmen eine riesige Konzession über 1,6 Millionen Hektar in Kolumbien erworben. Im Putumayo-Tiefland konnte Texaco bereits 1963 mit einer Erkundungsbohrung nachweisen, dass das Amazonasbecken auf kolumbianischem Staatsgebiet größere Erdölvorkommen beherbergte. Im Juni desselben Jahres bildete Texaco ein Konsortium mit einem weiteren US-amerikanischen Ölunternehmen, Gulf Oil. Dieses Konsortium erwarb großflächige Konzessionen bei der damaligen Militärregierung in Ecuador sowie dem Ölunternehmen Minas y Petróleos del Ecuador.[2] Vor der Ankunft Texacos suchten bereits die US-amerikanische Leonard Exploration Company in den 1920er Jahren und

2 John D. Martz: *Politics and Petroleum in Ecuador*. New Brunswick: Transaction 1987, S. 53–55.

Royal Dutch Shell in den 1930er und 1940er Jahren in der Region nach Öl.[3] Auch wenn sie keine kommerziell verwertbaren Mengen an Erdöl fanden, trugen diese Unternehmen doch zu einem Grundverständnis der Geologie des Amazonasbeckens bei. Dies erwies sich als strategischer Vorteil für Texacos Geologen, da sie so die strukturellen Ähnlichkeiten der ecuadorianischen und der kolumbianischen Amazonastiefebene erkennen konnten.

Noch im Dezember 1963 flog Texaco Arbeiter und Equipment von Kolumbien aus über die Grenze zu ihrem Basislager in St. Cecilia am Rio Aguarico. Dieser Grenzübertritt markierte eine neue Phase in der Geschichte des ecuadorianischen Amazonasgebiets, denn Texaco war nur wenige Jahre später mit seinem Explorationsprogramm erfolgreich. 36 weitere Ölkonzerne erwarben in den späten 1960er Jahren Konzessionsgebiete. Da sich ihre Prospektionsvorhaben als wesentlich weniger rentabel erwiesen, operierten 1977 nur noch fünf Ölfirmen in der Region.[4] Texaco führte bis 1989 Explorationsprogramme im Amazonas durch, welche lediglich von einer mehrjährigen Pause aufgrund von vorgeblich finanziell nachteiligen Regulierungen Mitte der 1970er Jahre unterbrochen wurde.[5] Texaco leitete bis 1990 das Tagesgeschäft des mit Abstand produktivsten Konsortiums mit dem staatlichen Ölunternehmen CEPE. In dieser Zeit verantwortete Texaco eine massive Umweltverschmutzung im ecuadorianischen Amazonas, welche u. a. die Gesundheit der Bevölkerung in der Region, den Zugang zu Trinkwasser und die kulturelle Identität mehrerer indigener Nationalitäten beeinträchtigte.[6] Angesichts der sozialen und ökologischen Folgen der Erdölförderung durch Texaco stellt sich die Frage, wie sich der ecuadorianische Regenwald zu einem Schauplatz industrieller Ausbeutung wandeln konnte.

3 Javier Gomezjurado Zevallos: El Pueblo Huaorani y su Relación con las Empresas Petroleras. In: Ders. (Hrsg.): *Memorias del Segundo Simposio de Historia Amazónica*. Quito: Academia Nacional de Historia 2014, S. 52–66, hier S. 54.

4 Cyrano Tama Paz: *Escandalos Petroleros Ecuatorianos*. Guayaquil: Universidad de Guayaquil 1979, S. 56.

5 Gene R. Bates: *Estimate 1583 Palo Rojo 2*. Exhibits to the Memorial on Jurisdictional Objections of Respondent Republic of Ecuador. Presidencia de la República del Ecuador, Procuraduría General del Estado, 1299, 25.05.1988, Bd. 2, 1.

6 Fast drei Jahrzehnte nach dem Ende der Operationen bestätigte das Verfassungsgericht in Quito die Verurteilung der Chevron Corporation, die 2001 mit Texaco fusioniert war, u. a. wegen Umweltschäden. Vgl. Verfassungsgericht Ecuador: Urteil vom 27.06.2028, Rs. 0105-14-EP, S. 126–127.

Erdöl-Ontologien

Seit dem *El Dorado*-Mythos der frühen Kolonialzeit prägte die Ausbeutung ‚natürlicher' Ressourcen die Vorstellungen über den ecuadorianischen Amazonas. Die wohl geläufigste Sichtweise aus einer technologischen Perspektive versteht ‚natürliche' Ressourcen als ein Material, das in der Natur vorkommt und durch menschliche Innovationen abgebaut werden kann.[7] Diese Wahrnehmung verwarf der Ökonom Erich Zimmerman schon in den 1930er Jahren. Er zeigte ein anderes Bild: Ressourcen existieren nicht in der Natur, sie werden in einem gesellschaftlichen Prozess als solche geschaffen.[8] Es ist ein weiter Weg, eine braun-schwarze flüssige Ansammlung verschieden langer Kohlenwasserstoffe in die Ressource Erdöl zu verwandeln, die das menschliche Leben und politische Systeme auf der ganzen Welt prägt.[9]

Dieser Übergang von einer braun-schwarzen Masse zur Ware mit dem Namen Erdöl ist ein grundlegend menschengemachter Vorgang. Er beinhaltet konkrete physikalische Veränderungen der Substanz, wie etwa Destillation, aber auch Wertschöpfungsprozesse und Narrative. Ein solches Verständnis von Ressourcen öffnet eine vielschichtige Perspektive auf den Kontext, in dem diese erschaffen werden. Die Anthropologinnen Tanya Richardson und Gisa Weszkalnys bezeichnen diesen Kontext als *resource environment*:

> [T]he complex arrangements of physical stuff, extractive infrastructures, calculative devices, discourses of the market and development, the nation and the corporation, everyday practices, and so on, that allow those substances to exist as resources.[10]

Diese entscheidende Substanz war im ecuadorianischen Amazonas das Erdöl. Die Prospektion ab den 1920er Jahren formte den Regenwald als *resource environment* und prägte somit dessen Zukunft als industriellem Schauplatz der Ressourcenextraktion. Drei Dimensionen haben wesentlich zu dieser

7 Vgl. James L. Sweeney: Economic Theory of Depletable Resources. An Introduction. In: Allen V. Kneese (Hrsg.): *Handbook of Natural Resource and Energy Economics*, Bd. 3. Amsterdam: Elsevier 2007, S. 759–854, hier S. 759.

8 Vgl. Erich W. Zimmerman: *World Resources and Industries. A Functional Appraisal of the Availability of Agricultural and Industrial Resource*. New York: Harper 1933.

9 Vgl. Timothy Mitchell: *Carbon Democracy. Political Power in the Age of Oil*. London: Verso 2013.

10 Tanya Richardson / Gisa Weszkalnys: Introduction: Resource Materialities. In: *Anthropological Quarterly* 87,1 (2014), S. 5–30 hier S. 7.

Transformation beigetragen: die Ontologien, Wissensformen und Technologien der Erdölexploration.

Der ontologische Zugang zu Ressourcen als Teil eines Netzwerks aus materiellen und diskursiven Beziehungen entsprach nicht den gängigen Sichtweisen auf Erdöl in Ecuador. Private und staatliche Akteure hatten sehr unterschiedliche Verständnisse davon, was Erdöl symbolisierte. In der ersten Hälfte des 20. Jahrhunderts erschien die Ressource in Ecuador mehr wie ein abstraktes Versprechen als eine konkrete Substanz. Nach den gescheiterten Explorationsversuchen durch Shell in den 1940er Jahren erklärte der ecuadorianische Präsident Galo Plaza: „El Oriente es un mito"[11], die ecuadorianische Regenwaldregion sei ein Mythos und nicht für die Ölförderung geeignet. Hier formulierte Galo Plaza bereits eine Dimension des *resource environment*: Als abstrakter Mythos hatte das *resource environment* mit der materiellen Realität vor Ort wenig gemein. Diese Konzeption diente den ecuadorianischen Regierungen auch als Legitimation, um die Vielfalt der Amazonastiefebene und ihrer indigenen Bewohner*innen zu ignorieren. Die Reduzierung der Diversität der Region auf die Ressource Erdöl legitimierte ab den 1960er Jahren die Ausbeutung des Öls sowie eine landwirtschaftliche Kolonialisierung.

Dem Mythos um das Potenzial der Amazonasregion als Erdölförderstätte wurde eine bürokratische Vereinfachung zur Seite gestellt: die Erdölkonzession als formale Begrenzung des *resource environment*. Konzessionen zur Erkundung und Ausbeutung von Erdöllagerstätten wurden in Ecuador seit dem Erdölgesetz von 1937 vergeben, um der Exploration einen neuen rechtlichen Rahmen zu geben.[12] Bis zur Verschärfung des Gesetzes Anfang der 1970er Jahre wurden den Ölfirmen riesige Konzessionen und weitreichende Rechte, etwa zur Nutzung von Holz als Baumaterial, erteilt. Den Regierungen in Quito bescherten die Gebühren für die Erdölkonzessionen zumindest bescheidene Einkünfte aus einer bis dahin wirtschaftlich unbedeutenden Region. Der Wert der Gegend als Ölfördergebiet blieb bis 1967 für die Regierungen spekulativ, was sowohl eine politische Bedrohung als auch eine Chance darstellte. Die Erdölexploration im Amazonasgebiet verstärkte den andauernden Grenzkonflikt mit Peru. Nachdem Ecuador 1941 große Teile

11 Galo Plaza, príncipe favorito de la OEA. In: *El Telégrafo*, 18.04.2013. https://www.eltelegrafo.com.ec/noticias/columnistas/1/galo-plaza-principe-favorito-de-la-oea (Zugriff am 19.09.2023).

12 Administración del Ing. Sr. Dn. Federico Paez: *Ley de Petróleo*, Registro Official, 09.08.1937, S. 1539–1545.

des Amazonasgebiets an das Nachbarland abgetreten hatte, erkannte es die im sogenannten Rio-Protokoll festgelegte Grenzziehung teilweise nicht an.[13] Die Erteilung von Erdölkonzessionen beider Regierungen in der Nähe des umstrittenen Gebiets führte wiederholt zu diplomatischen und militärischen Auseinandersetzungen. Die Konzessionen erwiesen sich als ein Werkzeug, um die eigene nationale Souveränität zu stärken. Ecuadorianische Regierungsvertreter förderten die Explorationsbemühungen der Ölfirmen nicht nur aus wirtschaftlichen Interessen, sondern auch um eine größere staatliche Kontrolle über die Regenwaldgebiete zu erlangen.[14]

Aus Sicht der Ölfirmen eröffnete sich ein eindimensionales Verständnis von Erdöl als Ressource. Während die ecuadorianischen Arbeiter[15] die ‚Ölfontäne' aus dem Bohrloch Lago Agrio Nr. 1 feierten, kommunizierten Texacos Manager den Fund in einer standardisierten Sprache von messbaren Eigenschaften und Bestandteilen. Die Berichte über fertiggestellte Bohrlöcher enthielten folgende Variablen: die produktive Gesteinsformation, die Menge an gefördertem Öl, das Verhältnis zwischen gefördertem Öl und Gas sowie Wasser und Sedimenten und schließlich die Dichte des Öls in API-Grad als Qualitätsmarker.[16] Der ontologische Zugang zur Ressource wurde dabei durch Messinstrumente vermittelt, wie etwa Sensoren, die mit Kabeln hunderte Meter tief in die Bohrlöcher abgesenkt wurden. Dass nur die materiellen Eigenschaften des Öls beschrieben wurden, die einen direkten Einfluss auf den Marktwert hatten, zeigt den komplexen physisch-sozialen Charakter der Ressource: „part physical entity, part social category."[17] Diese konzeptuellen Zugänge zur Ressource und die Ausgabe formaler Erdölkonzessionen trugen wesentlich zur Etablierung des Amazonas als *resource environment* bei.

13 David S. Palmer: Peru-Ecuador Border Conflict. Missed Opportunities, Misplaced Nationalism, and Multilateral Peacekeeping. In: *Journal of Interamerican Studies and World Affairs* 39,3 (1997), S. 109–148, hier S. 116–117.

14 Vgl. Kevin Woods: Ceasefire Capitalism. Military-Private Partnerships, Resource Concessions and Military-State Building in the Burma-China Borderlands. In: *The Journal of Peasant Studies* 38,4 (2011), S. 747–770, hier S. 749.

15 Bis etwa in die 1980er Jahre war das technische Personal im ecuadorianischen Amazonas ausschließlich männlich.

16 Vgl. H. R. Comby: Official Completion Well Aguarico-8, 22.10.1973. UDAPT Lago Agrio, Aguinda vs. Texaco, 162256.

17 Gavin Bridge: Material Worlds. Natural Resources, Resource Geography and the Material Economy. In: *Geography Compass* 3,3 (2009), S. 1217–1244, hier S. 1219.

Explorationstechnologie und Wissen

Der Wandel des Amazonas lässt sich auch über den Prozess der Wissensgenerierung über Ölfelder und die dabei eingesetzte Technologie nachzeichnen. Die Prospektion durch internationale Ölfirmen resultierte in der ersten systematischen Erfassung beinahe des gesamten ecuadorianischen Amazonasgebiets. Die Technologien zur Lokalisierung von erdölführenden Gesteinsschichten lieferten grundlegende Erkenntnisse über die Geografie und Geologie des Gebiets. Hierbei waren die ausländischen Geologen und Ingenieure auch auf die Unterstützung durch indigene Führer*innen angewiesen. Die Prospektionstechnologien hinterließen tiefe Spuren im Amazonas und prägten das Wissen der beteiligten Akteure über den Amazonas als *resource environment*.

Die Prospektionsarbeiten in Ecuador hingen überwiegend von wissenschaftlichen und technologischen Entwicklungen außerhalb des Landes ab. Dieser Prozess begann in den 1920er Jahren mit den ersten Forschungen von US-amerikanischen Geologen der Leonard Exploration Company. Leonards Erkundungsteam bahnte sich zu Fuß einen Weg durch den Regenwald und identifizierte auf der Basis einer rein oberflächlichen Analyse der Topografie mehrere potenziell ölführende Gesteinsschichten.[18] Royal Dutch Shell führte während des Zweiten Weltkriegs eine Technologie in Ecuador ein, welche die Perspektive auf den Amazonas grundlegend veränderte: die zivile Luftfahrt und damit die Lufterkundung. Der Einsatz von Flugzeugen erlaubte eine schnellere Exploration der riesigen und unzugänglichen Konzessionsgebiete: „Scouting from the air, scientists and prospectors could often see geologic features difficult to notice from the ground."[19] In vielen lateinamerikanischen Ländern wurden Fluggesellschaften im Dienste der Ölfirmen gegründet. So fotografierte das Unternehmen Fairchild Aerial Survey die mehr als 1,5 Millionen Hektar große Konzession von Shell in nur 54 Flugstunden. Eine Kartierung mit topografischen Methoden zu Fuß hätte mehrere Jahrzehnte in Anspruch genommen. Aber auch per Flugzeug dauerte das Unterfangen neun Monate, da die Technik auf den selten wolkenlosen Himmel angewiesen war. Shell baute die ersten Landebahnen im ecuadorianischen Amazonas schon ab 1940 als Ausgangspunkt für Erkundungsflüge. Diese Flugfelder und die

18 Wasson Theron / Joseph H. Sinclair: Geological Explorations East of the Andes in Ecuador. In: *AAPG Bulletin* 11,12 (1927), S. 1253–1281, hier S. 1275.

19 Thomas Robertson: The Bird's-Eye View. Toward an Environmental History of Aviation. In: *The Journal of Transport History* 35,2 (2014), S. 220–224, hier S. 221.

sie umgebenden Camps bildeten die erste permanente Infrastruktur in dem entstehenden *resource environment*.[20] Zwanzig Jahre später konnte Texaco für die Prospektion ihres Konzessionsgebiets auf Logistik per Helikopter zählen. Diese konnten auf hunderten von gerodeten Lichtungen landen und waren damit wesentlich flexibler einsetzbar als Flugzeuge. Über dem Regenwald herrschte ein beständiger Flugverkehr für den Transport von Personal und Equipment.

Die Prospektion musste schließlich auf dem Boden fortgesetzt werden, um die Lage der Ölvorkommen genauer bestimmen zu können. Texaco begann 1964 mit einem Explorationsprogramm mit Reflektionsseismik. Diese geophysische Erkundungstechnik ermöglichte eine präzisere Bestimmung von Gesteinsformationen durch die Messung von reflektierten Schallwellen im Untergrund. Texaco engagierte die US-amerikanische Firma Geophysical Service Incorporated, um die erst analogen und dann digitalen seismischen Studien in den 1960er Jahren durchzuführen.[21] Die geophysischen Firmen erhoben ihre Daten anhand von Sprengladungen mit Dynamit, welche im Abstand von einhundert Metern in 20 bis 30 Metern Tiefe vergraben wurden. Diese Sprengsätze wurden anschließend verbunden und gleichzeitig gezündet. Spezielle Messgeräte erfassten das von den Gesteinsschichten reflektierte Echo der Detonationen. Der gesamte Datensatz wurde schließlich im jeweiligen Firmensitz des Unternehmens im Ausland in geologische Karten übersetzt.[22] Um die Messungen durchzuführen, mussten die Arbeiter der geophysischen Unternehmen bis zu fünf Meter breite Pfade über tausende Kilometer Länge anlegen, die sich bald wie ein riesiges Gitternetz durch den Regenwald zogen. Da die unwegsame Landschaft und hunderte kleine Wasserläufe den Einsatz von Fahrzeugen verhinderten, wurden in Handarbeit die Pfade gerodet, die kleinen Bohrlöcher angelegt und die Sprengsätze vorbereitet. Anhand der so gewonnenen Daten konnten Texacos Geologen Orte für Probebohrungen auswählen. Diese Technologie erwies sich für die Suche nach Öl im

20 Manuel A. Navarro: Importancia del Transporte Aéreo en la Industria Petrolifera. In: *Ecuador Petrolero* 1,1 (1954), S. 25–34, hier S. 25–26.

21 Auch Shell hatte bereits seismische Studien durchgeführt, jedoch südlich von Texacos Konzessionsgebiet. Julio Granja Ballén: Oficio No. 005981 Exploración y Explotación, 26.09.1978. Archivo Histórico del Ministerio de Relaciones Exteriores, 469, S. 1.

22 Eduardo Ortega Gómez: Oficio 82-073-AI Encuesta sobre capacidad tecnológica de prospección de petróleo, 06.02.1982. Archivo Histórico del Ministerio de Relaciones Exteriores, 667, S. 12.

Amazonas als unersetzlich: „Seismic interpretation was the basis for all well locations in the Oriente."[23]

Die Expertise der verschiedenen indigenen Nationalitäten im Amazonas, unter anderem der Kofán, Shuar und Quichua, ermöglichte die seismische Exploration. Seit der Kolonialzeit hingen Erkundungsmissionen im Amazonas, ob von Missionaren, Kautschuksammlern oder eben seismischen Teams, von lokalen Führer*innen und Übersetzer*innen ab. Der fundamentale Beitrag der lokalen Bevölkerung zur Dokumentation des Regenwalds wurde jedoch in der Geschichtsschreibung meist ignoriert.[24] Die geophysischen Firmen stellten Indigene sowohl als Führer*innen als auch als Arbeitskräfte zum Roden der Pfade an. Die französische Compagnie Générale de Géophysique engagierte beispielsweise pro Team zwei lokale Führer, die auch für das Wohlergehen der Mitarbeiter*innen unter den extremen Arbeitsbedingungen zuständig waren. Die Crews wurden per Helikopter mit Grundnahrungsmitteln versorgt, die Führer aber kümmerten sich um frisches Fleisch und teilten ihre Kenntnisse über giftige Pflanzen und Tiere. Einige andere indigene Gemeinschaften, vor allem die Waorani, verteidigten sich gegen die Erkundung ihrer Territorien, was wiederholt zu tödlichen Zusammenstößen mit seismischen Teams führte. In einigen Gebieten im Amazonas wurden die seismischen Pfade deshalb ‚Todespfade' genannt.[25]

Die geophysischen Erkundungen ebneten den Weg, aber erst Probebohrungen konnten das Vorhandensein von Erdöl im Amazonas bestätigen. Mehrere Ölfeld-Serviceunternehmen konnten in Texacos Auftrag mit Testbohrungen im Vergleich zu anderen Konzessionen in Ecuador eine weit überdurchschnittliche Bilanz an rentablen Ölfeldern aufweisen. Texaco war erstaunlich erfolgreich im kostspieligen und riskanten ‚Explorationspoker',[26] denn die Daten aus der Lufterkundung und den seismischen Tests lieferten keine zweifelsfreie Grundlage für die Testbohrungen. Nach der Bohrung bestimmte

23 ‚Oriente' ist eine in Ecuador übliche Bezeichnung der Amazonasregion des Landes. Herbert Sawyer: Latin America after 1920. Chapter 17: Part vii. Ecuador. In: Edgar W. Owen (Hrsg.): *Trek of the Oil Finders. A History of Exploration for Petroleum. Memoir 6*. Tulsa: American Association of Petroleum Geologists 1975, S. 1143–1152, hier S. 1148.

24 Vgl. Ernesto Capello: Cartógrafos y Clérigos. Misiones Geodésicas y Religiosas en el Conocimiento Geográfico del Ecuador (Siglos XVIII–XX). In: *Araucaria. Revista Iberoamericana de Filosofía, Política y Humanidades* 12,24 (2010), S. 150–175, hier S. 156.

25 Alonso Andi zit. n. Blanca Muratorio: Trabajando para la Shell. Resistencia Cultural a la Proletarización en la Amazonía Ecuatoriana. In: Fernando Santos-Granero (Hrsg.): *Globalización y Cambio en la Amazonía Indígena*. Quito: Abya-Yala 1996, S. 371–395, hier S. 376.

26 Paz: *Escandalos Petroleros*, S. 56.

das französische Serviceunternehmen Schlumberger das Potenzial der bis zu drei Kilometer tiefen Bohrlöcher. Schlumbergers Ingenieure basierten ihre Einschätzung jedoch nicht nur auf Messungen, sondern auch auf Erfahrungswerten und Intuition:

> It's called interpretation, there is no exact sciences. We have measurements, we trust these measurements to a certain extent, then we extrapolate to believe one or the other.[27]

Das Verständnis von Erdöl als Ressource und wie darauf zugegriffen werden konnte, war somit keinesfalls statisch, sondern ließ variable Deutungen zu.

Prospektion und Regenwald in Interaktion

Die Erdölexploration transformierte den Regenwald nicht einseitig, die lokalen Umweltbedingungen nahmen ebenso einen erheblichen Einfluss auf die Prospektionspraktiken der Erdölfirmen. Die Auswirkungen der Prospektion hingen von der jeweils verwendeten Infrastruktur ab. Die ersten geologischen Feldstudien ab den 1920er Jahren etwa erforderten die Rodung von verhältnismäßig schmalen und vereinzelten Pfaden. Für den Einsatz von Flugzeugen für die Fernerkundung ab den 1930er Jahren waren größere Rodungen für Landebahnen und permanente Basislager notwendig. Seismische Erkundungen vergrößerten die Auswirkungen beträchtlich, da wesentlich breitere Wege über große Distanzen hinweg gerodet wurden. Crews mit hunderten Arbeitern wurden in Camps untergebracht und mit Helikoptern transportiert. Die Vegetation musste tausenden Kilometern seismischer Linien, Straßen und anderer Infrastruktur weichen. Die Rodungen per Machete und Motorsäge exponierten dabei den Boden und machten ihn anfällig für Erosion durch die starken Regenfälle. Gleichzeitig schränkten die Schneisen die Bewegungsfreiheit vor allem von Primaten wie etwa Kapuzineraffen zwischen den Baumkronen ein.

Die durch Explorationsarbeiten gerodete Fläche im Regenwald lässt sich nur schwer genau bestimmen. Als Anhaltspunkt kann dabei eine Schätzung der ecuadorianischen Regierung dienen, nach der alle Ölfirmen im Land bis 1978

27 Interview mit einem Ingenieur von Schlumberger, München, 25.01.2019. Das Interview ist Teil einer Serie von anonymisierten Gesprächen des Autors mit Ölarbeitern.

mindestens 20.000 km solcher Pfade angelegt hatten.[28] Allein die seismischen Pfade erforderten somit die Rodung von 40 bis 60 km² Primärwald.[29] Die Vegetation begann sich nach dem Abzug der Arbeitscrews zu erholen, jedoch verstetigten sich viele seismische Pfade: „Even small seismic paths [...] may develop into important pathways for local inhabitants."[30] Die längerfristige Nutzung von Bohrlöchern und Versorgungslagern machte weitere Abholzung unabdingbar und beeinträchtigte den umgebenden Wald durch intensive Nutzung von Baumaterialien, Jagd und Lärm. So entwickelte sich etwa das Gebiet um Texacos erstes Bohrloch Lago Agrio Nr. 1 von einem fast unbewohnten Jagdgebiet zu einer gerodeten Fläche mit Bohrloch, das nur per Helikopter zu erreichen war, bis hin zu einer Stadt mit etwa 50.000 Bewohner*innen im Jahr 2010.

Die Erkundungsaktivitäten sorgten auch im wahrsten Sinne des Wortes für Unruhe im Regenwald und verursachten die ersten Fälle von Umweltverschmutzung durch die Ölindustrie. Eine ganze Reihe an Aktivitäten während der Prospektionsarbeiten war für Lärmbelästigung verantwortlich: von Kettensägen über Dynamitexplosionen bis hin zu unablässigem Flugverkehr. Der konstante Lärm vertrieb Wildtiere, vor allem größere Säugetiere und Nagetiere, deren Jagd für die lokale Bevölkerung einen Teil der Subsistenz darstellte. Die Abwesenheit dieser Tiere beeinträchtigte auch die Verteilung von Samen und somit die Reproduktionszyklen der Flora im Regenwald.[31] Die Prospektion schädigte zudem die Gewässer im Amazonasgebiet. Die Camps belasteten in kleinerem Umfang naheliegende Flüsse mit Abfällen. Außerdem zeichnete sich mit den ersten Probebohrungen die zukünftige Umweltverschmutzung in der Region ab. Allein bei den Tests der Bohrlöcher wurden tausende Liter Rohöl in Erdbecken ohne Abdichtung gelagert. Die angewendeten Praktiken in der Prospektion waren die Vorboten des verheerenden Abfallmanagements durch Texaco und dessen Serviceunternehmen in den folgenden Jahrzehnten.[32]

28 Granja B.: Oficio No. 005981, S. 1–6.

29 Vgl. Fundación Natura: Principales Problemas Ambientales y Sociales de la Explotación Petrolera en el Ecuador, 1994. Archivo de la Pastoral Indígena del Vicariato de Sucumbíos, Ecología, G. Petróleo 1. Documentos, S. 4–5.

30 Jörg Hettler / Bernd Lehmann / Luis LeMarie: *Environmental Problems of Petroleum Production in the Amazon Lowland of Ecuador*. Berlin: Selbstverlag Fachbereich Geowissenschaften der Freien Universität Berlin 1996, S. 63.

31 Fundación Natura: Principales Problemas Ambientales, S. 17.

32 Vgl. Maximilian Feichtner: Toxic Ghost Acres, o la Dinámica de la Eliminación de Desechos de Producción de Petróleo en la Amazonía Ecuatoriana, de los Años Setenta a Noventa. In: *Historia Ambiental Latinoamericana y Caribeña* 10,1 (2020), S. 23–51.

Die Umweltbedingungen im ecuadorianischen Regenwald prägten wiederum die Umsetzung der Explorationsarbeiten. Der ecuadorianische Ingenieur Manuel Navarro beurteilte die Lage in Lateinamerika schon in den 1950er Jahren fast fatalistisch:

> Die Natur hat häufig die erdölführenden Schichten an unzugänglichen Orten versteckt, [...] mitten im Urwald, der von sintflutartigen Regenwällen durchnässt und von wilden Flüssen durchschnitten wird.[33]

Angesichts dieser unzugänglichen Lage der Erdölfelder bemühten die Ölfirmen in Ecuador ein Narrativ der Eroberung des Regenwalds, bei der die auftretenden Hindernisse durch technologischen Fortschritt und die Anstrengung der eigenen Arbeiter überwunden werden sollten.[34] Extreme Arbeitsbedingungen und Lebensgefahr prägten jedoch den Arbeitsalltag der Erkundungsteams. Selbst Texacos Mitarbeitermagazin in den USA, *The Texaco Star*, betonte die Gefahren im Amazonas: „A far greater potential hazard was the possibility of drowning in one of the raging rivers, being shocked by an electric eel, or being crushed by a tree felled in a violent windstorm."[35] Umfassende Daten zur Mortalitätsrate und zu Unfallzahlen bei Arbeitern in der Erdölindustrie in Ecuador in der zweiten Hälfte des 20. Jahrhunderts liegen jedoch nicht vor.[36]

Die Umwelt im Amazonas bedrohte nicht nur das Leben der Ölarbeiter, sondern beeinträchtigte auch die Explorationsarbeiten auf vielerlei Weise. Schlechte Sichtverhältnisse und Starkregen verhinderten häufig den Einsatz von Flugzeugen und wirkten sich besonders auf die topografische Erkundung via Luftfotografie aus, die nur an den etwa ein Dutzend wolkenlosen Tagen im Jahr möglich war. Die meteorologischen Bedingungen beeinträchtigten auch die Datenerhebung, da verwitterte Sensoren und Messgeräte die Analyse

33 Navarro: Importancia del Transporte Aéreo, S. 25 (Übers. M. F.).

34 Vgl. Julio C. Troncoso: Anglo Ecuadorian Oilfields, Limitada y sus Operaciones Principales en 1970. In: *El Año Ecuatoriano 1970–1971*. Fundación Biblioteca Ecuatoriana Aurelio Espinosa Pólit, Colección digital, RPD XX largo 1971, S. 198.

35 Texaco: New Era in Ecuador. In: *The Texaco Star* 69,1 (1972), S. 10–12, hier S. 10, zit. n. Sawyer: Latin America, S. 1146.

36 Vgl. Johanna Ortiz Wilchez / Antonio Gómez García / Aimee Vilaret Serpa: Accidentalidad en Trabajadores del Sector Petrolero. Ecuatoriano. Análisis Temporal desde 2014 a 2016. In: *Magazine de las Ciencias. Revista de Investigación e Innovación* 3,1 (2018), S. 37–46, hier S. 37.

der seismischen Daten verfälschten.[37] Die tropischen Temperaturen stellten eine Herausforderung für Mensch und Maschine dar: Gerade zur Mittagszeit reduzierte sich aufgrund der Überhitzung der Motoren die Tragkraft der Helikopter um die Hälfte. Zudem litten viele Arbeiter aus dem ecuadorianischen Andenhochland unter der Hitze und Luftfeuchtigkeit. Aufgrund des unebenen Geländes und einer Vielzahl an Flüssen konnte im Regenwald kein schweres Gerät für die Rodung der seismischen Pfade eingesetzt werden. Arbeiter erledigten stattdessen diese Aufgabe in Handarbeit, wobei fünf bis zehn Mal so hohe Kosten bei erheblichem Zeitaufwand anfielen.[38] Die Prospektion erwies sich nicht unbedingt als ein Siegeszug immer modernerer Technik, sondern oft als mühselige Handarbeit.

Epilog

Die Phase der Erdölexploration im ecuadorianischen Amazonas spielte eine wichtige Rolle in der Transformation der Region. Der Transfer und die Anwendung von Erkundungstechnologien durch ausländische Ölunternehmen strukturierten den ecuadorianischen Amazonas als *resource environment*. Die verwendete Technologie produzierte eine bestimmte Art des geografischen und geologischen Wissens über den ecuadorianischen Amazonas, welches einzig zum Ziel hatte, weitere Ölfelder zu erschließen. Dieser Fokus reduzierte die Regenwaldökosysteme in den Konzessionsgebieten der Ölfirmen auf einen abstrakten Raum zur Förderung der Ressource Erdöl. Während die Firmen von lokaler Expertise abhingen, um vor Ort agieren zu können, ignorierten ihre Erkundungsmissionen die topografischen und ökologischen Besonderheiten der Region, wie auch indigene territoriale Ansprüche. Das seismische Gitternetz schnitt gerade durch sie alle hindurch. In diesem Prozess prägten sich die diversen menschlichen und nicht-menschlichen Akteure im ecuadorianischen Regenwald gegenseitig: die vielen gefällten Bäume, Arbeiter mit ihren Motorsägen, ausufernde Flussläufe, verrostete Messgeräte, klimatische Bedingungen und lärmende Helikopter. Die umwelthistorische Perspektive setzt somit den akteurhaften Charakter des Regenwalds in Bezug zu den zahlreichen Schattenseiten der Prospektionstechnologien. Eine solche,

37 René Bucaram: Informe de Actividades Desarolladas durante el Año 1981, 28.01.1982. Presidencia de la República del Ecuador, Procuraduría General del Estado, 1293, Documentación CEPE Chevron Texaco New York II, S. 3.

38 Troncoso: Anglo Ecuadorian Oilfields, S. 198–201.

die agierende Umwelt einbeziehende Sichtweise kann zu einem dynamischeren Geschichtsverständnis der Region beitragen, ohne dabei aus den Augen zu verlieren, dass die Erdölförderung die Lebensbedingungen für einen Großteil der Bewohner*innen im Amazonasgebiet untergraben hat. Denn neben der massiven Umweltverschmutzung ebnete die Prospektion den Boden, metaphorisch und praktisch, für eine großflächige, staatlich geförderte Besiedelung und damit eine Entwaldung des Amazonas entlang der Zufahrtswege der Ölfirmen.[39] Die öffentliche Debatte um die Zukunft der Erdölförderung im Land, etwa im Rahmen des erfolgreichen Volksentscheids für einen Stopp der Erdölförderung im Yasuní-Nationalpark im August 2023, nimmt meist diese möglichen Folgen der Förderung in den Fokus.[40] Die Prospektionsarbeiten selbst waren jedoch nicht mit der ersten großen Entdeckung in Lago Agrio abgeschlossen. Im Gegenteil: Geophysische Unternehmen setzen bis heute ihre Arbeit fort, um noch den letzten Winkel des ecuadorianischen Amazonas zu erkunden.

39 Chris W. Baynard / James M. Ellis / Hattie Davis: Roads, Petroleum and Accessibility. The Case of Eastern Ecuador. In: *GeoJournal* 78,4 (2013), S. 675–695, hier S. 675.

40 Vgl. Heike Buchter: Wo jeder Hektar unbezahlbar ist. In: *Die Zeit*, 28.08.2023. https://www.zeit.de/wirtschaft/2023-08/ecuador-oelfoerderung-yasuni-nationalpark-referendum (Zugriff am 25.10.2023).

Nils Droste / Maria Fernanda Abdo García

Zwischen La Esperanza und Siete Iglesias

Naturschutz und Bergbau in San Juan Bosco, Ecuador

Ein Beispiel vielfältiger Zielkonflikte nachhaltiger Entwicklung

Der Kanton San Juan Bosco in den östlichen Ausläufern der ecuadorianischen Andenkordilleren ist Schauplatz lokaler und (multi-)nationaler Interessenskonflikte. Großteils mit undurchdringlichen Amazonasbergwäldern bewachsen, birgt der Kanton unvermutete Reichtümer an natürlichen Ressourcen. Hier befinden sich sowohl eines der größten Kupfervorkommen Ecuadors als auch ein hoher Artenreichtum.[1] Neben Mestizen leben hier Shuar, ein indigenes Volk der Jivaro, das zumindest noch bis in die 1970er Jahre streng nach alten überlieferten Traditionen lebte und sich heute mit sich verändernden (Landnutzungs-)Interessen konfrontiert sieht. Es gibt hier also nicht nur Bodenschätze und biologische, sondern auch kulturelle Vielfalt. San Juan Bosco ist damit ein reicher Ort. Gleichzeitig ist es ein armer Ort: Knapp drei Viertel der Bevölkerung leben unterhalb der Armutsgrenze.[2] Schulbildung, medizinische Versorgung, Infrastruktur und Internet sollen nach Plänen der lokalen und nationalen Regierung noch deutlich ausgebaut werden. Es ist auch ein recht abgelegener Ort, je nach Regen und Straßenlage zwischen vier und zehn Busstunden von Cuenca im Süden Ecuadors entfernt – und

1 Vgl. Patricio Chávez / Joan Martinez Alier: Panantza – San Carlos, Ecuador. In: *Environmental Justice Atlas*, 03.08.2017. https://ejatlas.org/conflict/panantza-san-carlos-ecuador (Zugriff am 21.07.2020).

2 Armut wird hier als nicht befriedigte Grundbedürfnisse bzgl. Unterkunft, Wasserversorgung, Bildung und Einkommen verstanden. Für eine aktuelle Einschätzung der nationalen Statistikbehörde Ecuadors (NEC) vgl. https://www.ecuadorencifras.gob.ec/pobreza-por-necesidades-basicas-insatisfechas/ (Zugriff am 22.07.2020).

ungefähr genauso weit von Macas, der Hauptstadt der Amazonasprovinz Morona Santiago.

An diesem entlegenen, zugleich reichen und sich wirtschaftlich erst kürzlich entwickelndem Ort lassen sich essenzielle Landnutzungs- und Interessenskonflikte nachhaltiger Entwicklung finden. Unter anderem über das Geschäft mit Kupferkonzessionen finanzieren chinesische Unternehmen Ecuadors politische Entwicklungspläne.[3] Naturschutz wird in Ecuador seit langem auch von der internationalen Entwicklungszusammenarbeit unterstützt. Allerdings sind die entsprechenden Landnutzungskonflikte nicht ohne Enteignungen und teils heftig verlaufen. Zum einen wurde das Lager der Minenarbeiter, ‚La Esperanza' – ‚die Hoffnung' genannt, mehrfach von Shuar besetzt und vom Militär verteidigt, neben Verletzten gab es auch einen Toten. Zum anderen wurde das erste zentrale Schutzgebiet Ecuadors, ‚Siete Iglesias' – ‚sieben Kirchen', direkt von der Gemeindeverwaltung San Juan Boscos ausgewiesen. Allerdings wird es von den Landlosen, die dort leben, nicht in seinen Naturschutzbestimmungen anerkannt.

San Juan Bosco steht als Beispiel dafür, dass lokale Konflikte oft nur im weiteren Kontext und unter Einbezug der Macht- und Interessenverhältnisse einer globalisierten Welt zu verstehen sind. In diesem Beitrag gehen wir daher anhand der Diskurse und Ereignisse um La Esperanza und Siete Iglesias der Frage nach, was wir über Schutz und Nutzung natürlicher Ressourcen von (inter-)nationalem Interesse von San Juan Bosco lernen können. Als Material verwenden wir im Hinblick auf den Naturschutz Projektberichte, Gesetze, Beschlüsse und Interviews, die wir 2017 vor Ort durchgeführt haben, und bezüglich des Bergbaus multi-mediale, teils journalistische Beiträge in Form von Videos, Blogs und Webseiten sowie wissenschaftliche Analysen. Als Beitrag zur Literatur über Landnutzungskonflikte vor Ort liefern wir hier eine Analyse, welche die Perspektive vom Bergbau auf den Naturschutz ausweitet. Damit können wir zeigen, dass Landnutzungskonflikte nicht nur bei neo-extraktivistischen Projekten[4] zu beobachten sind, die sich gegenüber den

3 Vgl. Chris Kraul: Por los créditos negociados con China, Ecuador se enfrenta a un enorme déficit presupuestario. In: *Los Angeles Times*, 10.12.2018. https://www.latimes.com/espanol/internacional/la-es-por-los-creditos-negociados-con-china-ecuador-se-enfrenta-a-un-enorme-deficit-presupuestario-20181210-story.html (Zugriff am 07.08.2021).

4 Vgl. Esben Leifsen: The Socionature That Neo-Extractivism Can See. Practicing Redistribution and Compensation around Large-Scale Mining in the Southern Ecuadorian Amazon. In: *Political Geography* 82 (2020), 102249, S. 1–11; Priscilla Massa-Sánchez / Rosa del Cisne Arcos / Daniel Maldonado: Minería a gran escala y conflictos sociales. Un análisis para el sur de Ecuador. In: *Revista Problemas del Desarrollo* 194,49 (2018), S. 119–142.

Interessen der indigenen Shuar[5] durchsetzen. Auch unter den sich ansiedelnden Mestizen gibt es marginalisierte Landlose, deren Interessen im Zusammenspiel lokaler, nationaler und internationaler Mächte leiden. Insofern sind die Interessenskonflikte vielschichtig und gegebenenfalls nur jenseits der üblichen Verdächtigen vollständig zu verstehen. Entsprechend diskutieren wir aus polit-ökologischer Perspektive, inwiefern Interessenskonflikte auch vor Ort gelöst werden könn(t)en und welche zentrale Rolle Landnutzungsrechte für den Schutz benachteiligter Bevölkerungsgruppen spielen.

Ein kurzer historischer Abriss der Entwicklungsgeschichte San Juan Boscos

Schriftliche Aufzeichnungen zur Entwicklungsgeschichte San Juan Boscos beginnen mit der „Kolonisierung" genannten Besiedelung des heutigen Kantonsgebiets ab den späten 1940er Jahren.[6] (Abb. 1) Die Pionierfamilien finden hier, gegen den Widerstand der Shuar, weiteren Weidegrund. Der erste christliche Priester hält die Eröffnungsmesse im Jahr 1956 und in den 1960er Jahren werden eine Schule und eine Kapelle erbaut sowie ein Sportclub gegründet. Die Mestizenbevölkerung breitet sich langsam nach Osten aus und weitere Landnahmen finden statt. Anfang der 1970er Jahre wird Erdöl im Amazonasgebiet gefunden und das Militär setzt die Regierung Velasco Ibarras ab. Mit der fortschreitenden Erschließung Amazoniens entsteht in San Juan Bosco die erste kantonsübergreifende Straße. Die erste Sekundarstufe wird in den 1980er Jahren eingeweiht. Die Gemeinde San Juan Bosco wird zum Kanton. Ein Aufschwung findet statt, Straßen- und Elektrizitätsnetze werden ausgebaut. Der letzte Grenzkonflikt mit Peru (Cenepa-Krieg) findet in und um San Juan Bosco herum statt, wodurch einige tausend Soldaten 1995 in die Region verlegt werden, und erst 1998 kommt es zum Friedensvertrag. 1999 wird der Dollar in Ecuador eingeführt und ab 2002 werden Kupfervorkommen in der Region von kanadischen und internationalen Minenkonzernen

5 Vgl. Thomas K. Rudel: The Extractive Imperative in Populous Indigenous Territories. The Shuar, Copper Mining, and Environmental Injustices in the Ecuadorian Amazon. In: *Human Ecology* 46,5 (2018), S. 727–734; Esben Leifsen / Luis Sánchez-Vázquez / Maleny Gabriela Reyes: Claiming Prior Consultation, Monitoring Environmental Impact. Counterwork by the Use of Formal Instruments of Participatory Governance in Ecuador's Emerging Mining Sector. In: *Third World Quarterly* 38,5 (2018), S. 1092–1109.

6 GADM San Juan Bosco: *Plan de Desarrollo y Ordenamiento Territorial*. San Juan Bosco: Gobierno Autonomo Decentralizado Municipal 2015, S. 6.

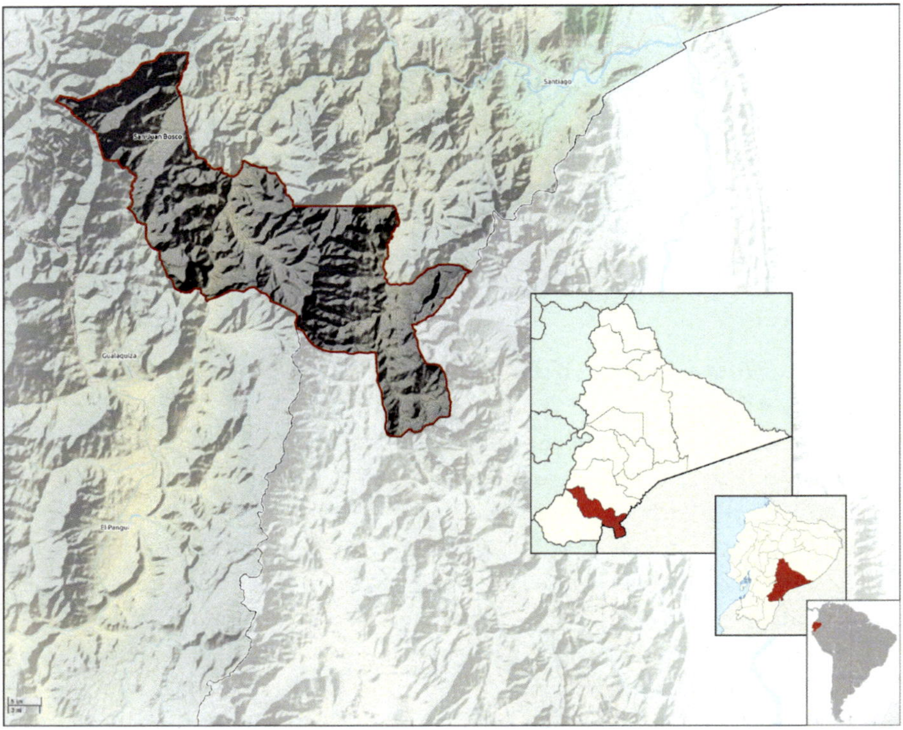

Abb. 1: Karte und Lage des Kantons San Juan Bosco in der Provinz Morona Santiago, Ecuador, und in Südamerika. Am rechten Rand ist das Amazonasbecken zu sehen.

erschlossen. 2009 bekommt Ecuador nach breit angelegter gesellschaftlicher Beteiligung am verfassungsgebenden Konvent eine neue Verfassung und die ‚Revolution der Bürger' genannte Regierung Rafael Correas beginnt ein massives Entwicklungsprojekt für ein ‚Gutes Leben' – auf Kichwa *Sumak Kawsay*. Ebenfalls 2009 wird mit Hilfe der deutschen Gesellschaft für Technische Zusammenarbeit (GTZ) der Managementplan für das Gemeindeschutzgebiet Siete Iglesias entworfen. Ab 2016 eskalieren die Konflikte zwischen den Arbeitern des chinesischen Bergbaukonzerns und den Shuar. Damit hat San Juan Bosco einen Großteil der Entwicklungen, die sich in anderen Regionen Nord- und Südamerikas teils über Jahrhunderte abspielten, innerhalb der letzten 80 Jahre erlebt – die Zeitspanne eines Menschenlebens. Die Landnutzungs- und Interessenskonflikte, die wir im Weiteren beschreiben, sind damit stellvertretend für die aktuelle Landnutzung im Amazonasgebiet zu betrachten.

Dezentraler Naturschutz im (inter-)nationalen Interesse

Das Gemeindeschutzgebiet ‚Sieben Kirchen' (Área Ecológica de Conservación Municipal ‚Siete Iglesias') liegt in den dem Amazonas zugewandten Hängen der östlichen Andenkordillere. Gekrönt wird das Gebiet von sieben Gipfeln, den ‚Sieben Kirchen' mit dem sogenannten Zuckerhut (Pan de Azúcar) als höchster Erhebung, die sich dichtbewachsen in den meist wolkigen Regenhimmel recken. Ausgewiesen wurde das Schutzgebiet durch einen Gemeindebeschluss im Jahr 2009, der allerdings gar nicht vom Gesetz vorgesehen war. Dazu musste 2010 erst einmal das nationale Naturschutzgesetz angepasst werden, erst dann konnte der damalige Bürgermeister den Antrag auf Aufnahme des Schutzgebiets in das nationale Schutzgebietsnetzwerk stellen. Mit der Aufnahme 2012 wurde Siete Iglesias als erstes Gemeindeschutzgebiet Ecuadors offiziell vom Umweltministerium anerkannt. Der Prozess der graduellen Gesetzgebung über Gesetzesakte auf dezentraler Ebene zeigt, wie eine innovative kantonale Idee auf nationaler Ebene anerkannt wurde. Ganz einfach war der Prozess allerdings nicht, darauf kommen wir später noch zurück.

Mit einer Fläche von circa 16 km^2 erstreckt sich das Schutzgebiet auf ungefähr zehn Prozent des Kantons.[7] Die Hänge sind steil und in höheren Lagen kaum zu begehen, der Höhenunterschied beträgt insgesamt 1.700 m (von 1.140–3.840 m). Die tiefer liegenden Flächen werden als Teil der sogenannten Pufferzone teilweise bewirtschaftet. (Abb. 2) Die vor ein paar Jahren aus den USA eingeführten hochproduktiven Milchkühe seien laut lokaler Einschätzung mittlerweile alle verstorben, da sie das feuchte Klima nicht vertrugen. Allerdings hätten sich einzelne von ihnen noch mit dem von den ersten Siedler*innen mitgebrachten Milchvieh gepaart und damit den Ertrag gesteigert. Ob die Bewirtschaftung mit Milchvieh in der Zone nach Ausweisung des Schutzgebiets im Jahr 2008 grundsätzlich legal ist, wird noch diskutiert. Laut Bürgermeister, Schutzgebietsverwaltung und Managementplan

7 Fundación Ecológica Arcoiris: *Plan de Manejo del Área Ecológica de Conservacion Municipal Siete Iglesias*. Quito: Ministerio del Ambiente del Ecuador / Gobierno Municipal del cantón San Juan Bosco / COSUDE / GTZ 2009. Dass sich die in der Gemeindeverordnung vom 27.09.2007 angegebene Fläche von 16.050 ha nicht mit den im Managementplan erfassten Flächen deckt (siehe auch die daraus entnommenen Flächenangaben in Abb. 2), zeigt schon einige Ungenauigkeiten. Eine weitere kann man in der Karte des Schutzgebiets und seiner Lage im Kanton und der Provinz bei genauerer Betrachtung in der oberen rechten Ecke von Abb. 2 entdecken. Die Schutzgebietsgrenzen gehen über die Grenzen des Kantons hinaus – mit entsprechend zweifelhafter Gesetzgebungskompetenz der Kantonalregierung San Juan Boscos im Nachbarkanton Gualaquiza. Dies liegt auch an ungenauen Grenzziehungen zwischen den Kantonen (vgl. GADM San Juan Bosco: *Plan de Desarrollo*, S. 5).

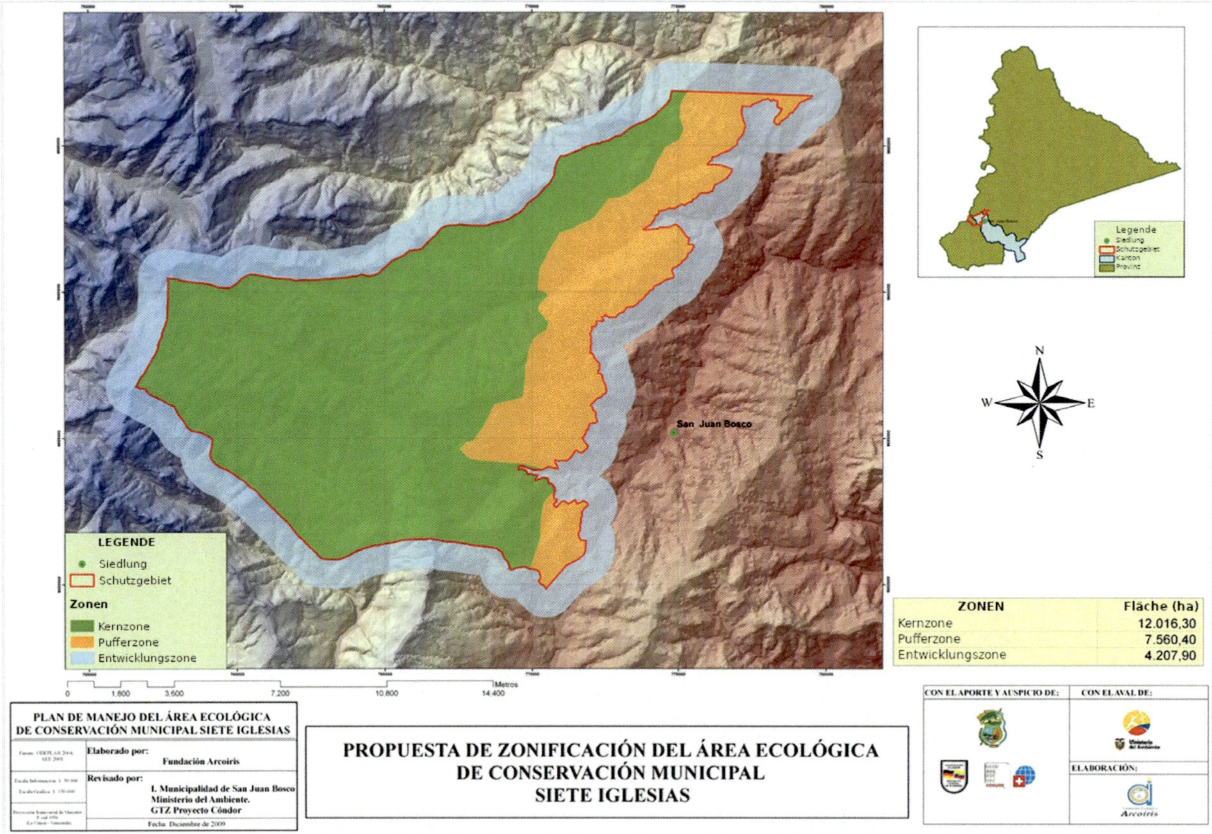

Abb. 2
Die Managementzonen des Gemeindeschutzgebiets Siete Iglesias in San Juan Bosco.

ist Subsistenzwirtschaft ausdrücklich erlaubt, solange sie vorhandene Ökosysteme nicht schädigt. Einen Baum zu fällen oder Milchvieh zu halten, ist gestattet. Kahlschlag und weitere Landnahme sind dagegen untersagt. Einer der Landbesitzer bezweifelt das im Interview, wobei seine Kritik sich hauptsächlich darauf bezieht, dass er weiterhin Steuern auf das Land zahlen müsse, das er nun nicht mehr nutzen könne, wie er wolle, und welches er auch nicht mehr zu einem guten Preis verkaufen könne. Zudem sei er nie gefragt worden, was er denn von dem Schutzgebiet halte. Hier deuten sich schon erste Konflikte an.

Viel härter trifft es allerdings noch die Mestizen-Familien, die im oberen Tal des Schutzgebiets – innerhalb der Kernzone – leben. Diese sind nicht einmal im Managementplan des Schutzgebiets erfasst. In diesem sind lediglich 47 Anlieger*innen mit Landbesitz in der Pufferzone dokumentiert, während Familien ohne offiziellen Landbesitz, die sich in der Kernzone niedergelassen hatten, nicht in den Aufzeichnungen auftauchen. Als sogenannte Landlose haben sie keinen Anspruch auf Schutz ihres Eigentums durch das Gesetz oder entsprechende Entschädigungen dafür, dass ihre landwirtschaftlichen Tätigkeiten im Inneren der Kernzone nun illegal sind. Allerdings sind entsprechende Landnahmepraktiken ohne gesetzlich abgesicherte Eigentumsrechte bereits von den ersten Siedler*innen praktiziert worden, die damit die Shuar, die dort vorher lebten, verdrängten. Auch darauf kommen wir später noch einmal zurück.

Wie kommt es also, dass im Planungsprozess solche Unachtsamkeiten passiert sind? Dabei versprechen doch gängige Dezentralisierungstheoreme der finanzwissenschaftlichen Politikökonomie, dass dezentrale öffentliche Entscheidungen näher an den Bürger*innen und damit eher in deren Interesse gefällt werden.[8] Was in der Theorie richtig sein mag, kann in der Praxis auf verschiedene Probleme stoßen. Zum einen gibt es eine gängige Landnutzungspraxis in der legalen Grauzone und zum anderen gab es internationale Unterstützung, welche die dezentrale Ausweisung erst möglich gemacht hat. Allerdings werden lokale Gegebenheiten bei solchen Interventionen von außen vielleicht nicht so gut verstanden, wie es die Anwohner*innen tun. Im Prinzip wussten Einzelne vor Ort wahrscheinlich von den landlosen Anlieger*innen in der Kernzone, allerdings tauchten diese nicht im Grundbuch auf. Für eine Gemeindeverwaltung, die keine Erfahrung mit der Ausweisung von Schutzgebieten hat, die noch nicht einmal in nationalen Gesetzen vorgesehen waren, ist es

8 Vgl. Wallace E. Oates: *Fiscal Federalism*. New York: Harcourt Brace Jovanovich 1972.

sicher schwierig, alle Anforderungen zu meistern. Die Gesellschaft für Technische Zusammenarbeit war seit mindestens Anfang der 2000er Jahre in der Region aktiv und unterstützte die ecuadorianische Regierung auf mehreren Ebenen bei mehr Naturschutz.[9] Die Gemeindeverwaltung nahm diese Unterstützung gerne an. Mit der Erstellung des Managementplans gemäß gängiger internationaler Naturschutzpraxis wurde dann auch die Fundación Ecológica Arcoiris beauftragt.[10] Diese hat sich wahrscheinlich an die Grundbücher gehalten, denn die landlosen Anlieger*innen tauchten nicht auf und wurden vermutlich auch erst nach der Ausweisung von der Gemeindeverwaltung informiert. Die geplanten Bildungs-, Kommunikations- und Tourismuspläne der Gemeindeverwaltung könnten zwar indirekt auch den Landlosen zugutekommen. Insgesamt herrschte allerdings eine große Unsicherheit in der lokalen Verwaltung, wie nun am besten mit diesen Umständen umzugehen sei.

Der kurze Abriss der Entstehungsgeschichte des internationalen Naturschutzprojekts in San Juan Bosco weist bereits auf einige Herausforderungen hin, die in der Umsetzung eines dezentral organisierten Umweltschutzes mitunter auftauchen. Eines der gegenwärtigen Managementparadigmen für Schutzgebiete ist die Beteiligung der sogenannten Anspruchsgruppen.[11] Dabei kann man sich auf diejenigen mit entsprechenden Interessen oder auf diejenigen mit Einfluss beziehen. Die deutsche internationale Entwicklungszusammenarbeit hat hier hauptsächlich in Bezug auf Interessenskonflikte zwischen lokaler und nationaler Verwaltung vermittelt[12] und geholfen, die Gesetzgebungskompetenzen neu zu verhandeln. Einerseits liegen naturschutzfachliche Gründe für Kompetenzen auf nationaler Ebene auf der Hand, wie beispielsweise die provinzübergreifende Planung von Schutzgebietsnetzwerken. Dazu zählt etwa der Schutzgebietskorridor zwischen den Nationalparks Sangay und Podocarpus, welcher sich über die Provinzen Morona Santiago, Azuay, Loja und Zamora Chinchipe spannt.[13] Dezentraler Naturschutz verspricht hingegen, dass lokal

9 Vgl. Gesellschaft für Technische Zusammenarbeit: *Areas de Conservación Municipal. Una oportunidad para la conservación de la biodiversidad y desarollo local.* Brasilia: GTZ 2010.

10 Vgl. Fundación Ecológica Arcoiris: *Plan de Manejo.*

11 Vgl. Connie Lewis: *Managing Conflicts in Protected Areas.* Gland: International Union for Conservation of Nature and Natural Resources 1996.

12 Vgl. Gesellschaft für Internationale Zusammenarbeit: *Creación del Área Ecológica de Conservación Municipal "Siete Iglesias", San Juan Bosco – Morona Santiago. Análisis de Impactos del Programa GESOREN.* Quito: GIZ 2011, S. 23.

13 Vgl. Ministerio del ambiente: *Establecimiento del Corredor de Conectividad Sangay – Podocarpus. Un aporte para la gestión del Desarrollo Sostenible y el Ordenamiento Territorial.* Cuenca: Ministerio del ambiente 2018.

vorhandenes Wissen genutzt werden kann und lokale Interessen somit besser einbezogen werden können. Gleichzeitig fehlt es häufig (noch) an notwendigen Fähigkeiten, entsprechende Vorhaben – selbst bei vorhandenem Interesse der Gemeindeverwaltung – rechtmäßig und laut bester internationaler Praxis umzusetzen. Hier kann die internationale Zusammenarbeit durchaus helfen – und hat es in diesem Fall insbesondere in den Verhandlungen mit dem Umweltministerium getan.[14] Das Ministerium wollte zuerst keine Kompetenzen an dezentrale Verwaltungseinheiten abtreten. Hier konnte das Verhandlungsgewicht internationaler Geldgeber etwas bewegen, mit dem Ergebnis eines zeitgemäßen Ansatzes, dezentralen Gebietskörperschaften die Ausweisung von Schutzgebieten zu ermöglichen.

Der Managementplan in San Juan Bosco spezifiziert, dass die Pufferzone einen umweltschonenden wirtschaftlichen Betrieb ermöglicht, während die Kernzone alle wirtschaftlichen Aktivitäten verbietet. Problematisch in dieser Hinsicht war, dass die im Grundbuch eingetragenen Höfe in der Pufferzone lagen, aber Landnutzer*innen ohne offiziellen Landbesitz auch in der jetzigen Kernzone leben. Die Rechtslage ist allerdings so komplex, dass die Interessenskonflikte – bei bester Absicht aller Beteiligten – auf dem Rücken der bereits Benachteiligten, der Landlosen, ausgetragen werden. Diese fühlen sich ihrer landwirtschaftlichen Lebensgrundlage beraubt und wehren sich bzw. ignorieren die Schutzgebietsauflagen. Die Kantonsverwaltung plant heute weitere Aktivitäten wie Bildungs- und Tourismusentwicklungsprogramme mit den Anlieger*innen und auch eine Nachbesserung der Zonierung ist im Gespräch. Der Umgang mit den Landlosen scheint allerdings noch ungeklärt. Hieran zeigt sich der Vorteil eines dezentralen Naturschutzes, da Anlieger*innen einfacher gemeinsam mit dem eigenen Bürgermeister nach Lösungen suchen können als mit dem weit entfernten Umweltministerium in Quito.

Bergbau zur Finanzierung der nationalen Strategie eines ‚Guten Lebens'

Im Jahr 2008 rief der neu gewählte Präsident Rafael Correa zum verfassungsgebenden Konvent. Unter der Beteiligung vielfältiger Akteure aus Politik, Wirtschaft und Zivilgesellschaft gab sich der ecuadorianische Staat eine neue Verfassung. Diese erkannte als erste weltweit die Rechte der Erde an

14 Vgl. Gesellschaft für Internationale Zusammenarbeit: *Creación del Área Ecológica*, S. 23.

und garantiert dem Menschen das Recht auf ein ‚gutes Leben‘[15], u. a. durch einen gesetzlichen Anspruch auf Ernährungssicherheit, gleichgeschlechtliche Ehen und die freie Wahl von Geschlechtsidentitäten. Damit hatte die plurinationale Gesellschaft Ecuadors eine der fortschrittlichsten Verfassungen des Planeten in Kraft gesetzt.[16]

Es folgten großskalige Entwicklungsprojekte für Infrastruktur, Gesundheit und Bildung. Der ecuadorianische Staat, Präsident Correa und seine ‚Revolution der Bürger‘ verkündeten das Ende der Ausbeutung durch wirtschaftliche, nationale und internationale Eliten. Allerdings mussten die Entwicklungsprojekte finanziert werden. Nachdem Correa mit den Bedingungen des Internationalen Währungsfonds nicht einverstanden war und innovative Finanzierungsansätze wie beispielsweise der Schutz des Yasuní Nationalparks im Gegenzug für entsprechende internationale Beihilfen gescheitert waren, wandte sich der Präsident für die Finanzierung an die chinesische Regierung. Im Gegenzug wurde der Erdölsektor reformiert, Lizenzen wurden neu vergeben. Die Förderung boomte trotz Weltwirtschaftskrise, die Staatsausgaben vervielfachten sich und der Schuldendienst stieg. Die bislang hauptsächlich an angelsächsische transnationale Unternehmen vergebenen Konzessionen für Erdöl und Bodenschätze wurden nun zunehmend auch an chinesische (Sub-)Unternehmen vergeben.[17]

Der neue Bergbauplan von 2016 identifiziert fünf Abbaugebiete mit strategischer Bedeutung. Darunter fallen Gebiete für Gold- und Silberförderung in den Anden und dem Amazonasgebiet und die Kupfervorkommen in Zamora Chinchipe und Morona Santiago, u. a. in der Panantza-San-Carlos-Mine in San Juan Bosco. Diese teils als ‚Neo-Extraktivismus‘ kritisierte Strategie der Regierung, Bodenschätze für die Finanzierung sozialer Politik zu extrahieren und zu exportieren, führte im vorliegenden Fall dazu, dass im August 2016 die Häuser der 30-köpfigen Bevölkerung des Shuardorfs Nankintz an der Grenze San Juan Boscos von Schaufelbaggern planiert wurden.[18] (Abb. 3)

15 Das Konzept des ‚Guten Lebens‘ geht auf eine indigene Kosmovision zurück und beruht auf Prinzipien der Gegenseitigkeit und Harmonie, meint also ein erfülltes Leben im Gleichgewicht mit sich, den Mitmenschen und der Natur.

16 Vgl. Alberto Acosta: El Buen Vivir, una oportunidad por construir. In: *Ecuador Debate* 75 (2008), S. 1–12.

17 Vgl. William Sacher: *Ofensiva Megaminera China en los Andes. Acumulación por desposesión en el Ecuador de la "Revolución Ciudadana"*. Quito: Abya-Yala 2017, S. 180.

18 Eine häufig geäußerte Kritik neben der Landnahme betrifft die Umweltauswirkungen des Kupfertagebaus, wie Abholzung, offener Tagebau und Verändungen des Wasserhaushalts. Vgl. Veronica Davidov: Land, Copper, Flora. Dominant Materialities and the Making

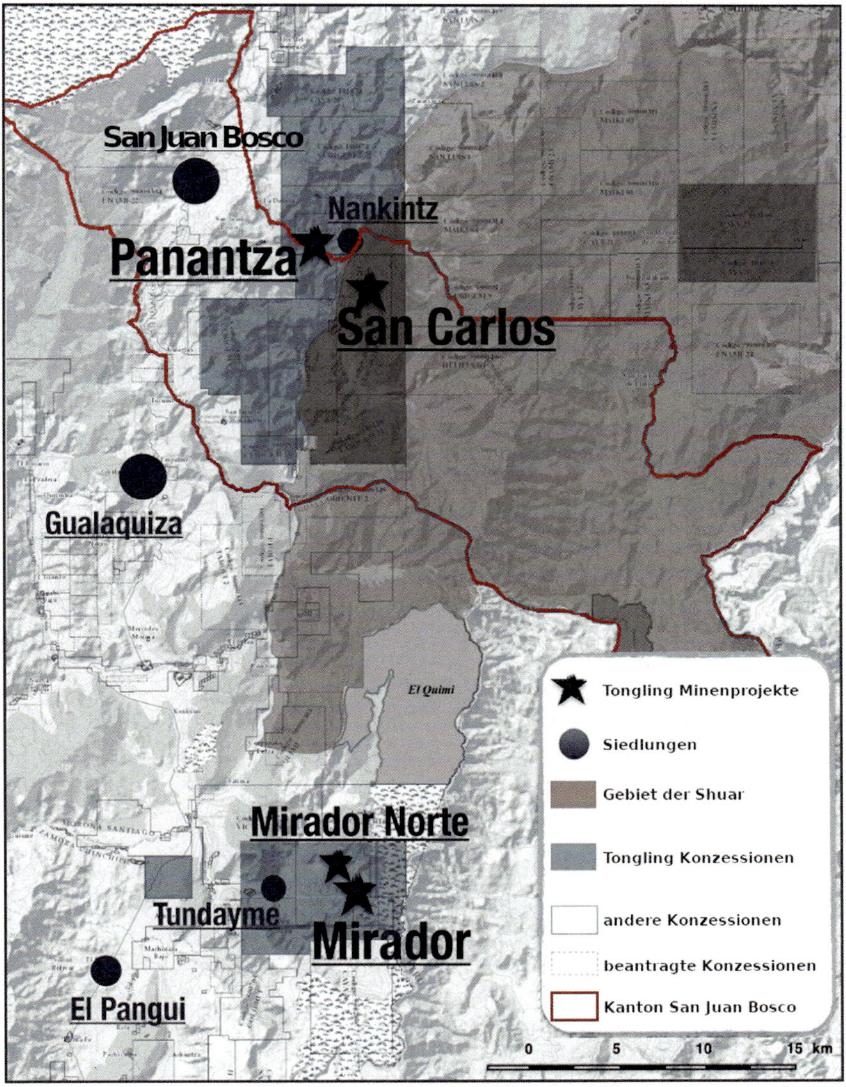

Abb. 3: Minenkonzessionen und Gebiete der Shuar in und um San Juan Bosco.

of Ecuadorian Resource Environments. In: *Anthropological Quarterly* 87,1 (2014), S. 31–58; Leifsen / Sánchez-Vázquez / Reyes: Claiming Prior Consultation; Rudel: The Extractive Imperative in Populous Indigenous Territories.

Die Kupfervorkommen in der Amazonaskordillere ‚Cordillera del Condor'[19] waren Anfang der 2000er Jahre vom kanadischen Unternehmen Corriente Resources Inc., teils in Partnerschaft mit dem australischen Minenkonzern BHP Billiton, erschlossen worden. In einem großangelegten Verfahren übernahm das chinesische Joint-Venture aus Tongling Nonferrous Metals, China Railway Construction Corporation und der gemeinsamen Tochtergesellschaft CRCC-Tongguan Investment im Jahr 2010 das kanadische Unternehmen. Zwei Jahre später vergab die ecuadorianische Regierung die Konzessionen für die Kupfervorkommen an die neu gegründeten Tochterunternehmen des chinesischen Konglomerats EcuaCorrientes und ExplorCobres.[20]
Zwar wurden den offiziellen Besitzer*innen der entsprechenden Ländereien die Grundbucheinträge abgekauft, aber die dort lebenden Shuargemeinden wurden nicht einbezogen. Als 2016 schließlich mit dem Abbau des Kupfers im Tagebau begonnen werden sollte, wurden die in Nantkinz lebenden Shuar von schwerem Gerät überrascht, das aufgefahren worden war, um ihre Hütten abzureißen und ein Lager für Minenarbeiter zu errichten.[21] Präsident Rafael Correa hatte sich dazu 2016 in seinem letzten Amtsjahr entsprechend geäußert:

> Es war nie das Land der [Shuar] Vorfahren. Als man das Land dort verteilte, wurden die Flächen für Land- und Viehwirtschaft verwendet. Außerdem ist es auch kein ursprünglicher Urwald. Es war immer im Besitz der Siedler, und die Familie [X] hat es dann an EcuaCorrientes verkauft.[22]

Damit stellte sich der Präsident, einst Hoffnung der plurinationalen indigenen Bewegung, klar auf die Seite der Mestizen, des Bergbauministeriums und der chinesisch-transnationalen Bergbauunternehmen – und gegen die Shuar. Diese reagierten mit der Besetzung des Minenarbeitercamps La

19 Passend zur Namensgebung der Kondorkordillere gibt es einen Mythos der Shuar, nach dem der Krieger Ayupum, um dem Diebstahl seiner Seelenkraft durch die Schrumpfung seines abgeschlagenen Kopfes zu entgehen, seine Seele in einen mächtigen Kondor verwandelte. Vgl. Markus Kautz: *Estudio sobre la situación socioeconómica en la zona del proyecto "Cordillera del Cóndor"*. Dresden: TU Dresden 2004, S. 5.

20 Vgl. Sacher: *Ofensiva Megaminera China en los Andes*, S. 185, 236–241, 289–292, 393–394.

21 Isabela Ponce: El fantasma de Nankints. In: *GK*, 23.04.2019. https://gk.city/2019/04/23/conflicto-minero-nankints/ (Zugriff am 23.07.2020).

22 Rafael Correa zit. n. El Universo: Conflicto Minero en Ecuador. In: *YouTube*, 22.12.2016. https://www.youtube.com/watch?v=lEcFNPQVIEw (Zugriff am 23.07.2020), 00:02:40 min (Übers. N. D. / M. F. A. G.).

Esperanza und wurden letztlich vom ecuadorianischen Militär vertrieben.[23] Dabei kam es zu gewalttätigen Ausschreitungen, Verletzten und einem toten Polizisten.

Auch in diesem Fall ist die Rechtslage nicht vollkommen geklärt – bzw. gibt es verschiedene Vorstellungen und Rechtsnormen. Der Schutz der *Tierras ancestrales* (Land der Vorfahren) und des indigenen, auch bei den Shuar gängigen, kommunalen Landeigentums ist eigentlich vom ecuadorianischen Recht garantiert. Die Forderung der Shuar auf freies, vorhergehendes und informiertes Einverständnis durch indigene Völker bei solchen Entwicklungsprojekten beruft sich damit nicht nur auf Prinzipien des Völkerrechts, sondern auch auf nationale Gesetze. Aber wenn jemand der gesetzlich anerkannte Besitzer ist, können solche Ansprüche nur schwierig vor Gericht durchgesetzt werden. Traditionellerweise gab es jedoch kaum offizielle familienübergreifende Entscheidungsfindungsmechanismen bei den Shuar. Dies hat sich 2003 mit der Einrichtung einer Selbstverwaltung geändert.[24] Erschwert wird die Frage des Landeigentums des Weiteren dadurch, dass der Schutz indigener Länder und Rechte – so argumentiert zumindest der ecuadorianische Staat – nur für offiziell anerkannte indigene Landstriche gilt. Die Selbstverwaltung der Shuar und der Anspruch auf das Land ihrer Vorfahren müssen somit zuerst in modernes Landnutzungsrecht übersetzt und durch entsprechende Verwaltungsakte anerkannt werden, bevor der Schutz durch das Gesetz gilt. Darin zeigen sich gewisse Schwächen in den gegenwärtigen Rechtsnormen, die Landnutzungskonflikte vor Ort nur bedingt entschärfen können.[25]

Am Beispiel des Minenprojekts Panantza-San-Carlos in San Juan Bosco lassen sich somit verschiedene Interessen aufzeigen. Auch hier sind die Interessenskonflikte entlang mehrerer Ebenen zu finden. Zum einen sind da Chinas Bestrebungen, sich geopolitisch wichtige Ressourcenströme und Bündnispartner zu sichern. Auf nationaler Ebene gibt es Ecuadors Finanzbedarf für seine Sozial-, Bildungs- und Gesundheitspolitik. Die Gemeindeverwaltung von San Juan Bosco hat Einnahmen durch den Bergbau vor Ort.[26] Der Bergbau bietet

23 Ebd., 00:02:10 min.

24 Nuestro Consejo de Gobierno. In: *Pueblo Shuar Arutam*, o. D. http://www.puebloshuararutam.org/organizacion/ (Zugriff am 23.07.2020).

25 Vgl. Massa-Sánchez / del Cisne Arcos / Maldonado: Minería a gran escala y conflictos sociales.

26 Die nur 0,15 Prozent der Bilanzsumme vor Ort aktiver Unternehmen können mit Summen wie 62.000 US$ in der recht armen Gemeinde bereits einen entscheidenden Unterschied für den Bau einer Schule oder ähnlicher Projekte machen. Vgl. Ministerio de Mineria:

Arbeitsplätze für die lokale Bevölkerung und die Landbesitzer*innen haben die Möglichkeit eines rentablen Verkaufs. Die Shuar möchten ihre angestammten Gebiete anerkannt und geschützt wissen.
Man kann argumentieren, dass die entsprechenden Planungsprozesse und der Tagebau vor Ort Konflikte geschaffen haben. Allerdings sind die Konflikte durch Landnahme auch kein neues Problem. Schließlich beruhen die heutigen Besitzverhältnisse vor Ort auf Praktiken der ersten Siedler*innen vor 80 Jahren. Vielmehr ist also auch hier das Problem, dass Ansprüche auf das besiedelte Land sich nicht mit den im Grundbuch eingetragenen Besitzverhältnissen decken. Die Existenz des Dorfes Nankintz auf dem Gebiet der Mine deutet allerdings klar darauf hin, dass dieses Gebiet zumindest praktisch von den Shuar bewohnt wurde, bevor es dann über ihre Köpfe hinweg den Besitzer wechselte. Die traditionellen Landnutzungs- und Siedlungspraktiken der Shuar werden vom Völkerrecht und den ecuadorianischen Gesetzen anerkannt. Aber die konkreten Gebiete im Konflikt um die Panantza-San-Carlos-Kupfermine sind anscheinend nicht offiziell als angestammtes Gebiet der Shuar eingetragen. Wie im Fall des Schutzgebiets lässt sich auch im Fall des Kupfertagebaus beobachten, dass Landnutzungspraktiken und Landnutzungsrechte nicht deckungsgleich waren und dies zu Konflikten führte.

Ein Ort, an dem sich Interessen ausgleichen lassen könn(t)en

Aus polit-ökologischer Perspektive[27] können wir die komplexe Gemengelage des Naturschutzes und des Bergbaus in San Juan Bosco aus zwei Blickwinkeln betrachten und erklären: 1) die Änderung von Umweltbedingungen und 2) die Änderung sozialer Identitäten. Es geht also um die Beziehungen von Menschen untereinander und zu ihrer Umwelt. Grundlegend dabei ist die Berücksichtigung des *Politischen* in der andauernden Entwicklung dieser Mensch-Umwelt-Beziehungen. Was also sind die politischen Strukturen, Interessen, Macht- und Besitzverhältnisse, welche die konfliktreichen Auseinandersetzungen vor Ort bedingen?

Municipalidad de San Juan Bosco recibió USD 62 mil generados en impuestos por proyecto minero San Carlos Panantza. In: *Ministerio de Minería*, o. D. http://historico.mineria.gob.ec/municipalidad-de-san-juan-bosco-recibio-usd-62-mil-generados-en-impuestos-por-proyecto-minero-san-carlos-panantza/ (Zugriff am 23.07.2020).

27 Vgl. Paul Robbins: *Political Ecology*. West Sussex: Wiley 2012, Kap. 5 zu Umweltveränderungen und Kap. 11 zu Identitätsfragen.

Wir haben im vorliegenden Beitrag gezeigt, dass es problematisch ist, wenn Landnutzungspraktik und Landnutzungsrechte nicht deckungsgleich sind. Dies gilt sowohl für fehlende Eigentumsrechte der damit teils landlosen Mestizen als auch für die nicht vollständig als Stammesgebiet anerkannten Siedlungsgebiete der Shuar. Die Lösungen solcher Landnutzungskonflikte können also zum Teil in der Überführung von Lebenswirklichkeiten und tatsächlichen Landnutzungspraktiken in modernes Recht liegen, um die Rechtssicherheit von Ansprüchen sicherzustellen. Gleichzeitig wird am Beispiel San Juan Bosco auch deutlich, dass beide Landnutzungskonflikte weitaus mehr als nur lokale Interessen betreffen. Vielmehr kristallisieren sich hier auch teils nationale, teils transnationale Interessen heraus. Im ersten Fallbeispiel sind dies die internationalen Bestrebungen für mehr Naturschutz und im zweiten Fall ist es der Bedarf des ecuadorianischen Staates an öffentlichen Mitteln und die Nachfrage der Volksrepublik China nach Ressourcen.[28] Damit sind Lösungen nicht ausschließlich auf lokaler Ebene zu finden.
Teil eines polit-ökologischen Erklärungsansatzes ist in diesem Sinne die Beobachtung, dass sich vor Ort deutlich mehr als nur lokale Interessen äußern. Andererseits sind Lösungsansätze, die konkrete Gegebenheiten und Lebenswirklichkeiten vor Ort außer Acht lassen, konfliktträchtig, weil ein Teil der Ansprüche nicht berücksichtigt wird. Um verschiedenste Ansprüche und Interessen ausgleichen zu können, braucht es also ein Verständnis davon, dass sich heute auch abgelegene Amazonasdörfer in einer global vernetzten Welt befinden und Lösungsansätze dennoch lokal gedacht und übersetzt werden müssen.

28 Zwischen Naturschutz- und Bergbau-Plänen (und Ministerien) mag es darüber hinaus auch noch weitere Interessenskonflikte geben.

III

REISEN IN ZEIT UND RAUM

Nelson Chacón Lesmes

Naturforscher im Amazonas

Johann von Spix und Carl Friedrich von Martius in Brasilien, 1817

An der Schwelle vom 18. zum 19. Jahrhundert wuchs auf dem europäischen Kontinent der Drang, andere Weltregionen zu erkunden. Mehrere Entdecker- und Forschungsreisen stillten diesen Wunsch, der aus der Perspektive von Naturforschern zunächst darin bestand, die Natur ferner Regionen mit den Hilfsmitteln der klassifizierenden Naturgeschichte zu erschließen. Hinzu kam die Absicht, die natürlichen Ressourcen an den erforschten Orten zu kommerziellen Zwecken zu nutzen.[1] Diese Art von Unternehmungen ermöglichten schließlich eine Interpretation von Natur und Gesellschaft im Lichte des *europäischen* Wissenschaftsverständnisses der Zeit mit seinen Praktiken der Klassifizierung, Beschreibung und Darstellung von Pflanzen, Tieren und Menschen. Die europäischen Mächte, die Kolonien in den Amerikas besaßen, nutzten diese Expeditionen überdies dazu, die politische Kontrolle über ihre Territorien zu verstärken und umzugestalten.[2]

Im Deutschen Bund (1815–1866) und im konkreten Fall im Königreich Bayern bestand ebenfalls ein solches Interesse. Nach der beim Wiener Kongress festgelegten Neuordnung hatte Maximilian Joseph König von Bayern eine

1 Vgl. Stefanie Gänger: World Trade in Medicinal Plants from Spanish America, 1717–1815. In: *Medical History* 59,1 (2015), S. 44–62, hier S. 51; dies.: Circulation. Reflections on Circularity, Entity, and Liquidity in the Language of Global History. In: *Journal of Global History* 12,3 (2017), S. 303–318; Daniela Bleichmar: Painting as Exploration. Visualizing Nature in Eighteenth-Century Colonial Science. In: *Colonial Latin American Review* 15,1 (2006), S. 81–104; Myriam Sepúlveda dos Santos: Naturalists in Nineteenth-Century Brazil. In: *Archiv Weltmuseum Wien* 63–64 (2014), S. 39–59, hier S. 39–41.

2 Vgl. Neil Safier: *La Medición del Nuevo Mundo. La Ciencia de la Ilustración y América del Sur*. Madrid: Fundación Jorge Juan y Marcial Pons Historia 2016.

Entdeckerreise nach Südamerika geplant, welche jedoch aufgrund organisatorischer Schwierigkeiten innerhalb der Bayerischen Akademie der Wissenschaften aufgeschoben werden musste.[3] Eines der Probleme war, ein solch langfristiges Projekt zu finanzieren, das im Stile der großen Expeditionen des 18. Jahrhunderts verschiedene Regionen umfassen würde. Außerdem war nicht genug Personal für die Durchführung der Mission vorhanden. Vor diesem Hintergrund war die Heirat zwischen der Erzherzogin von Österreich, Maria Leopoldine von Habsburg-Lothringen, und Kaiser Dom Pedro I. von Brasilien ein entscheidendes Ereignis, da es die geopolitischen Beziehungen zwischen den beiden Reichen in unmittelbarer Weise festigte. Ebenjene Beziehung spielte auch eine Schlüsselrolle für das Vorhaben der Bayerischen Akademie.

Die Einrichtung eines portugiesischen Kaiserreichs in Brasilien als Folge der komplizierten Situation im Kontext des napoleonischen Europas einerseits und der politischen Einheit von Portugal, Brasilien und der Algarve im Jahr 1815 andererseits führte zu einer präzedenzlosen Öffnung der Grenzen.[4] Die erfolgreichen Vorbilder Alexander von Humboldt (1769–1859) in Spanisch-Amerika (der jedoch nie in Brasilien war), Wilhelm Ludwig von Eschwege (1777–1855) und seine Arbeiten zu Bergbau und Geologie ab 1810 in Brasilien und schließlich Georg Langsdorff (1774–1852) und Maximilian zu Wied-Neuwied (1782–1867), der zwischen 1815 und 1817 einige Gebiete erkundet hatte,[5] befeuerten das Entdeckerfieber in Richtung Brasilien weiter.

In diesem Kontext wurde im Jahr 1817 eine österreichische Expedition nach Brasilien in Angriff genommen, die von der Regierung finanziert und von der Österreichischen Akademie der Wissenschaften geleitet wurde. Als einzige Vertreter[6] der Bayerischen Akademie der Wissenschaften nahmen

3 Vgl. Markus Wesche: *Zwei Bayern in Brasilien. Johann Baptist von Spix und Carl Friedrich von Martius auf Forschungsreise 1817 bis 1820*. München: Allitera 2020.

4 Vgl. Deborah Gerstenberger: *Gouvernementalität im Zeichen der globalen Krise. Der Transfer des portugiesischen Königshofes nach Brasilien*. Köln: Böhlau 2013; Kirsten Schultz: *Tropical Versailles. Empire, Monarchy, and the Portuguese Royal Court in Rio de Janeiro, 1808–1821*. New York / London: Routledge 2001, S. 101–189.

5 Maximilian Prinz zu Wied-Neuwied: *Reise nach Brasilien in den Jahren 1815–1817* [1820]. Berlin: Die Andere Bibliothek 2012.

6 Die Expedition wurde namentlich durch Fürst Klemens von Metternich angetrieben und von Karl von Schreibers, dem Direktor des Naturhistorischen Museums in Wien, wissenschaftlich geleitet. Unter den wichtigsten Reiseteilnehmern waren: Johann Natterer, Zoologe; Heinrich Wilhelm Schott, Botaniker; Dominik Sochor, Jäger; Prof. Dr. Johann

an ihr zwei bayerische Naturforscher, der Zoologe Johann Baptist von Spix (1781–1826) und der Arzt und Naturforscher Carl Friedrich Philipp von Martius (1794–1868), im Auftrag von König Maximilian I. teil.
Im Mittelpunkt dieses Beitrags stehen die von Spix und Martius während ihrer Reise durch das brasilianische Amazonasgebiet durchgeführten Arbeiten. Ich werde mich insbesondere dem Ablauf der Erforschung der Region widmen, wobei ein besonderes Augenmerk auf dem Interesse der Reisenden am Sammeln und Klassifizieren der Arten in der Region sowie auf der Bedeutung liegt, die diesen Aktivitäten im Rahmen einer globalen Wissenschaft zukam.

Die Natur verstehen: Die Tradition von Aufmerksamkeit und Beobachtung

Die beiden bayerischen Reisenden verfügten über eine Reihe von Fertigkeiten und Kenntnissen, die sie in den Jahren ihrer Ausbildung in Bayern erworben hatten. Johann von Spix würde man heute als Zoologen bezeichnen, er war ein Naturforscher, der sich vor allem der Erforschung von Tieren widmete: ihrer Verhaltensweisen, ihrer Physiologie und ihrer Geschichte als Lebewesen. Spix' Wissen war auf dem Stand der Zeit, denn er war mit den wichtigsten neuen Erkenntnissen in der Tierkunde vertraut. Darauf lassen nicht zuletzt seine Rolle als „Modernisierer" der Präparatesammlung des Königlichen Museums von Bayern und seine Erfahrung im Musée de Paris in der Zusammenarbeit mit Georges Cuvier (1769–1832) schließen, einer führenden Persönlichkeit der Tierwissenschaft des frühen 19. Jahrhunderts. Die beruflichen Fähigkeiten von Carl Friedrich von Martius waren die eines begabten jungen Botanikers, der im Laufe der Zeit zu einer der treibenden Kräfte der berühmten *Flora Brasiliensis* wurde, einem monumentalen Projekt zur Beschreibung der Flora von Brasilien: Martius' ganzes Leben galt der Botanik und er wurde mit der Zeit zu einer der führenden Stimmen auf dem Gebiet. So ist es nicht verwunderlich, dass beide Forscher vor Reiseantritt über ein sehr breites naturwissenschaftliches Wissen verfügten, insbesondere in der Artenkunde, der Geografie und der Kartografie. Ihre gemeinsame Expedition

Christian Mikan, Botaniker und Zoologe; Dr. Johann Emmanuel Pohl, Arzt und Mineraloge; Thomas Ender, Maler; Guiseppe Raddi, italienischer Zoologe, im Auftrag und mit finanzieller Unterstützung des Herzogs der Toskana; und die Maler Georg Frick und Franz Frübeck. Vgl. Johann Baptist von Spix / Carl Friedrich von Martius: *Reise in Brasilien, 1817–1820* [1823]. Stuttgart: Brockhaus 1966, Bd. 1, S. 7–8.

hatte nun zum Ziel, die Natur der bereisten Region in Form eines Berichts darzustellen, in dem einschlägige wissenschaftliche Beobachtungen zu Pflanzen, Tieren, Mineralien, physischer Umwelt und darüber hinaus der Bewohner*innen der verschiedenen Regionen wiedergegeben würden.[7]

Dafür mussten die Naturforscher zunächst lernen, die Natur, die sie an ihren Reisezielen erwartete, mit scharfem Blick zu ‚beobachten', um hinreichend genaue Informationen zu sammeln und so Wissen über sie zu generieren. Im Großen und Ganzen waren sie damit nicht die Einzigen, da die große Mehrheit der reisenden Naturforscher einer auf Beobachtung basierenden wissenschaftlichen Tradition angehörte.[8] Sie versuchten dabei jedoch, eine Praxis zu entwickeln, die es ihnen erlauben würde, die zu beobachtenden ‚Objekte' auf eine systematische und verlässliche Weise zu betrachten. Eine der Techniken des 19. Jahrhunderts gründete in einer bestimmten Art von Aufmerksamkeit, die sich nun auf alltägliche Phänomene und Gegenstände richtete, im Gegensatz zu der Aufmerksamkeit, die ein Jahrhundert zuvor das Außergewöhnliche oder gar Monströse ins Zentrum gestellt hatte.

Diesen Ansatz teilte eine Reihe von Naturforschern an verschiedenen Orten, z. B. in Paris, Bayern, London oder Basel.[9] Ihre Beobachtungspraktiken und Wissensproduktion beruhten zwangsweise auf gewissen Grundlagen – wie der Taxonomie Carl von Linnés –, auf die man sich in der Wissenschaft und an den Universitäten geeinigt hatte.[10] Charakteristisch für die Erforschung der Natur anhand von Beobachtung und Aufmerksamkeit war die ‚Entdeckung'

7 „Dr. Spix, als Zoolog, verpflichtete sich, das gesammte Thierreich zum Gegenstande seiner Beobachtungen und Beschäftigungen zu machen. In dieser Beziehung hatte er Alles, was der Menschen, den Ureinwohner sowohl als den Eingewanderten, seine klimatischen Verschiedenheiten, sein körperlicher und geistiger Zustand u.s.w. betrifft [...] Dr. Martius, als Botaniker, übernahm die Bestimmung, die tropische Pflanzenwelt in ihrer ganzen Ausdehnung zu erforschen. Neben dem Studium der dort vorzugsweise einheimischen Familien lag ihm die Untersuchung derjenigen Formen besonders ob, welche durch ihre Verwandtschaft oder Identität mit denen anderer Länder Schlüsse über das ursprüngliche Vaterland und die allmählige Verbreitung derselben auf der Erde gestatten" (Spix / Martius: *Reise in Brasilien*, S. 5).

8 Vgl. Gianna Pomata: Observation Rising. Birth of an Epistemic Genre, 1500–1650. In: Lorraine Daston / Elizabeth Lunbeck (Hrsg.): *Histories of Scientific Observation*. Chicago: U of Chicago P 2011, S. 45–80; Lorraine Daston: The Empire of Observation, 1600–1800. In: Ebd., S. 81–114.

9 Vgl. Lorraine Daston: *Eine kurze Geschichte der wissenschaftlichen Aufmerksamkeit*. München: Siemens Stiftung 2011; Denise Phillips: Academies and Societies. In: Bernard Lightman (Hrsg.): *A Companion to the History of Science*. Sussex: Wiley Blackwell 2016, S. 224–238.

10 Vgl. Phillips: Academies and Societies.

neuer Tier-, Pflanzen- und Mineralienarten und deren Klassifizierung nach standardisierten Kriterien.

Spix' und Martius' Reise war demzufolge von der Vorstellung motiviert, in Europa bislang unbekannte Arten zu ‚entdecken' und sie in eine gemeinsame Sprache zu integrieren. Auch wenn Naturforscher und Beobachter in Europa eine Reihe von entscheidenden Praktiken entwickelt hatten, die diesem Anspruch gerecht werden sollten, waren für diesen Prozess tatsächlich auch die Beiträge einer Vielzahl von anderen Akteuren als den europäischen Reisenden von grundlegender Bedeutung. So ist das Vorhaben, Wissen ‚im Feld' zu generieren, notwendigerweise mehr als einem Autor zuzuschreiben. Die Feldforschung der europäischen Wissenschaftler in den Amerikas muss demnach als kollektives Werk verstanden werden, dem ein umfangreiches Netzwerk von Akteuren zugrunde liegt. Diese Akteure erfüllten darin verschiedene Funktionen und näherten sich den beobachteten Objekten aus einem unterschiedlichen Verständnis heraus und mit einer je spezifischen Herangehensweise. Von Kolumbus' Reise bis zu Humboldts Expedition gegen Ende des 18. Jahrhunderts fungierte die sogenannte Neue Welt als Labor und Schauplatz zahlreicher Beobachtungen und spielte eine bedeutsame Rolle bei der Entwicklung von Beobachtungsgewohnheiten. Die europäische Wissenschaft kann schließlich nicht ohne das Gesamtgefüge aus Beobachtern verschiedenster Herkunft, Naturobjekten, anderen beteiligten Akteuren und dem geografischen Raum verstanden werden.[11]

Die Jesuitenmissionen des 16. und 17. Jahrhunderts sind ein interessantes Beispiel für ein Netzwerk von globaler Dimension, das maßgeblich dazu beitrug, die Grundlagen für die Praxis der Beobachtung und für die Erweiterung des wissenschaftlichen Verständnisses von Natur zu schaffen.[12] Werke wie die *Historia Natural y Moral de las Indias* (1590) von Pater José de Acosta (1540–1600) waren grundlegende Dokumente, um die neuen Territorien kennenzulernen, sich mit den Namen der Gebiete vertraut zu machen, etwas über die dortige Bevölkerung zu erfahren oder sich die Vielfalt der Natur an den

11 Vgl. Anne Mariss: *A World of New Things. Praktiken der Naturgeschichte bei Johann Reinhold Forster*. Frankfurt am Main / New York: Campus 2015; Julia Carina Böttcher: *Beobachtung als Lebensart. Praktiken der Wissensproduktion bei Forschungsreisen im 18. Jahrhundert*. Stuttgart: Steiner 2020.

12 Vgl. Paula Findlen: How Information Travels. Jesuit Networks, Scientific Knowledge and the Early Modern Republic of Letter, 1540–1640. In: Dies. (Hrsg.): *Empires of Knowledge. Scientific Networks in the Early Modern World*. London / New York: Routledge 2019, S. 57–105, hier S. 60.

beschriebenen Orten vor Augen zu führen. Acosta, der in den 1570er und 1580er Jahren im Vizekönigreich Peru tätig war, schrieb von dort aus sein berühmtes Buch. Einen Text solchen Umfangs zu verfassen, war von einer Reihe konkreter Praktiken gekennzeichnet, die sich als notwendige Voraussetzungen für die Produktion von Wissen über neue Territorien herausgebildet hatten. Viele Mitglieder der *Compañía de Jesús* wie Francisco Hernández (1514–1587) in Nueva España, Johannes Schreck (1576–1630) in China oder Fernão Cardim (1549–1625) in Brasilien gingen entweder ähnlich vor oder kopierten Acostas Stil.[13] Diese Praktiken etablierten sich über die Ordensgemeinschaften hinaus auch bei Entdeckungsreisen und schufen so über die Zeit eine Tradition von Handlungsregeln, welche im Zeitalter der europäischen Expansion und des globalen Forschungsdrangs zwischen dem 16. und 18. Jahrhundert ein wichtiges Savoir-faire darstellten. Dieses Erbe lässt sich anhand spezifischer Elemente veranschaulichen: die Entstehung einer Produktion an unterschiedlichen Orten und in verschiedenen Kontexten (‚Wissen aus erster Hand'), die schriftliche und bildliche Zusammenstellung der Beobachtungen, die Zirkulation von Informationen durch den Austausch von Ideen unter ‚Gleichgesinnten' und die Veröffentlichung eines Endprodukts, das als Grundlage für neues Wissen diente. Unabhängig von der epistemischen Erfassung der Beobachtungen, d. h. der Betrachtung der Forschungsobjekte, die sich im Laufe der Jahrhunderte stark verändert hat, ist es die Herangehensweise mit Hilfe konkreter Praktiken, die hier herausgestellt werden soll.[14]

Pater Acosta baute seine Schilderungen der Naturphänomene auf seinen Grundkenntnissen der aristotelischen Astronomie auf, die es ihm beispielsweise ermöglichten, den Zeitunterschied zwischen Peru und Spanien zu bestimmen:

> In Peru, das westlich von Spanien liegt, gibt es einen Rückstand von mehr als sechs Stunden, so dass, wenn es in Spanien Mittag ist, in Peru die Sonne aufgeht; und wenn hier die Morgendämmerung einsetzt, ist es dort Mitternacht. Den deutlichen Beweis dafür hat mir die Berechnung der Sonnen- und Mondfinsternisse geliefert.[15]

13 Die Übersetzung der *Historia Natural y Moral* ins Englische, Französische und Deutsche erfolgte in den Jahren 1598–1617.

14 Als vertiefende Lektüre zur epistemischen Wende in der Frühen Neuzeit vgl. Daston: *Eine kurze Geschichte der wissenschaftlichen Aufmerksamkeit.*

15 José de Acosta: *Historia Natural y Moral de las Indias. En que se tratan de las cosas notables del cielo, elementos, metales, plantas y animales dellas y de los ritos y ceremonias y leyes y gobierno de los indios* [1590]. Madrid: CSIC 2008, S. 90.

Im vierten Buch seiner *Historia Natural y Moral de las Indias* beschreibt er ausführlich und sorgfältig Tiere, Pflanzen und Mineralien sowie gesichtete Kometen; all dies geschah auf langen Reisen, stets mit höchster Aufmerksamkeit, um wiederzugeben, was ihm besonders auffiel und sich mit seinem kulturellen Hintergrund deckte. Er hielt seine Eingebungen fest und erörterte seine Fragen und Zweifel in Korrespondenzen mit anderen Akteuren in entfernten Regionen, die er als „Experten"[16] betrachtete:

> Von einem aus unserer Gesellschaft Jesu, einer vertrauenswürdigen Person, hörte ich, dass er große Städte und Straßen gesehen hatte, die so breit und bevölkert waren wie die von Salamanca nach Valladolid; und das war zu der Zeit, als Pedro de Orsua, auf den später andere folgten, den Zugang zum großen Fluss der Amazonen entdeckte, der auch Marañón genannt wird.[17]

Diese Reisen der territorialen Eroberung und der wissenschaftlichen Erforschung konzentrierten sich auf bestimmte Orte oder Gebiete. Zu den Orten, denen besondere Aufmerksamkeit galt, zählte der Amazonas mitsamt seinen Nebenflüssen, also die Region, die heute unter dem Namen *Amazonía* (Amazonien) bekannt ist. Dieses Interesse führte dazu, dass eine Reihe von Berichten, Büchern und historischen Darstellungen entstand, in denen die Eigenschaften der dort vorgefundenen Natur beschrieben wurden. Für die Zeit zwischen dem 16. und 18. Jahrhundert sind viele Äußerungen über dieses Gebiet verzeichnet. Angefangen bei Cristóbal de Acuña (1597–1675) und seinem *El nuevo descubrimiento del gran río* (1641) über Samuel Fritz (1654–1725) mit seinem Bericht über die Erkundung des Amazonasbeckens und seiner geografischen Karte von 1702 bis hin zu Joseph de Gumilla (1686–1750) mit *Orinoco Ilustrado* oder Charles Marie de La Condamine (1701–1774) mit seiner Reise in das Gebiet zwischen 1735 und 1748 wurde nach und nach ein Bild von der Region und dem großen Fluss konstruiert. Das Amazonasgebiet wurde in dem Maße begreiflicher, in dem die während oder nach den Forschungsreisen verfassten Texte unter ‚Experten' derselben Ordens- und wissenschaftlichen Gemeinschaften zu zirkulieren begannen.

Die Kenntnisse von Spix und Martius über die Natur Brasiliens waren vor ihrer Abreise nicht sehr umfangreich. Die beiden Forscher waren lediglich

16 Vgl. Findlen: How Information Travels, S. 61.

17 Acosta: *Historia Natural*, S. 91.

mit den Reiseberichten von Charles Marie de La Condamine über den Amazonas vertraut, die in den europäischen Naturforscherkreisen sehr bekannt waren. Der Grund dafür lag in der fantastischen Geschichte von La Condamine in Südamerika, die in gebildeten Kreisen als geradezu beispielhafte Reise kommentiert wurde.[18] Martius hatte drei Monate vor seiner Abfahrt von Triest nach Brasilien einen entsprechenden Brief von seinem Vater erhalten, in dem dieser auf La Condamines Buch über die Expedition als die Informationsquelle über den Ort schlechthin verwies.[19] Innerhalb des allgemeinen Reiseplans für das portugiesisch regierte Gebiet in Südamerika stellte die Amazonasregion eines der neu zu erkundenden Gebiete dar. Für die beiden bayerischen Forscher bedeutete dies eine gänzlich neue und überraschende Begegnung mit dem Unbekannten, sowohl in der Realität als auch in der Welt der Bücher. Zwar war bereits 1648 eine Naturgeschichte über Brasilien von Georg Marggraf in lateinischer Sprache verfasst worden, jedoch erwähnte keiner der Reisenden dieses Werk, sodass es kaum als eine Referenz in Betracht kommen kann.[20]

Was Spix und Martius wiederum vorweisen konnten, war die bedeutende Tradition des Savoir-faire im Feld, eine Art ‚Kunst der Beobachtung'. Spix hatte in Italien Erfahrung im Feld gesammelt, wo er die Natur Neapels untersuchte, und hatte darüber hinaus ein Praktikum im damaligen Mekka der wissenschaftlichen Welt, in Paris, absolviert, und zwar in dem Museum, an

18 Im Kontext der spanisch-französischen Expedition von 1735, deren Ziel darin bestand, den Meridianbogen in Ecuador zu messen, reiste La Condamine nebst einer Gruppe von Naturforschern nach Südamerika. Die Irritationen zwischen dem Franzosen und einigen seiner Kollegen veranlassten ihn dazu, alleine zu reisen und seine eigenen Messungen vorzunehmen. Insgesamt verbrachte La Condamine neun Jahre in Südamerika. Das Endprodukt seiner Reise mit dem Titel *Relation abrégé d'un voyage fait dans l'intérieur de l'Amérique méridionale depuis la côte de la mer du Sud jusqu'aux côtes du Brésil et de la Guyane, en descendant la rivière des Amazones, lue à l'assemblée publique de l'Académie des Sciences*, 1745 in Paris publiziert, wurde zu einem Bestseller, der sowohl die Anforderungen eines wissenschaftlichen Textes als auch einer Abenteuergeschichte erfüllte.

19 Wesche: *Zwei Bayern in Brasilien*, S. 67, 95.

20 Erst im Jahr 1855 veröffentlichte Martius eine Studie über Marggraf im Rahmen von Lesungen und Vorlesungen in der Bayerischen Akademie. Es handelt sich dabei im Wesentlichen um ein Werk, in dem er seine eigenen Forschungen in Brasilien mit der *Naturgeschichte* von 1648 vergleicht. Martius brauchte die Erfahrung im Feld, um eine Analyse dieses Werks durchführen zu können. Vgl. Carl Friedrich von Martius: *Versuch eines Commentars über die Pflanzen in den Werken von Marcgrav und Piso über Brasilien, nebst weiteren Erörterungen über die Flora dieses Reiches. I. Kryptogamen*. München: Bayerische Akademie der Wissenschaften – Mathematisch-naturwissenschaftliche Klasse 1855, S. 179–238.

dem Georges Cuvier, *der* Kenner auf dem Gebiet der Zoologie, arbeitete.[21] Martius hingegen war ein herausragender junger Mann, dessen Forschungsinteresse der Botanik galt, u. a. auch deshalb, weil sich sein Vater, ein bedeutender Erlanger Hofapotheker, in den intellektuellen Kreisen der Botanik in Bayern bewegt hatte. Der junge Carl Friedrich erhielt seine Ausbildung in Naturgeschichte am 1812 gegründeten Botanischen Garten in München, wo er als Assistent von Franz de Paula von Schrank arbeitete, einer prominenten Figur der bayerischen Botanik, und wo er auch auf Spix traf. Da die damalige Wissenschaft der Naturgeschichte auch praktisches Wissen erforderlich machte, war die fachliche wie praktische Expertise eine wichtige Voraussetzung für die Forschungsreise. Martius hatte diese Erfahrungen in seiner Heimatregion gemacht, wo er zwischen 1814 und 1816 die Flora von Erlangen erforschte.[22]

Der Verlauf der Reise

Die Praxis der Beobachtung sollte während der Ausflüge innerhalb der Reise auf den Prüfstand gestellt werden.[23] Besonders hier kam die gesammelte Tradition zum Ausdruck, welche die Verhaltensgewohnheiten der Reisenden bestimmte. Diese Tradition wurde durch eine Verflechtung von Praktiken manifest, die fortlaufend wiederholt wurden, um das Beobachtete darstellen zu können. Aber im Prinzip hing der wirkliche Erfolg der Arbeit der Beobachter (Beobachtungsgabe, Aufmerksamkeit, Dokumentation, Darstellung

21 Vgl. Klaus Schönitzer: *Ein Leben für die Zoologie. Die Reisen und Forschungen des Johann Baptist Ritter von Spix.* München: Allitera 2011, S. 222.

22 Die Erkenntnisse dieser Forschung wurden 1817 in Nürnberg unter dem Titel *Flora Cryptogamica Erlangensis* veröffentlicht.

23 Diese Praxis hatte sich in Form von Grundlagenliteratur materialisiert, um sowohl die Gewohnheiten von Reisenden zu erlernen als auch Informationen über die besuchten Orte auf eine gesellschaftlich akzeptierte Art und Weise zu erhalten. Zu den berühmtesten Texten, die in der zweiten Hälfte des 18. und in den ersten 20 Jahren des 19. Jahrhunderts in Europa zirkulierten, gehören die Berichte von Ruíz und Pavón über die Flora von Peru aus dem Jahr 1788, die ins Französische übersetzt wurden, Johann Reinhold Forsters *Descriptiones Plantarum* und *Observationes Historiam Naturalem Spectantes* von 1772 als Ergebnis aus James Cooks Reise in die *Terra Australis*, Alexander von Humboldts *Recuel d'Observationes astronomiques* (1808–1811), die 1748 in Madrid veröffentlichte *Relación histórica del viaje a la América Meridional* der Expeditionsreisenden Jorge Juan und Antonio de Ulloa und viele weitere. Der Begriff „*observatio*"/„Beobachtung", der viele der Überschriften dieser Bücher begleitet, ist kein Zufall: Es handelt sich dabei um die Markierung einer Textgattung, die sich als wissenschaftlich definiert, und stellt eine Abgrenzung zur einfachen Mutmaßung dar.

Abb. 1: Karte der gesamten Route von Johann von Spix und Carl Friedrich von Martius durch das Amazonasgebiet. Der Ort, zu dem sie bis 1820 gemeinsam reisten, war Manaus. SZ-Karte, 2017.

und Reflexion) von der entsprechenden Begleitung durch die Akteure vor Ort ab, die ihr Wissen und ihre Kenntnisse über das Gebiet zur Verfügung stellten, sowie von einer guten gesundheitlichen Verfassung, um eine derart lange Reise durchzuhalten. Dabei liegt es nahe, dass die Kompetenz des Beobachters – das, was er a priori gelernt hat – sich in einem Kontext von Möglichkeiten weiterentwickelt, der nicht ausschließlich von seinem eigenen Wissen abhängt.

Spix und Martius waren am 15. Juli 1817 in Brasilien angekommen, wo ihre erste Station Rio de Janeiro war, die damalige Hauptstadt des portugiesischen Reichs auf dem amerikanischen Subkontinent. Bis zum ersten Vorstoß über die Grenzen des Amazonasgebiets sollte einige Zeit vergehen, in der sie mit den typischen Anpassungsschwierigkeiten von Reisenden in einer neuen Umgebung zu kämpfen hatten. Das Klima und die großen Entfernungen, die zurückzulegen waren, verlangten ihnen zusätzliche Kraft und Motivation ab, die über den einfachen Wunsch, seine Pflichten zu erfüllen, weit hinaus gingen. Zwischen den beiden Bayern bestand zudem ein erheblicher Altersunterschied – Spix war 13 Jahre älter als Martius –, was eine gewisse Ungleichheit bei der Bewältigung der Unwägbarkeiten der Reise vermuten lässt: Spix

erkrankte während mehrerer Etappen der Reise und erholte sich offenbar nie ganz von seinen Beschwerden.[24] Die gesundheitlichen Probleme waren zahlreich, während die ihnen wohlvertraute westliche Medizin kaum vorhanden war. Diese Aufgabe wurde häufig von Indigenen übernommen, die wertvolle Hilfe leisteten, um die Reise fortsetzen zu können.[25]
Auf der geplanten Route sollten die Expeditionsteilnehmer mehrere Zwischenhalte an verschiedenen bereits bekannten Städten, Dörfern oder Siedlungen einlegen. Die Begleitung der Reisegruppe durch einheimische Bauern, ortsansässige Europäer und Gepäckträger war unerlässlich, um zu garantieren, dass die Strecke durch sichere Gebiete verlief und die gesteckten Forschungsziele vor Ort erfüllt werden konnten. Angesichts der langen Abwesenheit von europäischen Reisenden im portugiesischen Südamerika, das erst wenige Jahre zuvor seine Tore für Ausländer geöffnet hatte, leistete die vorherrschende Informationslage nur einen dürftigen Beitrag zur Entwicklung des Reisevorhabens.[26]
Die Bereitstellung von Kanus, Lebensmitteln und Medikamenten zur Behandlung von Krankheiten ermöglichte den Reisenden eine angemessene Durchführung ihrer Arbeit. In diesem Zusammenhang mussten Spix und Martius neue Namen und Ausdrücke lernen, um sich in die Gesellschaft vor Ort einzufügen und ihren Arbeitsauftrag erfüllen zu können. Dabei standen ihnen u. a. Dolmetscher zur Verfügung, um ihnen bei dieser Aufgabe beizustehen.[27] Hierbei war es notwendig, die gebräuchlichen Bezeichnungen von Pflanzen und Tieren zu verwenden, um die Artnamen sodann zu ‚übersetzen'; viele der traditionellen Bezeichnungen wurden jedoch nicht ersetzt, sondern in die europäische Nomenklatur eingegliedert. Das vielleicht berühmteste Beispiel ist der sogenannte *Spix-Ara*, der 1819 in Bahia gesichtet und gefangen wurde: Ein imposanter blauer Vogel, der heute als in freier Wildbahn ausgestorben gilt und eine Zeit lang gemäß der binären Nomenklatur den

24 Vgl. Wesche: *Zwei Bayern in Brasilien*, S. 120–170.

25 Als die Reisegruppe im Januar 1819 über die Strömungen des Itahype-Flusses Ponta do Ramos erreicht hatte, litten ihre Mitglieder an schwerem Fieber. „Eine Indianerin, wahrscheinlich die Hygieia dieser Gegenden, bezeugte Mitleiden mit dem Gesundheitszustande unseres Freundes, Hrn. Schlüter, und bereite einen Trank aus dem Safte der kleinen grünen Limonie, Salz und Wasser. Die Wirkung dieses Mittels war in so ferne sehr glücklich, als es den Fieberanfall, der eben eintreten sollte, unterdrückte." (Spix / Martius: *Reise in Brasilien*, S. 700.)

26 Vgl. Schultz: *Tropical Versailles*, S. 151–190.

27 Vgl. Wesche: *Zwei Bayern in Brasilien*, S. 120–129.

Nachnamen seines ‚Entdeckers' und den in Brasilien vergebenen Namen trug.[28] Die Heilkräfte von Pflanzen, ihre Verwendung sowie die Orte, an denen sie gehäuft vorkamen, waren Wissensbestände, die den Europäern auf ihrer Reise vermittelt wurden. Von Anfang an konnten die Reisenden auch auf die Unterstützung durch europäische Siedler zählen, die sich in Brasilien niedergelassen hatten. Einen wichtigen Beitrag leistete beispielsweise die berühmte Hacienda Mandioça, das Gut von Georg Heinrich von Langsdorff (1822–1921), welches sich im Norden Rio de Janeiros befindet und wo Spix und Martius 1817 einige Zeit verbrachten.[29] Die Hacienda war deutschen Reisenden in Brasilien bereits bekannt und diente auch als Labor und Herbarium. Es ist sehr wahrscheinlich, dass dort auch einige Tierpräparationen und Pflanzenstudien durchgeführt wurden, denn Langsdorff besaß eine Bibliothek mit mehreren naturkundlichen Büchern, die von Besuchern mit ähnlichen Interessen konsultiert wurden. Möglicherweise konnten dort die gesammelten Arten und Proben auch angemessen aufbewahrt werden.

Die Art und Weise, wie das Gesehene oder das Bemerkenswerte festgehalten wurde, lässt sich anhand der Lektüre des Reiseberichts nachzeichnen, in dem jeder einzelne soziale, kulturelle und naturgeschichtliche Aspekt akribisch wiedergegeben wurde, so wie es von der Bayerischen Akademie der Wissenschaften seit 1815 vorgeschrieben war.[30] Spix und Martius konzentrierten sich auf die Suche und das Sammeln von Arten, die sie als Forschungsmaterial nach Europa überführen konnten. Demnach bestand die Reise aus einer Reihe von Aktivitäten, welche die volle Aufmerksamkeit der beiden Forscher in Anspruch nahm und von den unendlichen Möglichkeiten, die ihnen die Naturwelt bot, nicht gestört werden durfte. Eine der größten

28 Der Vogel wurde von Georg Marggraf in seiner *Historia Naturae Brasiliae* von 1648 beschrieben. Seit 1835 wird er taxonomisch als *Cyanopsitta spixii* bezeichnet, um Gattung und Art zu definieren.

29 Vgl. Maria Costa de Fátima / Pablo Diener: *Martius.* Rio de Janeiro: Capivara 2019, S. 35–60.

30 Die ursprüngliche Vorgehensweise ist, wie bereits erwähnt, im ersten Band der *Reise in Brasilien* beschrieben und geht auf die Schriften der *Mémoire concis sur une Expedition scientifique dans l'Amerique Meridionale* von 1815 zurück, welche sich im Archiv der Bayerischen Akademie der Wissenschaften, VII 62b, befinden. Der Verfasser dieser Dokumente ist unbekannt, obwohl sie dem Archiv nach von Wilhelm von Karwinsky stammen könnten, einem deutschen Naturforscher, der als Mineraloge an dem Projekt teilnehmen sollte. Karwinsky brach aber aufgrund verschiedener Umstände nicht mit der Reisegruppe um Spix und Martius nach Brasilien auf, reiste jedoch 1821 dorthin und blieb zwei Jahre lang zu Forschungszwecken. Seine Tätigkeit als Naturforscher ist außerdem durch seine wiederholten Reisen nach Mexiko bekannt.

Herausforderungen bestand darin, eine schlüssige Auswahl zu treffen und zu entscheiden, was sie beachten sollten und was nicht. In dem Maße, in dem die Natur eine Fülle von Objekten bot, der man potenziell seine Aufmerksamkeit schenken konnte, erhöhte sich auch die Anzahl der Objekte, die zu untersuchen waren, so dass die Zeit, diese Vielfalt angemessen zu erfassen, sehr knapp war. Der Reisende musste sich der Herausforderung bewusst sein, die das Ansammeln und Beschreiben von allem, was er sah, mit sich brachte, aber er musste sich trotzdem dazu entschließen. Die Wissenschaft baute auf diesen im Feld getroffenen Entscheidungen auf. Was also dank Spix' und Martius' Bestandsaufnahme unter brasilianischer Artenvielalt verstanden wird, sind die Objekte, die eingehender zu untersuchen sich die Reisenden entschieden: Den Affen, Fischen, diversen Pflanzenarten und Mineraliengruppen, die aufgrund bestimmter Auswahlkriterien und des während der Reise erworbenen Vorwissens die Aufmerksamkeit der beiden auf sich zogen, wurde dadurch eine große Geltung verliehen. Die Reisenden ‚entdeckten' dabei keine neuen Arten, die noch nie zuvor gesichtet worden waren, sondern betteten sie nach Kriterien der europäischen Wissenschaft in ihre Forschung ein.[31]

Erste Begegnung mit Amazonien

Der erste Kontakt der Reisenden mit der Amazonasregion fand im Juli 1819 in Belém statt. Die Expedition hatte das Gebiet über die Flüsse Gaumá und Tocantins erreicht, zwei Nebenflüsse des Amazonasdeltas. Das Tor zum ausgedehnten Territorium des Amazonas stellte also eine kleine Reise innerhalb der großen Expedition dar. Um Belém in der Nähe der Ilha de Marajó zu erreichen, mussten zunächst die Nebenflüsse passiert werden. (Abb. 1) Die Beschreibung der Stadtgesellschaft, ihrer Bewohner*innen und politischen Organisation war ein Bestandteil des schriftlichen Berichts über die Stadt Belém und über die Bevölkerung von Pará im Norden des heutigen Brasiliens.[32] Die natürlichen Kanäle (*furos*), die den östlichen Teil mit dem Zentrum verbinden, d. h. zum ‚Mutterfluss' Amazonas führen, waren ein eigenes Reich voller Fisch- und Tierarten, welche die Forscher noch nie zuvor gesehen hatten. Im Reisebericht wird die Naturwelt in Form einer knappen Schilderung des lokalen „Thierreiches" rekonstruiert, wobei die erfassten

31 Vgl. Jaime Marroquín Arredondo / Ralph Bauer: Introduction. An Age of Translation. In: Dies. (Hrsg.): *Translating Nature*. Philadelphia: U of Pennsylvania P 2019, S. 2–28.
32 Spix / Martius: *Reise in Brasilien*, S. 889–936.

Exemplare mit besagter Doppelbezeichnung erfasst werden: Im Einklang mit dem binären Kriterium (Gattung/Art) wird die Art unter Beachtung des bereits vergebenen Namens sowie einem Zusatz gemäß der Linné'ischen Taxonomie definiert.[33]

Es ist bekannt, dass ein Großteil der *Reise in Brasilien* nach der Rückkehr der Forscher nach Bayern im Jahr 1820 überarbeitet wurde.[34] Deshalb ist es sehr wahrscheinlich, dass angesichts der Nöte und Entbehrungen der Exkursion nur ein Teil der naturwissenschaftlichen Arbeit der Naturforscher ‚im Feld' durchgeführt wurde, also während der Reise selbst. Die Arbeit, die dort realisiert werden konnte, war von Praktiken der Aufmerksamkeit und des Sammelns geprägt. Aufmerksamkeit insofern, als die Reisenden sich auf gewöhnliche und ungewöhnliche Objekte konzentrieren mussten, um danach ihre Eindrücke beispielsweise in Form von Tagebüchern festzuhalten; und des Sammelns insofern, als die Arten gesammelt werden mussten, um sie betrachten und erfassen zu können – wobei die Reisenden von keinem Zeichner[35] in ihrer bayerischen Arbeitsgruppe begleitet wurden – oder um sie für bis heute bestehende materielle Sammlungen und ‚Naturkabinette' mitzunehmen. Beispiele hierfür sind die Zoologische Staatssammlung oder der Botanische Garten in München.

Nach dieser Logik ist die ‚Endfassung' des Werks, so wie es heute mitsamt seinen wissenschaftlichen Klassifikationen und der standardisierten Terminologie der Entstehungszeit existiert, das Ergebnis dessen, was vor Ort produziert und im Anschluss überarbeitet wurde, um den wissenschaftlichen Sprachnormen zu entsprechen und von der Wissenschaftsgemeinde anerkannt zu werden. Der Reisebericht widmet jedem der Kapitel einen zusätzlichen Abschnitt zur Beschreibung der Tiere, Pflanzen und Mineralien in einer Sprache, die jedes dieser zuvor ausgewählten, gesammelten und nach Bayern

33 Spix / Martius: *Reise in Brasilien*, S. 942–953.

34 Vgl. Nelson Chacón / Thomas Fischer: Produção e recepção de um livro de viagem. Reise in Brasilien in den Jahren 1817–1820 de Johann Baptist von Spix e Carl Friedrich Phillip von Martius. In: *Art cultura* 24 (2022), S. 23–42.

35 Es ist bekannt, dass die beiden Forscher weder die notwendigen Instrumente zu Messzwecken zur Hand hatten, wie sie den österreichischen Forschungsreisenden zur Verfügung gestellt wurden, noch dass ein Zeichner beauftragt wurde und die Verwaltung der Bayerischen Akademie der Wissenschaften nicht sonderlich bemüht war, eine entsprechende Person zu finden. Vgl. Spix / Martius: *Reise in Brasilien*, S. 40–47; Pablo Diener: Instruction für den Maler welcher nach Brasilien gehen soll. In: *Anuário Martius-Staden / Martius-Staden-Jahrbuch* 62 (2018), S. 96–115. Es war überdies nicht einfach, einen jungen Zeichner von einer Reise nach Brasilien zu überzeugen, nachdem die Hauptreisegruppe bereits in See gestochen war.

gebrachten Exemplare in die Welt der Wissenschaft aufzunehmen beabsichtigte. Daneben sind geografische und astronomische Beobachtungen festgehalten, die der Region Koordinaten, Breiten- und Längengrade zuweisen, auf deren Grundlage in Bayern eine Kartierung der Region vorgenommen wurde.

Nachdem die Reisegruppe Belém hinter sich gelassen hatte, lag das nächste Ziel eine mehrtägige Flussfahrt über den Rio Negro entfernt: Manaus (Fortaleza da Barra). Dieser Ort spielte insofern eine wichtige Rolle für die Expedition, als von ihm aus die Nähe zum Amazonas bestimmt werden sollte. Darüber hinaus handelte es sich um eine Stadt, in der ein längerer Aufenthalt geplant werden konnte. Manaus war zu jener Zeit ein Handelsknotenpunkt, der die vorherrschenden Merkmale der brasilianischen Gesellschaft inmitten des Regenwalds aufwies und wo Handel mit regionalen Produkten betrieben wurde. Die Verwendung von Palmöl und die Kakaoproduktion zogen die Aufmerksamkeit der Reisenden auf sich. Ähnlich überraschend erschien ihnen die soziale Dynamik inmitten der von Flüssen durchzogenen und weitestgehend ‚wilden' Gebiete, in denen die indigenen Gemeinschaften aus Sicht der beiden Forscher eine Art „Naturzustand"[36] bewahrten, womit sie die typische europäische Sichtweise jener Zeit reproduzierten, was die Beschreibung von fremden Gesellschaften betraf.

In diesem Sinne wurde die Vielfalt der indigenen Gemeinschaften, die die Region bevölkerten, ebenfalls zu einem Objekt der ‚Beobachtung', auch wenn die Kriterien, die dieser Untersuchung zu Grunde lagen, nicht auf wissenschaftlichen Klassifizierungen fußten.[37] Dennoch richteten sie ihre Aufmerksamkeit auch auf die Kleidung, das Gold- und Silberhandwerk der Purís und Hoccos, die Rituale und Zeremonien oder etwa Tanz und Musik. An dieser Stelle sei angemerkt, dass viele materielle Objekte dieser Gemeinschaften während der Reise gesammelt wurden und bis heute einen Bestandteil von Objektsammlungen deutscher Museen bilden. Es besteht kein Zweifel, dass sie in der Logik anthropologischer und ethnografischer Diskurse im Europa

36 Spix / Martius: *Reise in Brasilien*, S. 1055–1097.

37 Da die Modelle zur Klassifizierung von Menschen nach physischen Merkmalen bereits als wissenschaftliche Erkenntnisse in Europa zirkulierten, könnten sie einen gewissen Einfluss auf das Bewertungsmuster der einheimischen Bevölkerung durch Spix und Martius gehabt haben. In ihrem Reisebericht sind jedoch keine entsprechenden klassifikatorischen Nachweise enthalten, die beispielsweise die Taxonomie zur Beschreibung von Körpern verwendet hätten. Ihre Schilderungen beruhten auf der Beschreibung der indigenen Kultur, die im Allgemeinen von Überheblichkeit und einem gewissen Rassismus gezeichnet war.

des 19. Jahrhunderts verwurzelt sind, welche diejenigen Gesellschaften, die sich von den europäischen unterschieden, als Erscheinungsformen niederer Entwicklungsstadien verstand.

Als Teil ihrer Forschungsideale nach Maßgabe der Bayerischen Akademie der Wissenschaften von 1815 existierte bereits die Vorstellung, auch soziale Gruppen zu „studieren", doch die Aufmerksamkeit richtete sich vornehmlich auf die Ausprägung ihrer moralischen Fähigkeiten sowie die „politische" und „kulturelle" Organisation.[38] Das Paradoxe daran ist, dass zur damaligen Zeit Indigene verschiedener sozialer Zugehörigkeit die Reisenden auf ihren Streifzügen begleiteten und sich damit direkt an der Mission beteiligten, indem sie auf unterschiedliche Weise unterstützend mitwirkten. Beziehungen zwischen Europäern und Einheimischen bestanden von Beginn der Expedition an, da die Naturforscher sich in die lokale Gesellschaft einfügten, sobald sie mit Brasilien in Kontakt kamen. Diese Kontakte fließen zwar ebenfalls in die Bewertungen mit ein, sind aber oft nicht wahrnehmbar, da die einheimische Bevölkerung erwartungsgemäß als ‚Studienobjekt' und nicht als Teil der Reise verstanden wurde. Mangels einer umfassenderen Dokumentation lässt sich nur vermuten, dass die Rolle der Indigenen und afrikanischen Sklaven von Beginn der Expedition an aus Tätigkeiten des Sammelns – Fischfang, Vogeljagd, Auflesen von Pflanzen – sowie dem Teilen von Wissen über die Eigenschaften von Pflanzen und die Beschaffung von Nahrung bestand.

Die Expedition nahm anschließend Kurs auf die Stadt Tefé (Ega), die, im Zentrum des Amazonasgebiets gelegen, etwa 350 km von Manaus entfernt ist. Der Weg nach Tefé führte über den Fluss Solimões, der das heutige Brasilien mit Kolumbien sowie die Gebiete um den Rio Negro und den Rio Tefé verbindet. Als die beiden Bayern diesen Ort erreichten, waren sie sozusagen im Herzen von Amazonien angelangt, umgeben von zahlreichen Nebenarmen des Hauptflusses und einer besonders diversen Artenvielfalt. Im dritten Band der *Reise in Brasilien* wird beschrieben, wie überwältigend dieses Naturspektakel auf Spix und Martius wirkte. Die Sichtungen von Tieren und Pflanzen – besonders der Affen und Palmen – nahmen im Vergleich zu den zuvor bereisten Orten zu.[39]

38 Das ursprüngliche Münchner Vorhaben von 1815 umfasste eine Reise „durch Südamerika", weshalb zur Beschreibung der aufgesuchten Gesellschaften keine groß angelegte Strategie ausgearbeitet wurde, um spezifische Gruppen verstehen zu können. Die Kriterien zur Durchdringung sozialer Gruppen würden, unabhängig vom Standort, dieselben bleiben. Vgl. Wesche: *Zwei Bayern in Brasilien*, S. 23–26.

39 Vgl. Spix / Martius: *Reise in Brasilien*, S. 1050–1134.

Abb. 2a: Joseph Anton Rhomberg: *Carl Friedrich Philipp von Martius*, 1816.

Abb. 2b: Joseph Anton Rhomberg: *Johann von Spix*, 1829.

Beitrag zu einer globalen Forschungspraxis

Vielleicht aufgrund einer Meinungsverschiedenheit oder aus praktischen Gründen entschlossen sich die beiden Reisegefährten an diesem Punkt dazu, getrennte Wege zu gehen und ihre Beobachtungen individuell fortzusetzen. Dies könnte daran gelegen haben, dass jeder von ihnen eigene Interessen verfolgte, die im Fall von Spix durch die Zoologie und im Falle von Martius durch die Botanik vorgegeben waren. Johann von Spix nahm den Weg nach Tabatinga, während Carl Friedrich von Martius nach Araracorara im heutigen Kolumbien aufbrach. Gerade an dieser Stelle ist es bedeutsam, das Dispositiv der wissenschaftlichen Konstruktion zu bedenken, das sich auf dem Reiseabschnitt von Belém nach Tefé bemerkbar machte, bei dem die Forscher an einem Scheideweg standen. Im Atlas, der Ende der 1830er Jahre in Bayern erschien, ist bewusst der Versuch unternommen worden, das Flusssystem anhand einer Karte darzustellen, die das verzweigte Labyrinth des Amazonas abbildet. Der Urheber dieser Karte, die definitiv nach der Expedition erstellt wurde, kann nicht mit Sicherheit bestimmt werden, auch wenn sie Martius zugeschrieben wird. Was hingegen offenkundig wird, ist der Niederschlag der Reiseerkenntnisse in einem kartografischen Dispositiv, das nach den gültigen Normen der Geografie im Europa des 19. Jahrhunderts angelegt wurde. Diese Art der ‚Transformation' beforschter Gebiete in entsprechende wissenschaftliche Dispositive machte es möglich, Entfernungen, die Beschaffenheit der Wege oder die Gebietseigenschaften einzuschätzen und einer globalen Wissenschaft zuzuführen.

Das Gleiche gilt für die Verbreitung der von Spix gesammelten Informationen über die in Brasilien vorgefundenen Fischarten. Der im Jahr 1829 von Spix, Martius und dem Schweizer Naturforscher Louis Agassiz veröffentlichte Text[40] zu den Fischen Brasiliens stieß in Europa schneller auf Resonanz als die *Reise in Brasilien* selbst. Spix war 1826 verstorben und Martius stand vor der Herausforderung, die enorme Fischsammlung auszuwerten; dabei kam ihm der Spezialist Georges Cuvier in den Sinn, der seit geraumer Zeit an seiner *Histoire naturelle des poissons* arbeitete.[41] Es war bei derartigen Langzeitprojekten durchaus üblich, dass Naturwissenschaftler aus verschiedenen Teilen Europas ihre Beschreibungen neuer Arten oder zuvor klassifizierte Fossilien an ihre Kollegen schickten, um Daten abzugleichen und zu vervollständigen. Den Austausch mit Cuvier hatte Martius nach seiner Rückkehr nach Bayern etabliert; der Franzose hatte bereits Gelegenheit dazu gehabt, den ersten Band der Reise für sein eigenes Projekt zu konsultieren[42] und hatte seinerseits bei den verschiedenen europäischen Akademien ‚neues' Material angefragt. Er war auch derjenige, der den als Fischexperten geschätzten Agassiz empfohlen hatte, um die Arbeit von Spix zu Ende zu bringen.

Cuviers Bitte erreichte wiederum Martius, der beschloss, ihm die von Spix gesammelten Fische zukommen zu lassen, da er sich der Bedeutung und der Neuartigkeit des Materials bewusst war. Kaum ein Naturforscher seiner Zeit war je nach Brasilien gereist und in Frankreich wurde die Bedeutung der Sammlung dank der ersten Veröffentlichungen zur Brasilienexpedition und der engen Beziehungen in der naturwissenschaftlichen Gemeinde bekannt. Die Arbeit trug Früchte: Im Jahr 1829 wurde die König Maximilian I. gewidmete *Selecta Genera et Species Piscium Brasiliensium* in Bayern veröffentlicht. Das sehr umfangreiche Buch war in Latein verfasst und schloss in der Danksagung explizit auch Cuvier ein. Damit stellt das Werk, das die Naturwelt Amazoniens beschreibt, das Ergebnis eines interessanten Prozesses der Wissenszirkulation dar.

40 Johann von Spix: *Selecta genera et species piscium Brasiliensium.* München: C. Wolf 1829–1831.

41 Georges Cuvier: *Histoire naturelle des poisons.* Paris: F. G. Levrault 1828–1849.

42 Vgl. William Coleman: A Note on the Early Relationship Between Georges Cuvier and Louis Agassiz. In: *Journal of the History of Medicine and Allied Sciences* 18,1 (1963), S. 51–63; Dorinda Outram: *Georges Cuvier. Vocation, Science and Authority in Post-Revolutionary France.* Manchester: Manchester UP 1984.

Schlussfolgerungen

Es lässt sich feststellen, dass Spix' und Martius' Expedition durch das Amazonasgebiet den historischen Standards wissenschaftlicher Praxis entsprach, die für europäische Forschungsreisen in Südamerika seit dem 16. Jahrhundert typisch waren. Die Anhäufung von Wissen über die erkundeten Gebiete, die im Anschluss an die Feldforschung verfassten Bücher und die Standardisierung der Bezeichnungen von Naturobjekten trugen zu einer doppelten Entwicklung beitrugen: einerseits zur Ausprägung des wissenschaftlichen Habitus, einem Savoir-faire, das aus verschiedensten Praktiken bestand und auf das sich die Reisenden beriefen, um Wissen zu generieren und somit ihre wissenschaftlichen Missionen zu erfüllen; und andererseits der Mehrung von Wissen zur geografischen und politischen Lage der bereisten Regionen. Diese beiden Aspekte dienten zumindest dazu, eine Vorstellung vom Amazonasgebiet zu schaffen und ein Interesse an seiner Erforschung zu wecken. Was bei der Mission in das Blickfeld der beiden bayerischen Naturforscher gelangte und welche Spuren und Quellen sie hinterließen, soll nicht nur beleuchten, wie wissenschaftliche Praxis zur Konstruktion von Wissen beiträgt, sondern muss auch daraufhin untersucht werden, welche Rolle und welchen Einfluss andere Subjekte spielen, die am Prozess der Wissenskonstruktion beteiligt sind. Auf diese Weise muss die wissenschaftliche Praxis der Forschungsreisen als eine gemeinschaftliche Aktivität verstanden werden, die von vielen Händen und Ideen getragen und durch verschiedene Beiträge gespeist wird, also von einem Kollektiv, welches nach den Regeln und Möglichkeiten handelt, die ein bestimmtes Gebiet zulässt.

Die Reise durch das Amazonasgebiet, die Fahrten auf seinen Flussarmen und die Prozesse der Auswahl, des Transports und des Sammelns von Naturobjekten, die sich während dieses Aufenthalts ereignet hatten, konnten keineswegs von lediglich zwei Subjekten durchgeführt werden, die die Region zum ersten Mal besuchten, wie die Lektüre der *Reise in Brasilien* offenlegt. Auch die Merkmale der Mineralien, die Namen von Vögeln und Fischen und die Neuartigkeit und Nützlichkeit von Pflanzen stellten keine einfachen Erkenntnisse dar, die man durch bloße Beobachtung oder im Vergleich mit in Europa bekannten Arten gewann. Was im Verlauf der Reise entstand, resultierte im Wesentlichen aus dem kulturellen Austausch, den es noch zu erforschen gilt. Der konkrete Informationsaustausch, der sich in den *Kontaktzonen*[43]

43 Mary Louise Pratt: *Imperial Eyes. Travel Writing and Transculturation.* New York / London: Routledge 2008, S. 1–12.

vollzogen hat, muss mit Hilfe einer genauen Rekonstruktion der Ereignisse untersucht werden. Der Reisebericht als historische Quelle ermöglicht nämlich auch ein Verständnis davon, wie soziale Beziehungen hergestellt wurden, welche Rolle die Mitglieder der Gesellschaft einnahmen, welches Wissen sie vorwiesen und wie sie ihr Handeln in die Funktionslogik der Forschungsreisen einbrachten.

Aus dem Spanischen von Miriam Blaimer

Jobst Welge

Tropische Temporalität

Urwald und Urzeit in internationalen Amazonas-Narrativen

Die Ausgangshypothese dieses Essays lautet, dass internationale Amazonas-Romane vom Beginn des 20. Jahrhunderts eine Krise der Diskurse von Moderne und Fortschritt artikulieren. Sie stehen stellvertretend für den Eindruck, dass eine ‚zivilisatorische' Entwicklung in Lateinamerika durch die interne *frontier* des Amazonas-Raums herausgefordert wurde.[1] Zum einen wurde die Amazonasregion als Objekt der Entwicklungspolitik behandelt.[2] Zum anderen, insofern die südamerikanische Tropenlandschaft aus (neo-)kolonialer Perspektive seit jeher ein Raum der ökonomischen Ausbreitung war, klingt im damit verbundenen Mythos von *El Dorado* auch das Versprechen des Zugangs zu einem verlorenen Urzustand, einem Paradies der Menschheitsgeschichte an.[3] Daher schlage ich hier vor, dass sich diese Texte auch als narrative und symbolische Modellierungen von Zeitlichkeit lesen lassen.

1 Felipe Martínez-Pinzón / Javier Uriarte (Hrsg.): *Intimate Frontiers. A Literary Geography of the Amazon*. Liverpool: Liverpool UP 2019, S. 3. Jürgen Osterhammel betont – im Gegensatz zum Prozesscharakter der nordamerikanischen *frontier* – den in erster Linie räumlichen Charakter der *frontier* des Amazonas „in der brasilianischen Literatur" (Jürgen Osterhammel: *Die Verwandlung der Welt. Eine Geschichte des 19. Jahrhunderts*. München: Beck 2009, S. 504), der aber, so würde ich ergänzen, immer wieder *raumzeitlich* gefasst wird.

2 Vgl. Ileana Rodríguez: *Transatlantic Topographies*. Minneapolis: U of Minnesota P 2004, S. 23.

3 Vgl. Charlotte Rogers: *Mourning El Dorado. Literature and Extractivism in the Contemporary American Tropics*. Charlottesville: U of Virginia P 2019, S. 7: „[...] the concept of El Dorado is based on the assumption that the South American tropical forest is a site of inexhaustible natural resources, an idea that calls up paradisiacal notions of nature's bounty but incorporates them into nascent global economic networks set in motion by Europeans' arrival in the New World."

Die literarischen Tropen-Narrative (im Folgenden diskutiert an zwei britischen und einem lateinamerikanischen Beispiel) lassen sich so paradigmatisch als Imaginationen von Landschaft verstehen, in denen unterschiedliche Temporalitäten aufeinandertreffen. Diese sind wiederum Ausdruck einer affektiven Ambivalenz, welche die Subjekte gegenüber dem ‚Fortschritt' der Moderne, bzw. einer ‚primitiven' Natürlichkeit empfinden.[4] Ein paradigmatischer Text für den modernen Tropendiskurs ist Euclides da Cunhas Sammlung von Essays *À margem da historia* (1905, Am Rande der Geschichte), in welcher das Amazonasgebiet als eine Region profiliert wird, die sich außerhalb der Geschichte und der modernen Zeitlichkeit befinde.[5] Dieses Gebiet markiert für den brasilianischen Schriftsteller einen Hiat zwischen Landschaft und Nation, Natur und Mensch. Der dorthin reisende Mensch spürt die „Empfindung eines extremen Altertums"[6], eines verlorenen Paradieses, wo alles „ständig neu beginnt"[7]. Hier fühle man sich „entwurzelt in Ort und Zeit, [...] verloren in den verborgenen Winkeln des Waldes und in einer dunklen Ecke der Geschichte."[8] Der Text von da Cunha kann somit als paradigmatisch für die „disjunktive Erfahrung kolonialer Zeitlichkeit"[9], als „tragische Kollision unterschiedlicher Temporalitäten"[10] verstanden werden.
Der Anlass für da Cunhas Überlegungen zur Amazonasregion war seine Teilnahme als Ingenieur und Journalist an einer Expedition während der ersten Jahre des 20. Jahrhunderts mit dem Ziel der Grenzfestlegung zwischen Brasilien und Peru, wonach die Aufgabe genau darin bestand, diese Region an die moderne Zivilisation anzuschließen. Da Cunhas Textsammlung führt zu der Frage, wie diese vorgeblich zurückgebliebenen Räume z. B. durch einen wissenschaftlichen Zugriff und ein imperiales Begehren in die

4 Zur Frage der Temporalitäten in lateinamerikanischen Tropen-Narrativen (z. B. Alejo Carpentier: *Los Pasos Perdidos* [1953]. Madrid: akal 2009) vgl. Luiz Costa Lima: *O Redemunho do Horror. Nas margens do Ocidente*. São Paulo: Perspectiva 2011, S. 380–389.

5 Euclides da Cunha: *À margem da historia*. São Paulo: Martins Fontes 1999.

6 Die Zitate entnehme ich der leicht greifbaren englischen Übersetzung: Euclides da Cunha: *The Amazon. Land without History*, aus d. Port. v. Ronald Sousa. Oxford: Oxford UP 2006, S. 4 (Übers. J. W.).

7 Ebd., S. 11 (Übers. J. W.).

8 Ebd., S. 32 (Übers. J. W.).

9 Stefan Helgesson hat diese Formulierung auf das Hauptwerk *Os Sertões* gemünzt. Stefan Helgesson: Unsettling Fictions. Generic Instability and Colonial Time. In: Anders Cullhed / Lena Rydholm (Hrsg.): *True Lies Worldwide. Fictionality in Global Contexts*. Berlin: de Gruyter 2014, S. 261–273, hier S. 265.

10 Francisco Foot Hardman: A vigança da Hiléia. Os sertões amazônicos de Euclides. In: *Revista Tempo Brasileiro* 144 (2001), S. 29–61, hier S. 53.

Zeitlichkeit der modernen Geschichte gebracht werden sollten – und dabei zugleich als Moment der Unregulierbarkeit Fantasien von Ursprünglichkeit freisetzten.

Britische Amazonasreisen: Fantasien der Urzeit bei Doyle und Woolf

Zunächst möchte ich zwei sehr unterschiedliche britische Romane vom Anfang des 20. Jahrhunderts betrachten, die deutlich machen sollen, welche Funktion eine tropische, amazonische Temporalität für den britisch-europäischen Kontext der damaligen Zeit haben konnte. 1912 veröffentlichte Arthur Conan Doyle seinen Abenteuerroman *The Lost World*. Die Idee der *quest romance* ist hier motiviert durch den Anlass einer wissenschaftlichen Wette, wonach ein britischer Zoologe, sinnigerweise Professor Challenger genannt, seine Kollegen von der Existenz von Dinosauriern in der Amazonas-Region überzeugen will. Über Challengers Exkursion wird gesagt, dass sie in Bereiche vorgedrungen sei, die die realen viktorianischen Naturforscher und Amazonas-Reisenden Henry Walter Bates (1825–1892) und Alfred Russel Wallace (1823–1913) einst nicht betreten hätten.[11] Bei der Beschreibung des Hochplateaus, das wie ein geologisches Archiv der Evolution präsentiert wird, hat sich Doyle am Bergmassiv Roraima orientiert, wie es ihm durch den Amazonas-Reisebericht des Botanikers Richard Moritz Schomburgk (1811–1891) bekannt gewesen ist.[12] Challengers Annahme, dass auf diesem Hochplateau ansonsten ausgestorbene Spezies überlebt hätten, erinnert an die zeitgenössische kolonialistische Auffassung, dass indigene Völker eine frühere Stufe der Zivilisation konserviert hätten, sowie natürlich

11 Wallace und Bates begannen ihre gemeinsame Amazonas-Reise 1848 in Pará (im heutigen Belém). Nach seiner Rückkehr 1859 wurde Bates zu einem Anhänger Charles Darwins, 1863 erschien seine von Darwin gerühmte Reisebeschreibung *On the River Amazons*. Zum Hintergrund dieser Reise und der Geschichte der Amazonas-Forschungsreisen vgl. Matthias Glaubrecht: Am Anfang war der Amazonas. Die Entdeckung Brasiliens und des ‚Flusses der Amazonen'. Nachwort. In: Alfred Russel Wallace: *Abenteuer am Amazonas und am Rio Negro*, aus d. Engl. v. Anonymus / Michael Schickenberg. Berlin: Galiani 2014, S. 523–583, hier S. 561–562. Vgl. auch Rogers: *Mourning El Dorado*, S. 33–35; Márcio Souza: *História da Amazônia*. Rio de Janeiro: Record 2019, S. 163–165.

12 Vgl. Glaubrecht: Am Anfang war der Amazonas, S. 554; Rogers: *Mourning El Dorado*, S. 110.

an Jules Vernes Roman *Voyage au centre de la terre* (1864), wo ebenfalls die Idee der Geologie als Archiv prähistorischer Ablagerungen begegnet.[13]
Das amazonische Plateau ist zunächst fast paradiesisch beschrieben. Bald jedoch kämpfen die britischen Entdeckungsreisenden gegen eine Gruppe von Affenmenschen, um so den Sieg des Menschen im temporalen Schema der Evolution (in einem durch die ‚Zeitreise' gewissermaßen zurückgeholten, kritischen Moment) zu sichern. Das Bild der Affenmenschen verweist auf eine damals weit verbreitete Fantasie über die Existenz eines ‚*missing link*' in der Kette der Evolution. Der Roman vergleicht das Aussehen des Königs der Affenmenschen mit Professor Challenger, so dass der moderne Mensch im Affenmenschen sein Spiegelbild entdeckt: „A single day seemed to have changed him from the highest product of modern civilization to the most depraved savage in South America."[14]
Insofern Doyle auch von zeitgenössischen paläontologischen Dinosaurierfunden in Sussex inspiriert war, wird die brasilianische Wildnis mit dem prähistorischen England verglichen, wodurch eine unheimliche Nähe zwischen der Zivilisation und ihrem ‚Anderen' entsteht.[15] Als die Reisenden schließlich das Plateau erreichen, stürzt die dahin führende provisorische Brücke ein, und damit kollabiert auch die bis dahin aufrechterhaltene Grenze zwischen den Zivilisationsräumen.[16] Als ein später Ausläufer der Gattung der typisch britischen *imperial adventure fiction* antizipieren die ironisch-ambivalenten Töne in *The Lost World* die Krisenstimmung der prononciert modernistischen Romane mit kolonialen Szenarien.[17]

13 Johannes Fabian: *Time and the Other. How Anthropology Makes Its Object*. New York: Columbia UP 2002. Zu Verne vgl. insb. Jörg Dünne: *Die katastrophische Feerie. Geschichte, Geologie und Spektakel in der modernen französischen Literatur*. Konstanz: Konstanz UP 2016, S. 59–62.

14 Arthur Conan Doyle: *The Lost World*. Oxford: Oxford UP 2008, S. 144. Josephine Sharoni erkennt hier das zeittypische literarische Motiv des Doppelgängers. Josephine Sharoni: *Lacan and Fantasy Literature. Portents of Modernity in Late-Victorian and Edwardian Fiction*. Boston / Leiden: Rodopi 2017, S. 89–90.

15 Doyle: *The Lost World*, S. 102.

16 Vgl. Tobias Döring: Scales and Ladders. Natural History and Map Media in Conan Doyle's *The Lost World* and Wilson Harris' *The Secret Ladder*. In: Elmar Schenkel / Stefan Welz (Hrsg.): *Lost Worlds and Mad Elephants. Literature, Science, and Technology 1700–1900*. Glienicke / Cambridge, MA: Galda & Wilch 1999, S. 243–258.

17 Patricia Novillo-Corvalán: Empire and Commerce in Latin America. Historicizing Woolf's *The Voyage Out*. In: *Woolf Studies Annual* 23 (2017), S. 33–60, hier S. 38. Vgl. dies.: *Modernism and Latin America. Transnational Networks of Literary Exchange*. New York: Routledge 2018, S. 21–50.

Genauso wenig wie A. C. Doyle ist Virginia Woolf jemals in Lateinamerika gewesen. Woolfs erster, mehrfach umgearbeiteter Roman *The Voyage Out* (1915) ist lediglich drei Jahre nach Doyles Roman erschienen. Zum einen ist das Motiv der Südamerikareise durchaus zeittypisch für die Edwardianische Epoche (1901–1910); zum anderen haben jüngere Studien von Patricia Corvillo-Norvalán gezeigt, dass Woolf beträchtliche Kenntnisse über die zeitgenössische Situation der lateinamerikanischen Länder besaß, z. B. aufgrund ihrer Recherchearbeiten für ein Buchprojekt ihres Mannes Leonard Woolf, einem ehemaligen Kolonialbeamten. Kenntnisse besaß sie insbesondere über die Involviertheit der britischen Ökonomie in die argentinische fleischverarbeitende Industrie und den Kautschuk-Boom in der Amazonasregion.[18]

In diesem frühen Roman verbindet sich der kritische Blick auf den britischen Imperialismus mit dem gescheiterten Bildungsroman der Protagonistin, der unerfahrenen Rachel Vinrace, deren Tod gegen Ende des Romans auch auf die Widersprüche und das nahende Ende des britischen Imperiums zu verweisen scheint. Sie ist die Tochter von Willoughby Vinrace, dem Besitzer des Cargo-Schiffs *Euphrosyne.* Im letzten Drittel des Romans hat sie eine Romanze mit einem Intellektuellen aus Cambridge, Terence Hewet, deren Höhepunkt mit einer Dampfbootexkursion in den südamerikanischen Dschungel zusammenfällt. Rachels Unerfahrenheit ist zudem auch als Unbezähmbarkeit charakterisiert, eine Resistenz gegen die Norm der bürgerlichen Ehe, die sie symbolisch als eine Art Amazone bestimmt.[19]

Der für Woolf charakteristische modernistische Impuls des Romans ist sichtbar in der Auflösung einer organischen Subjektivität, wie sie das Genre des hier evozierten Bildungsromans zu versprechen scheint. Die Gesellschaftskritik des Romans nimmt dabei auch die floskelhafte Fortschrittsrhetorik in den Blick, wie sie die koloniale Ausbeutung von menschlichen und natürlichen Ressourcen und das damit einhergehende patriarchale Gesellschaftsmodell begleitete. Die fiktive britische Kolonie von Santa Marina irgendwo in Südamerika beschwört einen historischen Horizont herauf, der die Eroberungsreisen zur Zeit der *virgin queen* Elisabeth I. als ironischen Hintergrund

18 Vgl. Novillo-Corvalán: Empire and Commerce, S. 39–51.

19 Vgl. hierzu Mark A.Wollaeger: The Woolfs in the Jungle. Intertextuality, Sexuality, and the Emergence of Female Modernism in *The Voyage Out, The Village in the Jungle*, and *Heart of Darkness*. In: *Modern Language Quarterly* 64,1 (2003), S. 33–69, hier S. 35. Wollaeger stellt in dieser Hinsicht autobiografische Bezüge her sowie zur Kritik an dem Bild der domestizierten Frau im Roman *The Village in the Jungle* (ebd., S. 42).

des gegenwärtigen Gesellschaftsausflugs spätkolonialer britischer Touristen erscheinen lässt:

> Three hundred years ago five Elizabethan barques had anchored where the *Euphrosyne* now floated. Half-drawn up upon the beach lay an equal number of Spanish galleons, unmanned, for the country was still a virgin land behind a veil.[20]

Obwohl Woolf anhand von Rachel Vinraces Vater die kolonialistische Mentalität der britischen Oberklasse satirisch kritisiert, würde ich argumentieren, dass insbesondere die Kapitel XX und XXI als eine modernistische Epiphanie zu verstehen sind. Sie schildern eine Bewegung immer weiter weg von der Zivilisation („driving into the heart of the night"[21]), in der beispielsweise die Reisenden ihre Kleider auch vor den Blicken der anderen ablegen.[22] Gleichzeitig exponiert der Roman einen Blick auf die ‚wilde' Natur, der noch im tropischen Dschungel an eine englische Parklandschaft gemahnt. Woolf kontrastiert die realen ökonomischen Hintergründe mit der touristisch-pittoresken Attitüde einer tropischen *tea-time*. Das konservative Ehepaar Richard und Clarissa Dalloway verkörpert diesen Impuls:

> They heard of the *Euphrosyne*, but heard also that she was primarily a cargo boat, and only took passengers by special arrangement, her business being to carry dry goods to the Amazons, and rubber home again. 'By special arrangement,' however, were words of high encouragement to them, for they came of a class where almost everything was specially arranged, or could be if necessary.[23]

Die Erwähnung des Exportguts „Gummi" („rubber") im Zusammenhang mit dem Amazonas war zu dieser Zeit assoziiert mit der Evokation des sogenannten Putumayo-Skandals, der die Londoner Zeitungen um 1909, auf dem Höhepunkt des Kautschukbooms, beherrschte: Dabei ging es um den Genozid an der indigenen Bevölkerung zwischen den Flüssen Putumayo und Caquetá durch die Peruanische Amazonasgesellschaft. Obwohl Woolf diese Umstände kannte, ist sie im Roman vor allem am tropischen Imaginären der britischen Oberklasse interessiert. In einer frühen Szene der Schiffsreise

20 Woolf: *The Voyage Out*, S. 96.
21 Ebd., S. 311.
22 Ebd., S. 310.
23 Ebd., S. 38.

kommt Mrs. Ambrose, die Tante und Erzieherin von Rachel in den Blick, wie sie mit einer Stickerei beschäftigt ist. In dem gestickten Bild werden die Tropen als unwirkliche bukolische Parklandschaft stilisiert, wobei Mrs. Ambrose zwischen den einzelnen Nadelstichen des ornamentalen Schöpfungsakts sich noch der Lektüre eines philosophischen Buchs widmet, was insgesamt die Harmlosigkeit der ästhetischen und moralischen Begriffe dieser Klasse satirisch hervorkehrt:

> She was working at a great design of a tropical river running through a tropical forest, where spotted deer would eventually browse upon masses of fruit, bananas, oranges, and giant pomegranates, while a troop of naked natives whirled darts into the air. Between the stitches she looked to one side and read a sentence about the Reality of Matter, or the Nature of Good.[24]

An diesen Inszenierungen des Tropischen im Roman werden zwei Tendenzen deutlich. Zum einen der Topos eines Rückgangs in entwicklungsgeschichtlicher Zeit; zum anderen aber auch die Pointe, dass die vermeintliche zeitliche Distanz in Wirklichkeit eine unheimliche Nähe verbirgt – wie auch in *The Lost World*. Dabei ist hier ebenfalls das Echo der darwinistischen Evolutionstheorie spürbar, indem Rachel sich aus der pseudo-intelligenten, soliden Gegenwart des modernen London in eine Urzeit imaginiert, die nun als der Gegenwart seltsam ko-präsent erscheint:

> She was haunted by absurd jumbled ideas—how, if one went back far enough, everything perhaps was intelligible; everything was in common; for the mammoths who pastured in the fields of Richmond High Street had turned into paving stones and boxes full of ribbons, and her aunts.[25]

Der absurde Eindruck der Evolution steht der historischen Kontinuität und der Idee der glorreichen Vergangenheit gegenüber, die von den Figuren des Romans wiederholt als Identität der britischen Seefahrernation reklamiert wird.[26] Rachels Befreiung von den bürgerlichen Zwängen erfolgt auch im Dschungel nur temporär. Das Motiv des zeitlichen Rückgangs, das

24 Ebd., S. 30.
25 Ebd., S. 70.
26 Ebd., S. 51, 96, 125, 222.

Versprechen einer dionysischen Befreiung, der Kontakt mit einer unberührten Landschaft werden zwar aufgerufen, aber letztlich enttäuscht.

Ironischerweise ist es Rachels Lektüre einiger Sätze von Edward Gibbons Klassiker *Decline and Fall of the Roman Empire* (1776), also eines Buchs, das nicht zufällig einen historischen Endzustand zum Thema hat, die ihr die Idee einer zeitlichen Rückwärtsbewegung vermittelt: „They seemed to drive roads back to the very beginning of the world [...] and by passing down them all knowledge would be hers, and the book of the world turned back to the very first page."[27] Die direkt aus Gibbon zitierten Sätze beziehen sich auf das freiheitsliebende Volk der Germanen und stellen eine ironische Verbindung zu den ‚primitiven' Völkern der Neuen Welt sowie ein implizites, ideelles Korrektiv der Gegenwart dar: „The forests and morasses of Germany were filled with a hardy race of barbarians, who despised life when it was separated from freedom."[28] Rachels Zeitreise auf dem Fluss durch den Urwald erinnert auch deutlich an Joseph Conrads *Heart of Darkness* (1899), in dem der implizite Erzähler Marlow seinem Publikum die Fahrt auf dem Kongo explizit als Reise zu den menschlichen Anfängen beschreibt: „[...] going up that river was like travelling back to the earliest beginning of the world, when vegetation rioted on the earth and the big trees were kings."[29]

Auf den kurzen erotischen Glücksmoment zwischen Rachel und Terence mitten im Dschungel folgt ein Besuch im Dorf der Indigenen, deren starr glotzende Frauen ein Bild der Monotonie abgeben: „So it would go on forever and ever, she said, those women sitting under the trees, the trees and the river."[30] Die tropische Natur scheint zunächst Befreiung von bürgerlichen Konventionen zu versprechen, wird dann aber geradezu zu einem Bild für die Tristesse einer nicht selbstbestimmten Existenz, bzw. für die Instabilität des Zivilisationsprozesses: „[...] the races of men changed from dark savages to white civilized men, and back to dark savages again"[31]. Während der anthropologische Diskurs dieser Zeit die Objekte seiner Beobachtung habituell in einer anderen Temporalität ansiedelt, richtet sich Woolf gegen diese „Verneinung des Synchronen"[32]. Insofern *The Voyage Out* eine Art Keimzelle für Woolfs

27 Woolf: *The Voyage Out*, S. 160.

28 Ebd., S. 196.

29 Joseph Conrad: *Heart of Darkness*. London: Penguin 1983, S. 35.

30 Woolf: *The Voyage Out*, S. 270.

31 Ebd., S. 237.

32 Fabian: *Time and the Other*, S. 39.

spätere Poetik des Bewusstseinsstroms ist, ist hier bereits erkennbar, wie der Roman das Konzept der linearen Zeit durch eines der synchronen Kopräsenz konterkariert: ein Mammut auf der Richmond Street. Eine an Wasser und Wald geknüpfte Metaphorik und schließlich Rachels durch eine Tropenkrankheit induziertes Delirium führen zur Auflösung der Idee des bürgerlichen (Roman-)Charakters.

Mythos und Moderne in Venezuela: Gallegos

Während die britischen Romane die Amazonasregion als Folie für ein europäisches Krisenbewusstsein, die Infragestellung von Fortschrittsoptimismus und organischer Subjektivität verwenden, bleibt nun zu fragen, wie die lateinamerikanische Literatur mit Bezug auf die Erfahrung des Tropenwaldes das Verhältnis von Mythos, Moderne und Nation bestimmt.

Der venezolanische Autor und einstige Präsident seines Landes Rómulo Gallegos ist im Umkreis der *novela de la tierra* der 1920er und 1930er Jahre vor allem für seinen Roman *Doña Barbara* (1929) bekannt, der den paradigmatischen Konflikt zwischen ‚Zivilisation' und ‚Barbarei' melodramatisch besetzt, ohne ihn jedoch einer stabilen Lösung zuzuführen.[33] Sein späterer Roman *Canaima* (1935) führt anhand einer Expedition ins Hinterland von Guyana diesen Konflikt in noch wesentlich ambivalenterer Form vor Augen. Dies geschieht gerade zu dem Zeitpunkt, als unter dem *caudillo*-Präsidenten Juan Vicente Gómez (1857–1935) die Ölindustrie den nationalen Raum homogenisierte und modernisierte und in der Folge das Land, ehemals Exporteur landwirtschaftlicher Produkte, im großen Stil als Petrol-Exporteur aufstellte.[34] Die fragmentierte Geografie Venezuelas stellte jedoch weiterhin eine Herausforderung für diese Modernisierung dar und wird somit zum Gegenstand des literarischen Regionalismus.[35]

33 Matthew Bush: *Pragmatic Passions. Melodrama and Latin American Social Narrative.* Madrid / Frankfurt am Main: Vervuert 2014, S. 74–75.

34 Amanda M. Smith: *Mapping the Amazon. Literary Geography after the Rubber Boom.* Liverpool: Liverpool UP 2021, S. 63; vgl. Gianfranco Selgas: *El secreto de la tierra.* Entangled Poetics and the Venezuelan Amazon in *Una Ojeada al Mapa de Venezuela* (1939) by Enrique Bernardo Núñez. In: *Journal of Latin American Cultural Studies* 32,2 (2023), S. 283–298, hier S. 283–284.

35 Roberto M. Dainotto: 'All the Regions Do Smilingly Revolt'. The Literature of Place and Region. In: *Critical Inquiry* 22,3 (1996), S. 486–505.

Insofern in *Canaima* die räumliche Bewegung auch einen Regress in der Zeit bedeutet, gewinnt nun diese Zeitebene die Eigenschaft einer menschheitsgeschichtlichen Ur- und Frühgeschichte. Der Beginn des Romans führt in die Amazonas-Landschaft durch eine den zeitlichen Verlauf markierende Schifffahrt ein, die von einer urzeitlichen Genesis ihren Ausgang nimmt („la primera mañana del mundo")[36] – von Anfang an wird die Landschaft mit einer bestimmten, ‚vormodernen' Zeitlichkeit assoziiert: „Bocas del Orinoco. Puertas, no bien despejadas todavía, de una región donde imperan tiempos de violencia y aventura."[37]
Diese ‚Zeit des Abenteuers' ist vom epischen Erzähler mit Blick auf die ökonomischen Versprechen einerseits als zukunftsorientiert markiert, andererseits wird der emergente Raum des Nationalen wiederholt als noch nicht abgeschlossen bezeichnet.[38] Dabei ist die narrative Präsentation gespalten in eine externe, historisierende Erzählposition und eine interne Erzählerstimme, die an einer mythischen Arretierung der Zeit orientiert ist. Der erste Abschnitt nimmt die Landschaft im Verlauf eines einzigen Tages in den Blick, mit einem biblisch-kosmischen Bild einer noch unfertigen Welt, mit einer gerade dem Wasser entstiegenen Pflanzenwelt, wobei jedoch auch bald erwähnt wird, dass das Wasser das Blut der getöteten Kautschukarbeiter mit sich führt („la sangre de los caucheros asesinados").[39] Der zweite Abschnitt beschreibt hingegen in historisch-geografischer Perspektive die Sagen, die sich um die Region von Guyana ranken. Die weiteren Abschnitte führen dann den Protagonisten Marcos Vargas ein, der vom Abenteuergeist infiziert in das tropische Landesinnere aufbrechen will und den sein alter Freund Manuel Ladera mit einer pessimistischen Vision konfrontiert, die wiederum die frühe Kolonialzeit in ein nostalgisches Licht rückt:

> Pero es que la gente de esos tiempos tenía la conciencia de que estaba fundando un país y todo lo hacía con vistas al porvenir, mientras que los hombres de ahora

36 Rómulo Gallegos: *Canaima*, hrsg. v. Charles Minguet. Madrid: Colección Archivos 1991, S. 4; „der erste Morgen der Welt." Alle Übersetzungen aus dem Spanischen, sofern nicht anders angegeben, J. W.

37 Ebd., S. 3; „Mündungen des Orinoco. Noch nicht freie Türen zu einer Region, in der Zeiten von Gewalt und Abenteuer herrschen."

38 Ebd., S. 4: „aquel mundo inconcluso" / „jene unabgeschlossene Welt"; ebd., S. 6: „Venezuela del descubrimiento y la colonización inconclusos" / „ein Venezuela der unabgeschlossenen Entdeckung und Kolonisierung".

39 Ebd., S. 6.

sentimos que este país se está acabando ya y no nos preocupamos porque las cosas duren.[40]

Diese pessimistische Einschätzung wird durch die Erfahrungen von Marcos Vargas bestätigt, der die dunkle Unterseite der Moderne in Venezuela kennenlernt, die Gewalt gegen Indigene, venezolanische Kautschukarbeiter oder Schwarze aus Trinidad. Diese Gefährdung der Fortschrittsbewegung wird unterstrichen durch die Vorstellung des Regenwalds als Verkörperung einer früheren zeitlichen Epoche, deren Ureinwohner auch einer primitiven Entwicklungsstufe zugeordnet sind, die sie gleichzeitig für Degeneration anfällig macht. Die Beschreibung der Tropenlandschaft betont die Dimension des Unendlichen, die Wiederholung, die Monotonie, die jahrhundertelange Dauer, die das menschliche Fassungsvermögen in visuell-perzeptiver und sprachlicher Hinsicht an seine Grenzen führt:

> ¡Árboles, árboles, árboles! Una sola bóveda verde sobre miríadas de columnas afelpadas de musgos, tiñosas de líquenes, cubiertas de parásitas y trepadoras, trenzadas y estranguladoras por bejucos tan gruesos como troncos de árboles. ¡Barreras de árboles, murallas de árboles, macizos de árboles! Siglos perennes de la raíz hasta los copos, fuerzas descomunales en la absoluta inmovilidad aparente, torrente de savia corriendo en silencio. Verdes abismos callados ...[41]

Die Bedeutung einer mythischen Dimension wird schon im Titel des Romans erkennbar. Der Name *Canaima* bezeichnet nämlich bei den indigenen Populationen des nordöstlichen Amazonien eine schamanistische Gottheit, die im Zusammenhang mit gewaltvollen Ritualen physischer Verstümmelung von Menschen steht. Diese indigene rituelle Praxis, so der Anthropologe Neil Whitehead, ist zu einem zentralen Punkt indigener Selbst- und Fremdbestimmung geworden. Es handelt sich dabei um eine Dämonologie, die die

40 Ebd., S. 19; „Es ist so, dass die Menschen damals sich bewusst waren, dass sie ein Land gründeten, und sie taten alles mit Blick auf die Zukunft, während wir Menschen von heute das Gefühl haben, dass dieses Land bereits am Ende ist und uns nicht um die Dauer der Dinge kümmern."

41 Ebd., S. 119; „Bäume, Bäume, Bäume! Ein einziges grünes Gewölbe über Myriaden von samtenen Moos-Säulen, bedeckt mit Flechten, Schmarotzern und Schlingpflanzen, umschlungen und erwürgt von Ranken so dick wie Baumstämme. Baumbarrieren, Baumwände, Baummassive! Mehrjährige Jahrhunderte von den Wurzeln bis zu den Wipfeln, außergewöhnliche Kräfte in scheinbar absoluter Unbeweglichkeit, leise fließende Säfte. Grüne schweigende Abgründe."

satanische Gottheit als Emblem des Primitiven bzw. als Feind von Fortschritt und Entwicklung, der Inkorporation autonomer Gesellschaften in den Körper des modernen Staates ansieht.[42] Auch im Roman von Gallegos verschmilzt die Region von Guyana mit diesem Topos der tiefen Wildnis im Landesinneren als einer Resistenz gegen die Kräfte des Fortschritts.

Der von Gallegos in den Blick genommene Konflikt zwischen rationalistischen und mythisch-mystischen Impulsen verdichtet sich in der Figur des Protagonisten Marcos Vargas und seinem Konversionserlebnis. Dieses bringt ihn einerseits zu geistiger Einsicht, andererseits führt es ihn in psychische Wahnzustände und schließlich auch dazu, sich ganz von der Zivilisation und dem ihm vorgezeichneten, teleologisch-linearen Weg abzuwenden.[43] Daher ist es auch nicht überraschend, dass seine Angleichung an indigene Denkweisen ihn zur Idee der Zirkularität des Lebens führt, etwa im Bild der „Tausenden von Schmetterlingen", die den „Lebenskreis" symbolisieren: „se unieron allí mismo los dos extremos del torbellino: la fecundación y la muerte, Cajuña y Canaima".[44]

Hier dramatisiert Gallegos offenbar eine gestiegene Ambivalenz gegenüber seinem früheren Glauben an ein europäisches Fortschrittsmodell als Motor einer notwendigen nationalen Modernisierung. Die Idee des wissenschaftlichen Fortschritts wird im Roman durch die Figur des Grafen Giaffaro parodiert, der mitten im Dschungel ein Museum zur Konservierung und taxonomischen Bestimmung der tropischen Spezies unterhält. Aber signifikanterweise ist auch diese Figur nach mehrjährigem Aufenthalt so durch ihre Umwelt konditioniert, dass die Sprache ebenfalls ihre linear-logische

42 Vgl. Neil Whitehead: The Sign of Kanaimà, the Space of Guyana and the Demonology of Development. In: *Cahiers des Amériques latines* 43 (2003), S. 67–85. Nach den frühen Quellensammlungen von Theodor Koch-Grünberg stellen die Studien von Whitehead die gründlichste Analyse des Mythos dar. Wie Whitehead feststellt, beginnt der Prozess der Konstitution des Mythos mit den Reiseberichten aus dem Landesinneren von Forschern und Missionaren in der Mitte des 19. Jahrhunderts. Die heutigen Indigenen der Hochebenen verstehen die Gottheit jedoch als primordial und zugleich jenseits von Zeitlichkeit: „Kanaimà is more ancient than warfare and more ancient than society itself. As a result kanaimà itself almost becomes outside history, or at least it is a universal and constant human possibility [...]. In this way one may say that, while there is a history to the ritual practice of kanaimà, kanaimà as a way of being in the world is beyond time" (ebd., S. 74).

43 Für eine ausführliche Diskussion der verschiedenen Manifestationen von Wahnsinn im Roman vgl. Charlotte Rogers: *Jungle Fever. Exploring Madness and Medicine in Twentieth-Century Tropical Narratives*. Nashville, TN: Vanderbilt UP 2018, S. 120–127.

44 Gallegos: *Canaima*, S. 123–124; „die beiden Extreme des Wirbelsturms waren genau dort vereint: Befruchtung und Tod, Cajuña und Canaima."

Funktion verliert und Giaffaro sich dem ‚intuitiven' Denken der Indigenen annähert.[45]

Die Affektierung durch den Geist von Canaima führt dazu, dass Menschen wie Vargas zu einem prähistorischen Stadium regredieren bzw. vorstoßen. In einem zentralen Kapitel des Romans („Tormenta") befindet sich der Protagonist inmitten titanischer Naturgewalten; mit großer lyrischer Emphase wird die Auflösung des rationalen Bewusstseins von Vargas gezeichnet, seine pathetische Umarmung eines Affen („¡Hola, pariente!")[46], sein wahnhaftes Ineinswerden mit einem Baum, wobei der Begriff der Wurzeln hier trotz aller ‚teuflischen' Umnachtung durch den Geist von Canaima eben auch ein Moment elementarer Ursprünglichkeit bezeichnet:

> Las raíces más profundas de su ser se hundían en suelo tempestuoso, [...] la más íntima esencia de su espíritu participaba de la naturaleza de los elementos irascibles y en el espectáculo imponente que ahora le ofrecía la tierra satánica se hallaba a sí mismo, hombre cósmico, desnudo de historia, reintegrado al paso inicial al borde del abismo creador.[47]

Hinsichtlich des modernen Menschen wird der durch Canaima verkörperte Primitivismus also teilweise als positiv gesehen, während er bei den Indigenen ihre Unterentwicklung bezeichnet. In der Schilderung der Indigenen (*guaraúnos*) bei ihrem rituellen Tanz wird betont, wie der dabei entstehende Drogenrausch eine dehumanisierende Wirkung hat, der sie tiergleich und primitiv macht, schließlich aber in der letzten Phase zu einem Regress führt, der eine ursprüngliche Vitalität freilegt.[48]

Insofern der Regionalismus von Gallegos sich immer auf den Raum der Nation bezieht, wird seine Auffassung deutlich, dass eine homogene Zeitlichkeit den lokalen Wirklichkeiten, der „gelebten Geografie" („la geografía viva"[49]) nicht gerecht wird. Dies wendet sich gegen eine zeitgenössische Praxis

45 Ebd., S. 124.

46 Ebd., S. 152; „Hallo mein Verwandter!".

47 Ebd., 151; „Die tiefsten Wurzeln seines Wesens sanken in stürmischen Boden, [...] das intimste Wesen seines Geistes nahm teil an der Natur der jähzornigen Elemente, und in dem imposanten Schauspiel, das ihm die satanische Erde nun bot, fand er sich, ein kosmischer Mensch, der Geschichte entkleidet, auf der ersten Stufe am Rande des schöpferischen Abgrunds wieder eingegliedert."

48 Ebd., S. 45.

49 Ebd., S. 9.

der Geografie, welche die ländlichen Regionen Venezuelas mit dem Begriff „jungfräulich" („virgen") in einem „primitiven" Stadium außerhalb der modernen Zeit verortete.[50] Andererseits ist Gallegos' Blick auf Guyana eine Perspektive von außen, von einem städtischen Intellektuellen aus Caracas, der mit der Einführung des Flugzeugs (1912) einen Zugang zu dieser Region hatte und sich dort 1931 auch nur drei Wochen aufhielt.[51] Der Roman verkörpert diese Idee unterschiedlicher Temporalitäten. Marcos' Konfrontation mit den Naturgewalten im Kapitel „La Tormenta" ist mit einer epischen *katabasis* vergleichbar: So wie Aeneas bei Vergil in der Unterwelt die Erinnerung an das untergegangene Troja für seinen zukunftsgerichteten Auftrag mobilisiert, ist auch das indigene Element in der Ur- und Unterwelt des Dschungels als verschüttetes Erbe der Nation gekennzeichnet, was am Ende dann der gleichnamige, mestizische Sohn in die Zukunft („hacia el porvenir") mitnimmt.[52]

Schluss

In seinem Buch *Forests. The Shadows of Civilization* hat Robert Harrison den Wald sowohl als Ursprung als auch Kehrseite der Zivilisation charakterisiert, der im Laufe der Menschheitsgeschichte immer wieder menschliche Ängste, Fantasien und Nostalgien freigesetzt und gebunden hat.[53] Die literarische Urwald-Fiktion von Virginia Woolf belegt, wie stark sich die Imagination der Tropen im 20. Jahrhundert auch im europäischen Roman der klassischen Moderne manifestiert. In Woolfs feministischer Zivilisations- und Imperialismuskritik wird die zunächst als ursprünglich und unentfremdet gesehene Welt Südamerikas letztlich nur momenthaft als positive Epiphanie mobilisiert. Die britische Literatur der imperialistischen Epoche konfrontiert die dunkle Unterseite des Dschungels mit dem wissenschaftlichen und ökonomischen Eroberungswillen. Im Bereich der lateinamerikanischen Literatur verkörpert der regionalistische Roman von Rómulo Gallegos eine ambivalente Ursprungsfantasie, einen atavistischen Regress des national allegorisierten Helden. Dieser Regress wird aber letztlich durch einen historisierenden Rahmen kontrolliert. Dadurch wird zumindest teilweise an der Idee festgehalten,

50 Smith: *Amazonian Cartographies*, S. 121.

51 Ebd., S. 113. Vgl. Rogers: *Mourning El Dorado*, S. 61–62.

52 Gallegos: *Canaima*, S. 194.

53 Robert Harrison: *Forests. The Shadow of Civilization.* Chicago: U of Chicago P 1992, z. B. bei Giambattista Vico, ebd., S. 2–3.

dass der Mensch die Natur allererst zu korrigieren und zu produzieren habe,[54] wie dies zuvor bereits auch von Euclides da Cunha postuliert worden war. Trotz ihrer sehr unterschiedlichen Ausprägung (Abenteuerroman, psychologischer Modernismus, Regionalismus) sind diese Romane an der epischen Form und Motivik der Suche orientiert und in unterschiedlicher Weise benutzen sie die formalen Mittel des modernen Romans. Diese ermöglichen es, die disjunktive Zeiterfahrung der kolonialen Tropenlandschaft und die ambivalente affektive Besetzung von ‚primitiven' Ursprüngen zu erkunden. Die hier vorgestellten literarischen Amazonas-Narrative explorieren und produzieren somit Temporalitäten, welche die dominante Konzeption westlichen Fortschrittsdenkens ironisieren oder in Frage stellen.

54 Gallegos: *Canaima*, S. 19.

Miriam Lay Brander / Manuel Schusterbauer

Der Urwaldroman im 21. Jahrhundert

Ökologie und Postkolonialismus in Patrick Devilles *Amazonia* (2019)

Der 2019 erschienene Roman *Amazonia* ist das Ergebnis einer Expeditionsfahrt, die der französische Schriftsteller Patrick Deville (*1957) gemeinsam mit seinem erwachsenen Sohn Pierre, einem Fotografen und Musiker, auf dem Amazonas unternimmt. Die Reise führt Vater und Sohn ausgehend vom brasilianischen Belém de Pará am Atlantik quer über den südamerikanischen Subkontinent über die Anden bis ins ecuadorianische Santa Elena am Pazifik und zu den Galapagos-Inseln.[1] Im Einklang mit literarischen Vorbildern wie Alejo Carpentiers *Los pasos perdidos* (Kuba, 1952, dt. *Die verlorenen Spuren*) ist die Flussfahrt zugleich eine Reise in die Vergangenheit: In zahlreichen Anekdoten und mit unzähligen intertextuellen Verweisen gespickt führt der Roman bis in die Zeit der ersten europäischen Eindringlinge zurück. Diese fanden sich auf der Suche nach Gold in einer noch weitgehend unberührten Natur wieder, die zugleich Schrecken und Faszination auslöste. Über die Jahrhunderte versuchten sie, diese unbändige Landschaft zu bezähmen, indem sie

1 Es würde an dieser Stelle zu weit führen, die einzelnen Stationen auf Devilles Reise nachvollziehen und räumlich detailliert beschreiben zu wollen. Der Autor selbst gibt die Route seines Reisevorhabens folgendermaßen wieder: „[...] cette longue verticale sud-nord parcourue en vingt ans sur le planisphère, par São Paulo, Rio, Brasilia, Recife, puis cette longue horizontale est-ouest sur laquelle nous nous engagions avec Pierre, de Belém sur l'Atlantique à Santa Elena sur le Pacifique, par Santarém, Manaus, Iquitos et Guayaquil [...]“ (Patrick Deville: *Amazonia*. Paris: Seuil 2019, S. 38, im Folgenden zitiert mit der Sigle AM); „die lange vertikale Süd-Nord-Route, die ich in zwanzig Jahren von São Paulo über Rio, Brasilia und Recife bereist hatte, dann die lange Ost-West-Horizontale von Belém am Atlantik nach Santa Elena am Pazifik, über Santarém, Manaus, Iquitos und Guayaquil“ (Patrick Deville: *Amazonia. Roman*, aus d. Franz. v. Holger Fock / Sabine Müller. Zürich: Unionsverlag 2023, S. 41, im Folgenden zitiert mit der Sigle AMd).

Karten von Flüssen und Zuflüssen erstellten, ihre Flora und Fauna erforschten und sich schließlich die Ressourcen der Region zunutze machten. So treten bei Deville Konquistadoren wie Lope de Aguirre auf, Abenteurer wie der exzentrische Unternehmer und Kautschukhändler Carlos Fitzcarrald, Freiheitskämpfer wie Simón Bolívar und Naturforscher wie Charles Darwin, Alexander von Humboldt oder Charles Marie de La Condamine. Ausgehend von der *Jangada*, wie Deville sein Schiff nach einem Roman von Jules Verne nennt, wechselt der Autor bisweilen auf andere Schiffe, etwa Darwins *Beagle*, die Deville zum Ausgangspunkt nimmt, um die technisch-wissenschaftlichen Transformationen, die unser Weltbild maßgeblich verändert haben, in Erinnerung zu rufen. Er passiert die Kautschuk-Boomstädte Manaus und Iquitos und rekapituliert die Kulturgeschichte des Kaffees.

Amazonia ist der jüngste Teil des siebenbändigen Romanzyklus *Abracadabra*, zu dem ferner die Romane *Pura Vida* (2004), *Équatoria* (2009), *Kampuchéa* (2011), *Peste & Choléra* (2012), *Viva* (2014) und *Taba-Taba* (2017) gehören.[2] Ein gemeinsames Charakteristikum dieser Texte sind die intertextuell verwobenen Biografien und Ereignisse der Weltgeschichte ab etwa den 1860er Jahren, die weite Teile der Handlung einnehmen und die auch *Amazonia* prägen. Indem die Texte des Romanprojekts die Lebensgeschichten verschiedenster realhistorischer Persönlichkeiten darstellen und, oft durch metafiktionale Techniken, miteinander vernetzen, werden sie zu „polybiographies"[3], die in verschiedenen Regionen der Welt spielen: *Taba-Taba* nimmt die Provinzregionen Frankreichs in den Blick, *Viva* weltgeschichtliche Entwicklungen in Russland und Mexiko, *Kampuchéa* die demokratische Vergangenheit des heutigen Kambodscha, *Équatoria* die ehemalige französische Kolonie Französisch-Äquatorialafrika und *Amazonia* den südamerikanischen Kontinent und speziell die titelgebende Region. Ein zentrales Element bildet in diesem

2 Inzwischen liegen alle *Abracadabra*-Romane, einschließlich *Amazonia*, in deutscher Übersetzung vor: Patrick Deville: *Pura Vida. Leben und Sterben des William Walker*, aus d. Franz. v. Holger Fock. Innsbruck: Haymon 2007; ders.: *Pest & Cholera*, aus d. Franz. v. Holger Fock / Sabine Müller. Zürich: Unionsverlag 2013; ders.: *Viva*, aus d. Franz. v. Holger Fock / Sabine Müller. Zürich: Unionsverlag 2017; ders.: *Äquatoria. Auf den Spuren von Pierre Savorgnan de Brazza*, aus d. Franz. v. Holger Fock / Sabine Müller. Zürich: Unionsverlag 2013; ders.: *Kampuchea*, aus d. Franz. v. Holger Fock / Sabine Müller. Zürich: Unionsverlag 2015; ders.: *Taba-Taba*, aus d. Franz. v. Holger Fock / Sabine Müller. Zürich: Unionsverlag 2019; ders.: *Amazonia*.

3 Vgl. Marina Ortrud M. Hertrampf / Isabelle Bernard Rabadi: Introduction. Création(s) et Réception(s) de Patrick Deville. In: Dies. (Hrsg.): *Création(s) et Réception(s) de Patrick Deville*. München: AVM 2019, S. 5–18, hier S. 5–9.

wie auch in den anderen Romanen des Zyklus das autobiografische Moment der selbst unternommenen Reise, die Deville mit zahlreichen fiktionalen und historiografischen Episoden anreichert. Was *Amazonia* grundlegend von den anderen Reiseberichten Devilles unterscheidet, ist, dass er die Flussfahrt durch das Amazonas-Becken gemeinsam mit seinem Sohn unternimmt. Somit spielt neben der Reise selbst die Beziehung zwischen Vater und Sohn, die sich leitmotivisch durch den Text zieht, eine zentrale Rolle, etwa in den Reflexionen des Autors über das private Abenteuer mit Pierre, einschließlich Fragen nach der Nähe und Ferne zwischen Vater und Sohn in der Enge einer Kajüte und unter den Bedingungen einer beschwerlichen Flussfahrt. Schließlich nimmt Deville seine Expedition zum Anlass, um die katastrophalen Folgen eines vom Menschen hervorgerufenen ökologischen Ungleichgewichts aufzuzeigen.

Der „literarische Karneval“[4], den Deville in *Amazonia* schafft, lässt sich keiner Gattung eindeutig zuordnen. Er verbindet Reisbericht, Essay, historischen Bericht, Reportage und Roman, ohne in einer dieser Gattungen vollständig aufzugehen. Dabei knüpft er, wie wir im vorliegenden Beitrag zeigen möchten, insbesondere an die Tradition des Urwaldromans an, schafft aber eine neue, vom *ecological turn* geprägte Variante der Gattung, indem er sie in ökokritische und zugleich postkoloniale Diskurse einschreibt. Die von Deville in *Amazonia* angedeuteten Herausforderungen und Bedrohungen der Weltgemeinschaft lassen sich als Folgen des Globalismus lesen, einem auf ökonomischem und kulturellem Imperialismus fußenden Kolonialismus,[5] der die Natur und Gesellschaften im Amazonasbecken maßgeblich geprägt hat.

Der Urwaldroman und das Motiv der (inneren) Reise bei Deville

Eine zentrale Gemeinsamkeit der kanonischen Urwaldromane, die dem literarischen Modell von José Eustasio Riveras *La vorágine* (Kolumbien, 1924, dt. *Der Strudel*) folgen, besteht darin, dass sie das Scheitern der versuchten Rückkehr eines Protagonisten zur Natur schildern. Diese erfolglose Rückkehr steht in Verbindung mit dem persönlichen Scheitern des Protagonisten, was als Kritik an Modernität und Industrialisierung, die zu einer Entfremdung

4 AM, Klappentext.

5 Vgl. Bonnie Roos / Alex Hunt: Introduction. Narratives of Survival, Sustainability, and Justice. In: Dies. (Hrsg.): *Postcolonial Green. Environmental Politics and World Narratives*. Charlottesville: U of Virginia P 2010, S. 1–13.

des Subjekts geführt haben, gedeutet worden ist:[6] der Seefahrer Marlow aus Joseph Conrads *Heart of Darkness* (Großbritannien, 1902), der am Anfang und Ende des Romans dem erneuten Aufbruch in ein neues „Herz der Finsternis" entgegensieht; Arturo Cova aus *La vorágine*, den gemeinsam mit seiner geliebten Alicia und dem Neugeborenen das grausame Schicksal ereilt, vom Urwald „verschlungen" zu werden; der namenlose Protagonist aus *Los pasos perdidos*, der seine wahre Identität nicht findet, auf persönlicher, familiärer und ökonomischer Ebene scheitert und letztlich wie Sisyphos den metaphorischen Stein vergeblich den Berg seines Lebens hinaufzurollen versucht.

Als die zwei wesentlichen Motive für den Beginn der Quests globaler Urwaldromane gelten Ökonomie und Liebe: Das Verlangen nach materiellem und erotischem Besitz führt die Protagonisten immer tiefer in den Urwald hinein, wobei sich die Reise durch eine weitgehend unberührte Landschaft zunehmend in eine innere Suche verwandelt.[7] Bei Deville hingegen kommen weder erotische noch wirtschaftliche Interessen als entscheidender Katalysator für die Reise durch das Amazonas-Becken in Frage. Auch das Motiv des Scheiterns tritt in *Amazonia* weniger stark hervor als in vielen der emblematischen Urwaldromane, deren Protagonisten fehlgeschlagene Lebensentwürfe verkörpern. Das Motiv des Scheiterns in Devilles Text ist vielmehr in der impliziten Kritik am Modell des Globalismus und dem pro-ökologischen Standpunkt zu suchen – eine Suche, deren Tragik sich in der Ohnmacht des Autors angesichts ungelöster ökologischer Probleme artikuliert und welche die Menschheit angesichts des globalen Klimawandels verbindet.[8]

6 Jorge Marcone: De retorno a lo natural. La serpiente de oro, la „novela de la selva" y la crítica ecológica. In: *Hispania* 81,2 (1998), S. 299–308, hier S. 307.

7 Jobst Welge: The Jungle Novel. Permutations of an International Genre. In: Miriam Lay Brander (Hrsg.): *Genre and Globalization. Transformación de géneros en contextos (post-)coloniales / Transformation des genres dans des contextes (post-)coloniaux*. Hildesheim / Zürich / New York: Olms 2017, S. 211–233, hier S. 220.

8 Anya Heise-von der Lippe und Russell West-Pavlov beschreiben diese kollektive Ohnmacht folgendermaßen: „Im Angesicht komplexer Krisenszenarien wie des globalen Klimawandels fühlen wir uns […] überfordert und reagieren mit Trägheit und Nichtstun – und zwar so regelmäßig, dass unser Leugnen einen wesentlichen Bestandteil der Krise ausmacht […]." (Anya Heise-von der Lippe / Russell West-Pavlov: Literaturwissenschaften in der Krise. Einleitung. In: Dies. (Hrsg.): *Literaturwissenschaften in der Krise. Zur Rolle und Relevanz literarischer Praktiken in Globalen Krisenzeiten*. Tübingen: Narr Francke Attempto 2018, S. 9–26, hier S. 12.)

Amazonia teilt mit früheren Urwaldromanen eine spezifische Verbindung von Raum und Zeit[9], bei der die Reise durch den Urwald die Protagonisten nicht nur in immer tiefer liegende Zeitschichten, sondern auch zunehmend in ihr eigenes Inneres vordringen lässt, sodass sich eine Matrix aus Raum, Zeit und dem Kognitiven bzw. Psychologischen ergibt.[10] In *Amazonia* zeigt sich die räumliche Dimension nicht nur in den ausführlichen Beschreibungen der zurückgelegten Etappen, sondern bereits in den Überschriften der einzelnen Kapitel. Diese liefern einen Überblick über den Verlauf der Reise, wobei die bedeutendsten Stationen durch Präposition und den korrespondierenden Ort angegeben sind: à Guanabara (AM, S. 23–26), au Pernambouc (AM, S. 43–47), à Santarém (AM, S. 61–63), à Manaus (AM, S. 119–123), à Iquitos (AM, S. 141–143), au Putumayo (AM, S. 209–215), à Quito (AM, S. 226–229), à Guayaquil (AM, S. 235–237), à Santa Cruz (AM, S. 263–266) und à Tortuga Bay (AM, S. 288–292). Dazwischen sind zahlreiche Kapitel eingewoben, die sich entweder direkt diesen Orten in Form von Kommentaren über reale historische Ereignisse mit teils fiktivem Gehalt widmen, Etappenabschnitte behandeln, die der Reise den Charakter einer zwischen Fakt und Fiktion balancierenden historiografischen Reisereportage verleihen, oder Episoden thematisieren, die philosophisch-anthropologischen Essays ähneln. Somit führt die zeitliche Reise des Protagonisten in *Amazonia* nicht linear in eine immer weiter zurückliegende Vergangenheit, sondern mäandert auf eklektische Art und Weise zwischen unterschiedlichen Zeitschichten – und Texten: Der Roman enthält unzählige intertextuelle Verweise auf fiktionale, ethnografische, historiografische und andere wissenschaftliche Texte. Die für den Urwaldroman typische Intertextualität nimmt bei Deville allerdings nicht die Form einer (tragi-)komischen Parodie an wie beispielsweise in Carpentiers *Los pasos perdidos*, vielmehr verwebt Deville die zahlreichen Verweise zu einer regional- und kulturgeschichtlichen Entdeckungsfahrt, wobei er stets transatlantische Zusammenhänge aufzeigt und dabei seine Vorliebe für zeitliche Koinzidenzen nicht verbirgt. So zitiert er etwa aus dem Roman *Nove noites* (2002), in dem der brasilianische Schriftsteller Bernardo Carvalho das

9 Vgl. zur Bedeutung von Michail Bachtins Begriff bei der Gestaltung von Raum und Zeit im modernen Roman: Wolfgang Matzat: *Perspektiven des Romans. Raum, Zeit, Gesellschaft. Ein romanistischer Beitrag zur Gattungstheorie*. Stuttgart / Weimar: Metzler 2014, S. 117. Vgl. auch Michail Bachtin: *Formen der Zeit im Roman. Untersuchungen zur historischen Poetik*, aus d. Russ. v. Michael Dewey. Frankfurt am Main: Fischer 1986.

10 Vgl. Jobst Welge: Tropische Temporalität. Urwald und Urzeit in internationalen Amazonas-Narrativen, in diesem Band.

Leben des jungen nordamerikanischen Ethnologen Buell Quain (1912–1939) schildert – ebenfalls eine Vater-Sohn-Geschichte –, dass sich Buell Quain an dem Tag das Leben genommen habe, an dem Albert Einstein den historischen Brief an Theodore Roosevelt geschickt habe, in dem er vor einer möglichen Existenz der Atombombe warnte, drei Wochen vor der Unterzeichnung des Nicht-Angriffspakts zwischen Hitler und Stalin (AM, S. 111). Und die in *Nove noites* wiedergegebenen Aussagen von Claude Lévi-Strauss, den Carvalho in Paris persönlich interviewte, veranlassen Deville ausgehend von der Sorge des französischen Ethnologen um das Aussterben nicht nur kleiner Kulturen, sondern auch seiner eigenen, zur Überlegung, ob nicht die Menschheit generell vom Aussterben bedroht sei, wobei er auch eine Verbindung zu Michel de Montaignes Humanismus herstellt: „Et, tout comme les Trumaï [eine Ethnie Amazoniens; M. L. B. / M. S.] déja en voie d'extinction dans les années trente, nous étions peut-être devenus les derniers des Mohicans" (AM, S. 112).[11] Die Episode liefert ein Beispiel dafür, wie Deville aus der teilweise arbiträren Verbindung von Texten, Personen, Ereignissen, Orten und Zeitpunkten ein schwindelerregendes Palimpsest schafft, dessen Schichten stets Substrate der Gegenwart sind.

Der Urwald-Chronotopos ist in *Amazonia* also durchaus erkennbar, erweist sich aber im Gegensatz etwa zu den von Jobst Welge in diesem Band untersuchten Beispielen literarischer Tropen-Narrative als kleinteiliger und sprunghafter, zusätzlich dazu, dass Deville in *Amazonia* genealogische Aspekte stärker in den Vordergrund stellt. Folglich führt die Reise bei Deville und seinem Sohn Pierre nicht zu Wahnsinn und Krankheit und dadurch zu körperlichem und psychischem Verfall (*Heart of Darkness*, *La vorágine*) oder zu einer Identitätskrise (*Los pasos perdidos*), sondern wirft vielmehr transgenerationelle Fragen menschlichen Seins auf. Das Generationenthema, das vor allem im lateinamerikanischen Kontext von großer Bedeutung ist,[12] zeigt sich in *Amazonia* bereits in den zahlreichen Kapitelüberschriften: sieben Kapitel tragen den Titel „père & fils" (AM, S. 7, 48, 67, 106, 178, 245, 284), zwei „père &

11 „Und ganz wie die Trumaï, die schon in den Dreißigerjahren vor ihrer Auslöschung standen, waren wir inzwischen vielleicht zu den letzten Mohikanern geworden." (AMd, S. 117.)

12 Erinnerungsdiskurse nehmen in der lateinamerikanischen Gegenwartsliteratur namentlich durch bekannte Autoren wie den Kolumbianer Juan Gabriel Vásquez (*1973) und die Brasilianer Michel Laub (*1973), Bernardo Carvalho (*1960) und Bernardo Kucinski (*1937), deren Werke oftmals die unmittelbare politische Vergangenheit oder Gegenwart ihrer jeweiligen Herkunftsländer thematisieren, einen wichtigen Platz ein.

fille“ (AM, S. 27, 144) und eines „père & fils (puis fille)“ (AM, S. 171).[13] Der Roman enthält zahlreiche Reflexionen über das Verhältnis zwischen Vätern und Söhnen, etwa wenn Deville feststellt, dass ein Vater, wenn er sich von seinem Sohn beobachtet fühlt, nicht derselbe sei wie in dessen Abwesenheit und umgekehrt, dass also Vater und Sohn einander gewissermaßen unzugänglich bleiben, genauso wie das Leben des indigenen Volks der Trumaï dem Ethnologen verborgen bliebe (AM, S. 111). Diese Unmöglichkeit der Beobachtung, die das, was sie beobachtet, stets verändert, überscheibt Deville mit „la mort du père“ (AM, S. 111)[14], in Anlehnung an den oben erwähnten Roman *Nove noites* von Bernardo Carvalho, in dem ein Vater und ein Sohn mit einem kleinen Flugzeug von São Paulo aus eine Reise in Richtung des brasilianischen Nordens unternehmen. Vater-Sohn-Beziehungen werden aber beispielsweise auch in historischen Expeditionsgeschichten (wie Vater und Sohn Fawcett oder Vater und Sohn Roosevelt) thematisiert, in Mythen wie dem der vaterlosen „Botosöhne“, die ihre Existenz den verführerischen Kräften von rosa Delphinen verdanken oder in der Klage des französischen Honorarkonsuls über die hohe Zahl brasilianischer alleinerziehender Mütter von Kindern, die von ihren französischen Vätern verlassen wurden (AM, S. 118).

Mit der transgenerationellen Thematik nimmt Deville in indirekter Weise auch bereits auf das Thema der Ökologie und die Bewahrung natürlicher Ressourcen Bezug: Der Fokus auf Beziehungen, Kontinuitäten und Brüchen zwischen zwei Generationen legt nahe, dass die notwendigen Maßnahmen zur Erhaltung und zum Schutz der (tropischen) Natur nicht zuletzt auch einzuleiten sind, um sie für künftige Generationen zu bewahren.

Bei der Darstellung von Transgenerationalität in *Amazonia* nehmen Kreismodelle als Metapher für den Lebenszyklus eine bedeutende Rolle ein. Dorothea Schmidt-Supprian deutet diese im Sinne einer „formale[n] Geschlossenheit“[15] der von ihr untersuchten Texte Devilles und verweist dabei auf zirkuläre Erzählstrukturen (z. B. die Rekurrenz des Romanendes auf den -beginn). Zwar lässt *Amazonia* diese formale Geschlossenheit nicht erkennen, denn Deville könnte an die letzte Passage nahtlos anknüpfen und entweder die nächste Reise(etappe) schildern oder weitere Erinnerungen wiedergeben.

13 „Vater & Sohn“ (AMd, S. 11, 51, 71, 111, 185, 253, 293), „Vater & Tochter“ (AMd, S. 30, 149), „Vater und Sohn (dann Tochter)“ (AMd, S. 178).

14 „Der Tod des Vaters“ (AMd, S. 116).

15 Dorothea Schmidt-Supprian: *Spielräume inauthentischen Erzählens im postmodernen französischen Roman. Untersuchungen zum Werk von Jean Echenoz, Patrick Deville und Daniel Pennac*. Marburg: Tectum 2003, S. 154.

Dennoch weist *Amazonia* ebenfalls eine zyklische Struktur auf, die sich auch in den das Schiff umgebenden Wellen widerspiegelt. Darüber hinaus vermittelt der Roman eine zyklische Auffassung von individueller und kollektiver Geschichte, die vor allem in der emblematischen Schlusspassage deutlich wird, in der Deville das Bild des Strudels verwendet und damit die Vielzahl der gelesenen und gehörten (Lebens-)Geschichten wiederzugeben sucht, die sich zu einem Malstrom von Erinnerungen verwirbeln.

> Silencieux, comme soulevé de terre par une émotion que je n'avais pas éprouvée depuis un après-midi trois ans plus tôt sur l'île Amantaní au milieu du lac, en lévitation survolant les siècles et les continents, retrouvant tout au bout du chemin les lectures échangées au long du parcours, les histoires racontées et discutées dans les cabines de navire et les chambres d'hôtel, le tourbillon de toutes ces vies et des deux nôtres aussi au milieu du maelström, convaincu que, pour cette minute au moins, je faisais bien d'être vivant, comme si depuis vingt-neuf ans j'attendais cette si fragile épiphanie.[16] (AM, S. 291–292.)

Vergangene Biografien verbinden sich mit derjenigen des Autors in einem Wirbel von sowohl durch die Lektüre als auch durch die eigene Erfahrung gewonnenen Erinnerungen. Darüber hinaus evoziert diese finale Passage unweigerlich Parallelen zu anderen Urwaldromanen: Die Metapher des Wirbels inmitten des Malstroms verweist auf eine Passage aus Riveras *La vorágine*, die dem Roman seinen Titel verleiht und den Urwald als metaphorischen Strudel darstellt, als Katalysator für die verborgen geglaubten Ängste, animalischen Verhaltensweisen und psychischen Abgründe: „Y por este proceso –¡oh selva!– hemos pasado todos los que caemos en *tu vorágine*."[17] Darüber hinaus ist das Malstrom-Motiv auch außerhalb des Urwaldromans beispielsweise aus der

16 „Schweigend, wie von der Erde gelöst, einem Gefühl, das ich seit jenem Nachmittag auf der Amantaní-Insel im Titicacasee drei Jahre zuvor nicht mehr empfunden hatte, flog ich über Jahrhunderte und Kontinente, kam ganz am Ende des Weges zurück zu den Büchern, über die wir uns während der langen Reise ausgetauscht hatten, zu den Geschichten, die wir uns in Schiffskabinen und Hotelzimmern erzählt und diskutiert hatten, zum Strudel all dieser Lebensgeschichten und auch zu unseren beiden inmitten des Mahlstroms, und ich war überzeugt, dass es zumindest für diese eine Minute wert war zu leben, als hätte ich seit neunundzwanzig Jahren auf diese flüchtige Epiphanie gewartet." (AMd, S. 299–300.)

17 José Eustacio Rivera: *La vorágine*, Barcelona: Linkgua 2012, S. 171 (Herv. M. S.). „Und durch diesen Fortgang – oh Selva! – sind wir alle hindurch, die wir in deinen Strudel fallen." Alle Übersetzungen aus dem Spanischen und Portugiesischen, sofern nicht anders angegeben, M. S.

englischsprachigen Literatur bekannt. So ist er titelgebend für Edgar Allan Poes Kurzgeschichte *A Descent into the Maelström* (1841)[18], in der Poe seinen Ich-Erzähler retrospektiv ein Erlebnis auf hoher See erzählen lässt, bei dem dieser den Überlebenskampf gegen einen immensen Wasserstrudel gewinnen kann. Im Einklang mit diesem Vorläufer greift auch Deville das anthropologische Thema des fortdauernden Kampfes des Menschen gegen den Strudel des Lebens auf. Schließlich schlägt Deville mit den Metaphern „tourbillon“ und „maelström“[19] den Bogen zu Fragen von Ökologie und Klimaveränderung.

Ökologie und Postkolonialismus

Das Narrativ vom „anthropogenen Klimawandel“[20] ist eine relativ junge Erscheinung, die erst in den 1970er Jahren Fahrt aufnahm, jedoch angesichts der gegenwärtigen globalen Krisenlage(n) an Bedeutung gewonnen hat. In der Literaturwissenschaft haben die Umweltbewegung und das Aufkommen tiefenökologischer Ansätze in den 1990er Jahren sowie die seither geführten gesellschaftlichen Debatten um Nachhaltigkeit und Umweltgerechtigkeit zu einer verstärkten Fokussierung auf den Zusammenhang zwischen literarischen Texten und ihrer physischen Umwelt geführt,[21] insbesondere im Hinblick auf die Kohärenz und Brauchbarkeit von Texten als Antwort auf Umweltkrisen.[22] Seit Beginn des 21. Jahrhunderts stellt dieser Forschungsansatz des *ecocriticism* vermehrt „globale Konzepte in Auseinandersetzung mit regionalen, lokalen und ethnischen Erfahrungen in transkultureller und ökokosmopolitischer Perspektive [...] oder postkolonialer Hinsicht“[23] in den

18 Edgar Allan Poe: A Descent into the Maelström. In: Ders.: *The Fall of the House of Usher and Other Writings*, hrsg. v. David Galloway. London: Penguin 2003, S. 177–193.

19 Beide Bezeichnungen entsprechen der deutschen Übersetzung „Strudel“ und „Malstrom“.

20 Dominik Schreiber: Der Klimawandel. Aufstieg eines globalen Narrativs. In: Christian Moser / Linda Simonis (Hrsg.): *Figuren des Globalen. Weltbezug und Welterzeugung in Literatur, Kunst und Medien*. Göttingen: V&R unipress 2014, S. 129–137, hier S. 129.

21 Cheryll Glotfelty: Introduction. In: Dies. / Harold Fromm (Hrsg.): *The Ecocriticism Reader. Landmarks in Literary Ecology*. Athens, GA: Routledge 1996, S. XV–XXXVII, hier S. XVIII.

22 Vgl. z. B. Richard Kerridge: *Writing the Environment. Ecocriticism and Literature*. London: Zed 1998, und für den lateinamerikanischen Kontext Victoria Saramago: *Fictional Environments. Mimesis, Deforestation, and Development in Latin America*. Evanston: Northwestern UP 2021.

23 Gabriele Dürbeck / Urte Stobbe: *Ecocriticism. Eine Einführung*. Köln / Weimar / Wien: Böhlau 2015, S. 11.

Vordergrund. Innerhalb dieser Debatten hat sich der bereits im Jahr 1986 von Alfred W. Crosby geprägte Begriff des „Ecological Imperialism“[24] hervorgetan. Crosby argumentiert, dass die Kolonialisierung nicht nur eine Form politischer und kultureller, sondern auch und in erster Linie ökologischer Unterdrückung war, die sich bis in die heutige Zeit fortsetzt. Wo immer sich die Kolonisten niederließen, brachten sie Krankheiten und Seuchen mit und zerstörten Flora und Fauna, auch durch europäische landwirtschaftliche Praktiken, die den Boden auslaugten. Der Imperialismus und der ihm zugrunde liegende Rassismus betrachtete Menschen (genauso wie Flora, Fauna und andere natürliche Ressourcen) als Teil einer auszubeutenden Natur und zwang sie, ihren eigenen Vorstellungen von Umwelt und Kosmos zu entsagen und stattdessen okzidentale Werte und Vorstellungen anzunehmen, was eine Wiederherstellung des Gleichgewichts zwischen Kultur und Natur schwierig, wenn nicht gar unmöglich macht.[25] Die daraus folgende Verbindung der Konzepte von Postkolonialismus und *ecocriticism* fassen Roos und Hunt unter dem Begriff des ‚Globalismus‘:

> a latter-day colonialism based upon economic and cultural imperialism. [...T]he fact that these threats and benefits [brought about by globalism] involve the quest for land and natural resources, that globalism requires industry and extraction with major ecological and environmental impacts, demands that any postcolonial critique must be thoroughly ecocritical at the same time.[26]

Umgekehrt weisen ökokritische Diskurse häufig eine postkoloniale Dimension auf, wenn in der Kritik anthropo- und androzentrischer Haltungen eine Hinterfragung imperialer und kolonialer Ideologien mitschwingt.[27] So verweisen Ansätze des *ecocriticism* vermehrt darauf, dass Umweltprobleme ohne das Einbeziehen von Wohlstand und Armut, Überkonsum, Unterentwicklung und Ressourcenknappheit nicht angemessen adressiert werden können,

24 Alfred W. Crosby: Ecological Imperialism. In: Bill Ashcroft / Gareth Griffiths / Helen Tiffin (Hrsg.): *The Post-Colonial Studies Reader*. London / New York: Routledge 2006, S. 494–497.

25 Vgl. Graham Huggan / Helen Tiffin: ‘Introduction’ to Postcolonial Ecocriticism. Literature, Animals, Environment. In: Ken Hiltner (Hrsg.).: *Ecocriticism. The Essential Reader*. London / New York: Routledge 2015, S. 178–195.

26 Roos / Hunt Introduction. Narratives of Survival, Sustainability, and Justice, S. 3.

27 Vgl. Gisela Heffes: *Políticas de la destrucción / Poéticas de la preservation. Apuntes lectura (eco) critica del medio ambiente en America Latina*. Rosario: Beatriz bo 2013.

während postkoloniale Kritik vermehrt untersucht, inwieweit Auseinandersetzungen um (neo-)koloniale Machtstrukturen und gegenwärtige Konflikte um eine ökonomische Globalisierung in einem engen Zusammenhang mit Umweltfragen wie Landbesitz, Nutzung von Energie und natürlichen Ressourcen, landwirtschaftlicher Produktion, Umweltverschmutzung und -risiken oder lokalem und globalem Konsumverhalten stehen.[28]

Im Amazonas-Becken werden die kolonialen und ökologischen Folgen des Globalismus u. a. im *rubber boom*, der weltweiten Explosion des Gummihandels und der damit verbundenen Ausbeutung der an Kautschukbäumen reichen lateinamerikanischen Wälder sichtbar,[29] den auch Deville in seinem Roman eindrücklich schildert: Die Kritik an der Ausbeutung des Amazonasraums sowie seiner Integration in das vom Globalismus geprägte wirtschaftliche Handelsnetz und deren Folgen für das ökologische Gleichgewicht sind die wichtigsten Botschaften von *Amazonia*. Diese klingen bereits in anderen genrekonstituierenden Klassikern des Urwaldromans wie Conrads *Heart of Darkness*, Riveras *La vorágine* und Carpentiers *Los pasos perdidos* an. Beschreibungen des ausgebeuteten Kongo bei Conrad und die Anprangerung der Gummizapfer durch Clemente Silva in *La vorágine* können als explizite Ausdrücke eines frühen, an den Tropen geschulten ökologischen Bewusstseins gelesen werden. Allerdings stellen Conrad und Rivera den Urwald über weite Strecken als etwas Fremdes, Unbekanntes, Monströses und Unheimliches dar.[30] Während ihre Erzählungen von Krankheit, psychischem und physischem Verfall, Sklaverei, Ausbeutung und Tod geprägt sind, erscheint der Urwald bei Carpentier als Sehnsuchtsort einer sublimierten Natur. Deville greift sowohl die bei Conrad und Rivera ausgedrückte Wirtschaftskritik als auch Carpentiers Verherrlichung archaischer Natur auf und verbindet beides zu einem Appell an das ökologische Bewusstsein: Gerade aufgrund ihrer

28 Ursula K. Heise: Postcolonial Ecocriticism and the Question of Literature. In: Roos / Hunt (Hrsg.): *Postcolonial Green*, S. 251–258, hier S. 251–252.

29 Vgl. Lúcia Sá: Voicing Brazilian Imperialism. Euclides da Cunha and the Amazon. In: Euclides da Cunha: *The Amazon. Land without History*. Oxford: Oxford UP 2006, S. xi–xxiii, hier S. xi, xix, xxii–xxiii. Schon zu Zeiten des brasilianischen Ingenieurs und Autors Euclides da Cunha (1866–1909) nahm Amazonien eine zentrale Rolle im weltweiten Handelsnetz ein. Da Cunha verarbeitete seine Erfahrungen in Amazonien in einer Essaysammlung, die postum unter dem Titel *À margem da história* (1909, „Am Rande der Geschichte") veröffentlicht wurde. Zur Geschichte der Kautschukgewinnung vgl. auch Jens Soentgen: Die Erfindung des Gummis durch die Ureinwohner Amazoniens und deren Darstellung in westlichen Materialgeschichten des Kautschuks, in diesem Band.

30 Vgl. auch Marcone: De retorno a lo natural.

Schönheit gilt es, die Wälder des Amazonasbeckens vor einer (ökonomisch motivierten) Zerstörung zu bewahren.[31]
Indem Deville in seinem Roman auf globale Fehlentwicklungen und deren Folgen für das ökologische Gleichgewicht aufmerksam macht, schreibt er ihn in das ökologische Narrativ des 21. Jahrhunderts ein. So greift er viele der oben erwähnten Krisen und Themen ökokritischen Schreibens wie Ungleichheit bei der Verteilung von und dem Zugang zu Ressourcen, Land und Konsumgütern sowie Umweltverschmutzung und -risiken auf, wenn er z. B. an einer frühen Stelle seines Romans angesichts von Bevölkerungsexplosion und der Verknappung von Ressourcen das Ende des egalitären Traums verkündet:

> [L]a fin du rêve égalitaire devant l'explosion démographique, la raréfaction des ressources, l'apparition d'une humanité augmentée laissant les milliards de sous-hommes s'entretuer pour un peu de nourriture et d'eau potable au milieu des décharges.[32] (AM, S. 33.)

Diese Feststellung führt Deville im darauffolgenden Kapitel unmittelbar zur Geschichte der Ausbeutung der natürlichen Ressourcen Brasiliens, die er in Ausstellungen und Museen in Rio de Janeiro reich dokumentiert findet:

> [...] je voyais ces villes de la ruée vers l'or du Minas Gerais, Ouro Preto, Rio das Velhas, lieux écumés par les bandeirantes, ramassis de racailles et d'aventuriers qui partaient à cheval dans la campagne à la chasse aux esclaves[.][33] (AM, S. 34–35.)

An den Goldrausch schließt sich die Eingliederung des Kaffees in den weltweiten Handel und die damit verbundene Ausbeutung von Natur und

31 In diesem Sinne greift Schmidt-Supprian in ihrer Diskussion von Devilles Werk etwas zu kurz, wenn sie argumentiert, Deville gehöre „mit Sicherheit nicht zu den Autoren [...], denen die Kritik an der Gesellschaft vorderste Motivation für das Schreiben ist." (Schmidt-Supprian: *Spielräume inauthentischen Erzählens*, S. 184.)

32 „[D]as Ende des egalitären Traums angesichts der demografischen Explosion, der Verknappung der Ressourcen, der Erscheinung einer erweiterten Menschheit, die zuließ, dass Milliarden von Untermenschen sich für ein wenig Nahrung und Trinkwasser inmitten von Müllhalden gegenseitig umbrachten." (AMd, S. 35.)

33 „[Ich sah] die Städte des Goldrausches von Minas Gerais, die Stadt Ouro Preto, den Rio das Velhas, Orte, die von den Bandeirantes ausgeplündert worden waren, Sammelbecken für Gesindel und Abenteurer, die auf der Jagd nach Sklaven zu Pferd durchs Land streiften" (AMd, S. 37).

Menschen gleichermaßen an: „Après cette folie de l'or était venue celle du café. Les esclaves étaient passés de la mine au champ."[34] (AM, S. 35.) Zentral ist dabei eine Stelle, an der Deville seinen Sohn Pierre bei einer Erkundung des Urwalds am Rio Tapajós, einem Nebenfluss des Amazonas, begleitet und ihre Achtsamkeit gegenüber der Natur hervorhebt: „Nous avancions silencieux, suant et ahanant côte à côte ou à la file sur *cette planète en train de mourir* [...]"[35] (AM, S. 42, Herv. M. L. B. / M. S.). Das Gebot der Achtsamkeit und die apokalyptischen Obertöne sind zwar bereits in klassischen Urwaldromanen wie *Heart of Darkness* oder *La vorágine* zu finden, allerdings legt der Hinweis auf den sterbenden Planeten bei Deville den globalen Charakter ökologischer Bestrebungen nahe. Analog zum Imaginarium aktueller Umweltdebatten[36] werden die Urwälder des Amazonas auch hier zur Metonymie einer in der Zerstörung begriffenen Erde.

Die Kritik an der Ausbeutung der Natur und ihrer Ressourcen ist in *Amazonia* auch dort ein bestimmendes Thema, wo Deville die negativen Auswirkungen des Globalismus mit der Vorstellung des Urwalds als Projektions- und Imaginationsfläche für die Wünsche und Träume zahlreicher Eroberer, Entdecker und nach Profit strebender Magnaten verknüpft: „Après la folie de l'or puis du café, nous allions chercher celle du caoutchouc"[37] (AM, S. 54), so führt er die im oben angeführten Zitat begonnene Reihe fort. An dieser Stelle verbindet Deville seine Kritik mit wirtschafts- und politikgeschichtlichen Hintergründen (AM, S. 55–60), schildert die Entwicklung des Kautschukbooms sowie die Erfindung der Vulkanisation des Kautschuks durch Charles Goodyear (1800–1860)[38] und prangert die Veränderung eines ganzen Kontinents im Zuge des Kolonialismus an:

> Les nations européennes envoient dans la forêt leurs prospecteurs, rationalisent la production et surtout l'exportation, bâtissent des ports fluviaux, tracent des lignes

34 „Nach dem Goldrausch kam der Kaffeewahn. Die Sklaven wurden aus der Mine aufs Feld hinausgejagt." (AMd, S. 38.)

35 „Wir bewegten uns schweigend vorwärts, schwitzten und ächzten nebeneinander oder hintereinander auf diesem sterbenden Planeten" (AMd, S. 45).

36 Vgl. dazu die Einleitung zu diesem Band.

37 „Nach dem Goldrausch und dem Kaffeewahn waren wir jetzt dem Kautschukfieber auf der Spur." (AMd, S. 58.)

38 Zu einer Hinterfragung des verkürzten Narrativs von der Erfindung der Vulkanisation des Kautschuks durch Charles Goodyear vgl. Soentgen: Die Erfindung des Gummis durch die Ureinwohner Amazoniens.

de chemin de fer, expédient depuis leurs chantiers navals des bâtiments à vapeur.[39] (AM, S. 56.)

Manaus – „Le village de Manaus perdu au milieu du continent“[40] (AM, S. 57) – sei infolge des Kautschukbooms zur „ville la plus riche du monde“[41] (ebd.) geworden.

Den verheerenden Folgen von Kolonialismus und wirtschaftlicher Ausbeutung stellt Deville die Schönheit der Natur sowie die positive Langsamkeit und Abgeschiedenheit des Lebens am Amazonas gegenüber, „[...] ce retour à une existence plus frugale, parce qu'elle est aussi plus morale et plus belle, plus lente, dans le cas où elle entraînerait un jour le recours aux forêts [...]“[42] (AM, S. 91). Zu dieser romantisierenden Betrachtung inspiriert ihn das bekannteste Werk der frühen Ökoliteratur, *Walden* (USA, 1854; AM, S. 84) von Henry David Thoreau, aber auch die Geste einer Frau mit ihrem Kind in Kautschukstiefeln, die ihm und seinem Sohn einen Korb voller Guaven schenkt, ohne dafür bezahlt werden zu wollen (AM, S. 98). Angesichts solcher „gestes simples de bonté et d'humanité qui échappaient encore à l'horreur économique“[43] (AM, S. 98), tritt die Verdorbenheit der durch wirtschaftlichen Profit geprägten Städter umso stärker hervor, die sich, wie der brasilianische Schriftsteller Antônio Callado in seinem Roman *A expedição de Montaigne* (1982) schildert, mit Bier betrinken, um sich dann davonzumachen, ohne die Rechnung zu bezahlen (AM, S. 93).

Auch wenn Deville in *Amazonia* viele der Topoi europäischer Entdeckungs- und Forschungsreisen aufgreift,[44] z. B. die immense Ausdehnung der amazonischen Wälder und deren scheinbare Undurchdringlichkeit

39 „Europäische Nationen schicken ihre Prospektoren in den Wald, rationalisieren die Produktion und vor allem den Export, bauen Flusshäfen, ziehen Eisenbahnlinien und lassen von ihren Werften Dampfschiffe zu Wasser.“ (AMd, S. 60.)

40 „Manaus, ein abgelegenes Dorf in der Mitte des Kontinents“ (AMd, S. 60).

41 „[R]eichsten Stadt der Welt“ (AMd, S. 60).

42 „[D]iese Rückwendung zu einem genügsameren Leben, das auch moralischer und schöner, langsamer sein würde, wenn es eines Tages zur Rückkehr in die Wälder führte“ (AMd, S. 95).

43 „[S]chlichte Gesten der Güte und der Menschlichkeit, die noch nicht dem Horror der Ökonomie unterlagen“ (AMd, S. 102).

44 Vgl. hierzu Lesley Wylies Untersuchungen zu (post)kolonialen Lesarten der *novela de la selva*: Die Konstruktion(en) Amazoniens oszillierten im Laufe der Jahrhunderte zwischen „lands of promise and adventure or as green hells of disease and savagery“ (Lesley Wylie: *Colonial Tropes and Postcolonial Tricks. Rewriting the Tropics in the* novela de la selva. Liverpool: Liverpool UP 2009, S. 40).

(„végétation impénétrable, grisâtre et vert pale“[45], AM, S. 288) im Vergleich zu den europäischen, enthält der Roman also zahlreiche realistische Passagen, die der Wirtschafts- und Sozialkritik gewidmet sind. Diese sind ausschließlich im nüchternen und beschreibenden Ton einer Reportage oder eines Zeitungsberichts gehalten, sodass dem Inhalt gegenüber der Form die bedeutendere Rolle zukommt, wie etwa auch in der folgenden Passage: „En ce milieu de l'année 2018, la folle accélération du dérèglement climatique provoquait un été caniculaire dans l'hémisphère Nord, des incendies partout et jusqu'en Scandinavie et au Groenland.“[46] (AM, S. 276.) Devilles Reisebericht geht den Ursprüngen dieses natürlichen Ungleichgewichts nach, wobei sich die Tragik seiner Suche in den vielen sozialkritischen Elementen und der Offenlegung der Krisenherde der Amazonas-Region ebenso widerspiegelt wie in der ausbleibenden Lösung der aufgedeckten Probleme und Krisen.
Das Interesse an einer Umweltgeschichte Lateinamerikas[47] führt Deville zurück zu Alexander von Humboldt (1769–1859), „l'homme le plus célèbre du monde après Napoléon“[48] (AM, S. 230), und seinem Begleiter Aimé Bonpland (1773–1858).[49] Zentral ist hierbei die von Humboldt vorgenommene wissenschaftliche Definition eines Ökosystems und des natürlichen Gleichgewichts (AM, S. 231), dessen Störung Deville mit folgendem Zitat von Humboldt deutlich macht: „Lorsqu'on détruit les forêts comme les colons européens le font partout avec une imprudente précipitation, les sources tarissent entièrement ou deviennent moins abondantes.“[50] (Ebd.) Das Abholzen von Wäldern wird zum Inbegriff (neo-)kolonialer Eingriffe schlechthin, mit denen die Europäer nicht nur die Lebensgrundlage anderer, sondern auch ihre eigene zerstören.

45 „[U]ndurchdringliche, gräuliche und blassgrüne Vegetation“ (AMd, S. 296).

46 „Zur Jahresmitte 2018 brachte die wahnwitzige Beschleunigung des Klimawandels für die nördliche Hemisphäre eine nie da gewesene sommerliche Hitzewelle und überall Waldbrände bis nach Skandinavien und Grönland.“ (AMd, S. 283–284.)

47 Vgl. hierzu Shawn William Miller: *An Environmental History of Latin America*. New York: Cambridge UP 2007.

48 „[D]er zweitberühmteste Mann der Welt nach Napoleon Bonaparte“ (AMd, S. 238).

49 Deville verfolgt einige der wichtigsten Stationen auf der Route Humboldts und Bonplands nach, welche die beiden Wissenschaftler ausgehend von A Coruña (1799) über Teneriffa, wo sie den über 3.700 Meter hohen Teide bestiegen, in die damaligen Königreiche Nueva Granada und Nueva España führte, wo sie u. a. die Llanos erkunden und den Orinoco befahren sollten (AM, S. 231).

50 „Zerstört man die Wälder, wie die europäischen Ansiedler allerorten in Amerika mit unvorsichtiger Hast thun, so versiegen die Quellen oder nehmen doch stark ab.“ (AMd, S. 239.)

Auf den letzten Seiten von *Amazonia* wird das im Roman entfaltete postkolonial-ökologische Narrativ abschließend zugespitzt. So bettet Deville das Thema des Klimawandels bei der Schilderung des Endes seiner Reise auf den Galapagosinseln (und nach einer detaillierten Einordnung des Lebens Charles Darwins) zum wiederholten Male in einen weiteren Rahmen ein, indem er auf die „responsabilité collective"[51] bei der Bewältigung der „crise climatique planétaire"[52] verweist (AM, S. 290). An die Stelle der individuellen Suche des entfremdeten Selbst im klassischen Urwaldroman ist die kollektive Suche nach Antworten auf das Krisenszenarium des globalen Klimawandels getreten.

Schluss: Rückkehr zur Natur?

Deville knüpft mit seinem Roman *Amazonia* an die Tradition des Urwaldromans an, verleiht dem Genre jedoch mit genealogischen und ökologischen Fragestellungen eine neue Dimension. An die Stelle der ‚inneren Reise' tritt das Motiv der Transgenerationalität: Die Wälder Amazoniens bilden hier einen Sehnsuchtsort der geteilten Reiselust von Vater und Sohn; die ökonomisch, erotisch oder identitär motivierte Suche der vorhergehenden Urwaldtexte tritt in den Hintergrund zugunsten dem Ziel, globale Fehlentwicklungen aufzudecken. Demnach haben Kolonialismus und (neo-)koloniale Ausbeutung zu einem ökologischen Ungleichgewicht geführt, das nun auf die gesamte Menschheit zurückschlägt. Im Gegensatz zum klassischen Urwaldroman verhandelt *Amazonia* damit keine individuelle, sondern vielmehr eine kollektive Krise der Menschheit im Anthropozän. Die räumliche und zeitliche Tiefe des Urwaldromans führt nicht mehr in das Innere eines Subjekts, sondern in die Beziehungen zwischen Generationen, vor allem aber in koloniale Vergangenheiten, deren ausbeuterische Praktiken maßgeblich zum gegenwärtig beobachtbaren ökologischen Ungleichgewicht beigetragen haben.
Gerade in der Zeit globaler Krisen und Herausforderungen, deren Sichtbarkeit im 21. Jahrhundert eine neue Stufe erreicht hat, werden die als erhaben empfundene Natürlichkeit des Urwalds und seine Bewahrung zum Sinnbild für den Fortbestand der Menschheit.[53] Aus diesem Grund setzt sich Devilles

51 „[K]ollektive Verantwortung" (AMd, S. 298).

52 „[D]er planetarische Klimawandel" (AMd, S. 298).

53 Vgl. Nancy Stepan: *Picturing Tropical Nature*. New York: Cornell UP 2001, S. 240–245. „But it is as 'tropical nature' [...] that the tropical world today perhaps commands the greatest popular attention. Indeed, interest in tropical nature has never been greater because of its

Roman auch über die Grenzen zwischen Staaten, Ethnien, Kulturen und Kontinenten hinweg, indem er zahlreiche historiografische Episoden miteinander verwebt und damit globale Verflechtungen aufzeigt.[54] Auf diese Weise verleiht Deville dem Urwaldroman eine globale Bedeutung, die weit über den lateinamerikanischen Kontext hinausgeht. Anders als etwa Carpentier begreift sich Deville nicht als *cronista de indias*, als Chronist des wunderbar Wirklichen, wie es sich in der Geschichte Lateinamerikas niederschlägt, sondern als „apprenti chaman"[55] (AM, S. 92), dessen Aufgabe darin bestehe, die Kosmogonie und die Geschichte der Vorfahren zu rezitieren: „telle était après tout la modeste fonction que je remplissais dans ma tribu."[56] (Ebd.) Hinter dem angeblichen Bescheidenheitspostulat verbirgt sich der Anspruch, die Lebensweise der ursprünglichen Bewohner*innen des Amazonasbeckens in Erinnerung zu rufen (sofern sie sich überhaupt rekonstruieren lässt) und schlaglichtartig die Ereignisse aufzuzeigen, die zu ihrer Zerstörung geführt haben, in der Hoffnung einer möglichen Rückkehr zu einem genügsameren Leben. Insofern steht am Ende von *Amazonia* nicht das Scheitern, sondern die Hoffnung, nicht die bedrohliche Gegenwart als Ergebnis der Geschichte, sondern die Utopie einer Rückkehr zur Natur und damit diejenige Utopie, die frühere Urwaldromane zum Scheitern verurteilt hatten.

central place in defining our current environmental worries about the 'end of nature' itself." (Ebd., S. 241.)

54 Eine Technik, die Deville bereits in seinem 2009 publizierten Roman *Équatoria* anwendet, in welchem er am Beispiel des afrikanischen Kontinents dessen Kolonialgeschichte beleuchtet, indem er die kolonialen Wurzeln aus postkolonialer Perspektive untersucht und für grenzüberschreitende Gemeinsamkeiten der zahlreichen Ethnien und Kulturen argumentiert. Vgl. Jacqueline Jondot: Géopolitique à géométrie variable. In: Hertrampf / Bernard Rabadi (Hrsg.): *Création(s) et Réception(s) de Patrick Deville*, S. 119–134, hier S. 121.

55 „Schamanen-Lehrling" (AMd, S. 95).

56 „[D]as wäre letztendlich die bescheidene Aufgabe gewesen, die ich in meinem Stamm erfüllt hätte" (AMd, S. 95).

Abbildungsverzeichnis

Ana Pizarro: Das europäische Bilderinventar in Amerika

Abb. 1: Die Landkarte von Pedro Texeira, dem ersten Portugiesen, der den Lauf des Amazonas flussaufwärts von seiner Mündung bis nach Quito zurücklegte. 17. Jahrhundert, Spanische Nationalbibliothek, Madrid.

Abb. 2: Der englische Seefahrer Sir Walter Raleigh trat auf seiner Reise durch Guyana im Jahr 1595 in einen Dialog mit dem reichhaltigen Vorstellungsinventar zu Amazonien. Illustration von Théodore de Bry.

Abb. 3: Die Amazonen treffen sich einmal im Jahr mit ihren Geliebten. Ihre Gestalt ist den europäischen Schönheitsidealen der Renaissance nachempfunden.

Abb. 4: Das Amazonenbildnis als regionale Identitätsikone.

Abb. 5: Im Bestiarium Amazoniens sind Iwaipanomas und Amazonen nur zwei von vielen Menschentypen im europäischen Bilderinventar.

Abb. 6: Die Stadt Manoa als zentraler Bestandteil der Legende von El Dorado, dem sagenhaften Ort des Reichtums. Illustration von Théodore de Bry.

Abb. 7: Die Indigenen von Guyana hielten regelmäßige Rituale ab, bei denen der Prinz von El Dorado mit Harz und Goldstaub geschmückt wurde. Illustration von Théodore de Bry.

Abb. 8: Der vom Bösen bekämpfte und bezwungene Klerus. *Die Hölle* von einem unbekannten Maler, o. J., Museu Nacional de Arte Antiga, Lissabon.

Abb. 9: Eine Repräsentation des Bösen in zeitgemäßem Gewand. Ausschnitt aus *Die Hölle*.

Abb. 10: Die Inquisition hatte in Portugal einen Dreh- und Angelpunkt. Von dort legten die „Visitationen" in Richtung Amerika ab, mit dem Ziel, ihre Selbstlegitimation mittels der Gefangennahme, Folter und Hinrichtung durchzusetzen.

Philip Gondecki-Safari: Cumbia für den Yasuní

Abb. 1: Lebensraum der Waorani und der Yasuní im ecuadorianischen Amazonastiefland. Karte von Philip Gondecki und Arne Rehmann, 2012; eigene kartografische Bearbeitung auf der Grundlage der Daten von Marc Souris; IRD/MS mit Savane GIS.

Abb. 2: Mediale Inszenierung der Waorani und ihrer traditionellen Lebensweise bei Filmaufnahmen in Bameno. Foto von Joke Baert und Eduardo Pichilingue in der Waorani-Gemeinschaft Bameno am Río Cononaco im Yasuní, 2010. Bameno ist eine abgelegene Siedlung der Waorani, die von nationalen und internationalen Journalist*innen, Fotograf*innen und Filmteams bevorzugt besucht wird, um die dort lebenden Waorani, vor allem der älteren Generation, zu interviewen, zu fotografieren und zu filmen. Foto: Joke Baert / Eduardo Pichilingue, 2010, aus Philip Gondecki-Safari: *Wir verteidigen unseren Wald. Vom lokalen Widerstand zum globalen Medienaktivismus der Waorani im Konflikt zwischen Erdölförderung und Umweltschutz im Yasuni im ecuadorianischen Amazonastiefland.* Bonn: Universitäts- und Landesbibliothek 2015, Abb. 71, S. 507.

Nils Droste / Maria Fernanda Abdo García: Zwischen La Esperanza und Siete Iglesias

Abb. 1: Karte und Lage des Kantons San Juan Bosco in der Provinz Morona Santiago, Ecuador, und in Südamerika. Am rechten Rand ist das Amazonasbecken zu sehen. Quellen: eigens bearbeitete Kartenmaterialien von OpenStreetMap (Reliefkarte) und Wikipedia (Verwaltungsbereichskarten).

Abb. 2: Die Managementzonen des Gemeindeschutzgebiets Siete Iglesias in San Juan Bosco. Quelle: Übersetzt nach Fundación Ecológica Arcoiris: *Plan de Manejo del Área Ecológica de Conservacion Municipal Siete Iglesias*. Quito: Ministerio del Ambiente del Ecuador / Gobierno Municipal del cantón San Juan Bosco / COSUDE / GTZ 2009.

Abb. 3: Minenkonzessionen und Gebiete der Shuar in und um San Juan Bosco. Quelle: Übersetzte und bearbeitete Version der Karte von William Sacher: *Ofensiva Megaminera China en los Andes. Acumulación por Desposesión en el Ecuador de la "Revolución Ciudadana"*. Quito: Abya-Yala 2017, S. 233.

Nelson Chacón Lesmes: Naturforscher im Amazonas

Abb. 1: Karte der gesamten Route von Johann von Spix und Carl Friedrich von Martius durch das Amazonasgebiet. Der Ort, zu dem sie bis 1820 gemeinsam reisten, war Manaus. SZ-Karte, aus: Hans Holzhaider: Einmal Hölle and Zurück. In: *SZ.de*, 05.01.2017. https://www.sueddeutsche.de/bayern/abenteurer-aus-bayern-einmal-hoelle-und-zurueck-1.3269933 (Zugriff am 02.08.2024).

Abb. 2a: Joseph Anton Rhomberg: *Carl Friedrich Philipp von Martius*, 1816. Aus: Pablo Diener / María de Fátima Costa: *Martius.* Rio de Janeiro: Capivara 2018, S. 24.

Abb. 2b: Joseph Anton Rhomberg: *Johann von Spix*, 1829. Aus: Ebd., S. 43.

Außerdem im Neofelis Verlag erschienen

Beyond the Line
Cultural Narratives of the Southern Oceans

– Rethinking the oceanic horizon: Considering oceans as contact zones for the exchange of people, goods, thoughts, and ideas –

edited by Michael Mann / Ineke Phaf-Rheinberger
ISBN: 978-3-943414-14-1
with 9 b/w images
272 pages, € 42

African Thoughts on Colonial and Neo-Colonial Worlds
Facets of an Intellectual History of Africa

– Thinking the African past and present through the works, thoughts, and actions of African intellectuals –

edited by Arno Sonderegger
ISBN: 978-3-95808-023-2
220 pages, € 22

Koloniale Tiere?
Tierbilder im Kontext des Kolonialismus

– Tiere in den kolonialen Bildwelten der europäischen Moderne –

hrsg. von K. Lee Chichester / Priska Gisler / Kunstmuseum Bern
ISBN: 978-3-95808-439-1
mit 56 Farb- u. 53 S/W-Abbildungen
336 S., 29 €

Into the deep
Minen der Zukunft / Mines of the future

– Kritische, künstlerische Auseinandersetzungen mit der Zukunft des Rohstoffabbaus in Tiefsee und Weltall –

hrsg. von Claudia Emmert / Jürgen Bleibler / Ina Neddermeyer / Zeppelin Museum Friedrichshafen
ISBN: 978-3-95808-251-9
dt. & eng., 184 S., 16 €

Extinction. Das große Sterben
Tierstudien 20

– Angesichts des Verlusts nichtmenschlicher Arten: Über den anthropogenen Ökozid und Fragen der zwischenartlichen Gerechtigkeit –

hrsg. von Jessica Ullrich
ISBN: 978-3-95808-338-7
mit 28 Farb- u. 8 S/W-Abbildungen
186 S., 14 €

Kohabitation, Koexistenz, Konvivialität
Tierstudien 22

– Praktiken, Theorien und Visionen des Zusammenlebens der Arten –

hrsg. von Jessica Ullrich
ISBN: 978-3-95808-356-1 (2. Aufl.)
mit 17 Farb- u. 15 S/W-Abbildungen
200 S., 16 €

Tierstudien erscheint halbjährlich im Frühjahr und Herbst

Leseproben zu all unseren Titeln unter: www.neofelis-verlag.de

Klimaneutral gedruckt auf FSC-zertifiziertem Papier.

Bibliografische Information der Deutschen Nationalbibliothek
Die Deutsche Nationalbibliothek verzeichnet diese
Publikation in der Deutschen Nationalbibliografie;
detaillierte bibliografische Daten sind im Internet
über http://dnb.d-nb.de abrufbar.

Umschlaggestaltung: Neofelis Verlag, unter Verwendung
einer Luftaufnahme des Yasuní von Ivan Kashinsky.
Lektorat & Satz: Neofelis Verlag (mn / co)
Druck: PRESSEL Digitaler Produktionsdruck, Remshalden
ISBN (Print): 978-3-95808-432-2
ISBN (PDF): 978-3-95808-483-4